呉迪
Wu Di

近代東アジア憲法の歴史的交響

理論の継受と規範の形成

慶應義塾大学出版会

まえがき

文明は、社会的かつ歴史的な変革に直面したとき、常にその強い生命力で変化に対応し、時流を先導してきた。道徳的な伝統や政治的な伝統に精通する知識人たちは、常に「天下を以て己が任と為す」という気概を持ち、古典籍に現代的解釈を寄せ、社会進歩の方向を探求する。

明治維新以来、東アジアの諸国が直面してきた中心的な課題は、その歴史的伝統を、近代ヨーロッパの産業革命がもたらした社会革新とどのように結びつけるかにあったであろう。西洋の知識や文化を継受した際に、東アジア諸国、特に近代日本の政治家と知識人は、豊富な漢学の知識を活かしながら、漢文典籍から用語を探し、哲学、経済学、医学、化学、物理学といった西洋の科学知識を大量に学習し、翻訳し、受容した。これにより、近代日本は、東アジアにおける西洋の学問知識を自国のものとする先駆けとなった。その後日本は、国家制度の革新、体系的な法典の編纂、西洋式の学科の樹立、人材の育成などの面から、新たな経済、政治、法制度を構築し、歴史的な試練に耐えることのできる回答を試み、精神的および物質的な進化を達成した。それとともに、近代中国さらに近代東アジアに大きな影響を与えている。

このような時流に刻まれる近代東アジアにおける政治制度の生成は、いわゆる「天下」秩序が崩壊し、「主権」国家が形成した過程にある。この政治過程において、近代的政治体制の運営を支える憲法の「基本概念」は、明治憲法の成立によって初めて作られ、その「礎」の役割を果たしたといえる。筆者は、近代中国が明治憲法と明治憲法学の主な基本概念をどのように継受したのかを糸口に、東アジアの伝統に対する近代日本と中国が遂げた継承と革新を憲法体制の構築において求め、歴史の塵に埋もれた、いわば「東アジア式憲法の礎」を明らかにし、その再構築を行っていきたい。

以上の問題意識を踏まえ、本書は、「主権」と「統治権」、および近代東アジアの憲法政治体制に緊密に関わる「国体」

と「政体」の四つの基本概念から出発する。近代における日本と中国が憲法制定のプロセスにおいて、どのように東アジア的な政治の伝統が継承され、革新されたのかを考証すると同時に、東アジアの文明における憲法学体系の構築の歩みを明らかにしたい。

なお、本書は筆者が２０２１年度に慶應義塾大学に提出した博士論文に加筆・修正を加えたものである。* 本書の議論にはさらに探究すべき点が多く残されている。ご批判やご指摘を心から願っている。

２０２４年９月

呉　迪

＊　博士論文は、慶應義塾大学の査読誌『法学政治学論究』第一一二号、第一一四号、第一二二号、第一二五号、第一二七号および『慶應義塾大学大学院法学研究科論文集』第六〇号で発表した論文に基づき、大幅な加筆・修正を加えたものである。また、本書に関わる研究は、２０１８年度慶應義塾大学博士課程学生研究支援プロジェクト（研究科枠）、２０１９年度慶應義塾大学博士課程学生研究支援プロジェクト（全塾枠）、２０２０年度慶應義塾大学博士課程学生研究支援プロジェクト（全塾枠）、２０２１年度慶應義塾大学博士課程学生研究支援プロジェクト（全塾枠）の助成を受けたものである。

目次

凡　例

・本書では、原則として、年を表記する場合には、日中両国の元号は使用せず、算用数字を用い西暦で表記している。
・「明治六年の政変」のように定着した用語として使用する場合には漢数字を使用し、また文脈上、元号を併記する場合がある。
・条文番号を表記する場合には、「明治憲法第一条」のように、原則として、漢数字を使用している。
・氏名や学校名などの場合を除き、日本語の旧漢字はすべて現代漢字に改めている。中国語文献の場合、原則として、中国語繁体字を使用しているが、日本語において同じ意味を表す現代漢字があれば、日本語の現代漢字に改めている。
・日本語文献以外の文献を引用する場合には、日本語に翻訳した上、主要な原文を本文または註に付している。
・中国語文献などを「　」で引用している場合に、（　）で説明を加えている箇所は、原則としてすべて筆者による説明である。

序章

第一節　歴史の背景

近代国家の確立にとって、憲法の制定とその解釈の確立は必要不可欠である。ただし、「社会は法律を基礎として成立するのでは」なく、「むしろ法律が社会を基礎としなければならないの」[1]である。東アジア諸国は「憲法」を近代英米の「Constitution」の訳語としたが、その前提となる経済基盤、また制度構成ともに、英米の「Constitution」と近代東アジアの「憲法」は大きく異なっていた。許崇徳が指摘したように、「政権が封建主義から資本主義に切り替わること」[2]は、憲法制定の前提である。確かに、近代英米諸国では、「革命が成功し、民主が事実となってから、根本法を公布してそれを承認」[3]し、「これが憲法」[4]となった。しかし、西洋に対して、近代東アジアにおいては、憲法は国家の富強を図るための一種の道具に過ぎなかった。特に、近代日本と中国の両国が経済と政治の近代化を模索する過程で、憲法制定と革命（または政変）は絡み合いながら、東アジア諸国の憲法制定と憲法解釈に実用主義的な彩りを与えた。

東アジア最初の立憲国である日本は、「独立と発展の道をたどる最後のチャンス」[5]をつかみ、資本主義の傾向を有する国家政権を樹立した。激しい革命で旧幕府政権を打倒し、明治維新を迎えた直後、日本政府は経済面と政治面から政権の整備に着手し始めた[6]。実際、「明治政府の草創期に維新の改革が軌道に乗るまで支え続けたのは（中略）行政の現場にあった旧幕臣たちであった」[7]が、旧幕府勢力から生まれたこれらの官僚は、それぞれの利益集団を作り上げた。特に明治天皇即位後から明治十年代半ばに至るまでの間に、「天皇と個人的に結びついた宮中勢力、宮廷・天皇と藩閥有力者双方に影響力をもつ公卿勢力（三条実美・岩倉具視）、特定の権力部門に人的影響をもった藩閥有力者――財務部門と大隈重信・井上馨、司法部門と江藤新平、軍と西郷隆盛、山県有朋」[8]などの勢力が現れていた。これらの勢力は、「天皇を政争の具としかみず、天皇・皇室への内面的忠誠心についてはかなりうたがわしい」が、「欧米列強の圧力、国内の人民暴動の激発のなかで、藩国家連合をまとめあげ急速に近代化をとげるためには、天皇統治の基本方針を打ち出さざるを得な」(9)かった。従って、維新後の日本において、問題となったのは、どのように君主制を構築するかということであった。

当時、ヨーロッパの資本主義国では、様々な憲法や君主制が見られた。例えばフランスは、十九世紀中期に帝制、君主立憲制、共和制などのもとで多様な憲法が公布された。(10)しかし、日本においては、市民革命により建てられた近代ヨーロッパ諸国と異なり、そもそも明治維新は、厳密な意味での階級闘争ではなく、中央政権と藩閥勢力の間の、いわば旧来の封建闘争であった。(11)明治六年の政変により、(12)下野した板垣退助らは1874年に「民撰議院設立建白書」を提出して自由民権運動を展開し、同時期には私人憲法草案も起草されたが、(13)この一連の事件を受けて、明治政府は1875年に「漸次立憲政体樹立の詔勅」(14)を公布した。この詔勅は1868年に公布された「五箇条の御誓文」をベースにして、元老院、大審院、地方官議会を定め、立憲政体を段階的に樹立するための措置を明確にした。この時、明治政府内では君主大権を残すビスマルク憲法か、イギリス型の議院内閣制の憲法か、どちらを採用するかを巡る争いがあり、議会開設問題を巡って、岩倉具視をはじめとする消極論、伊藤博文をはじめとする漸進論と、大隈重信をはじめとする急進論が激しく対立していた。明治十四年の政変で、大隈重信は失脚し、政府から追放される中、同年10月12日、明治天皇は「国会開設の勅諭」を公布する。しかし、プロイセン憲法を手本にする決意を固めたのは、伊藤博文が1882年にヨーロッパを訪れてシュタイン(Lorenz von Stein、1815年－1890年)の講義を聞いた後のことであった。(15)1889年に、『大日本帝国憲法』(以下、「明治憲法」)と『皇室典範』が公布され、日本はついにプロイセン式の憲法体制を確立するのである。そして、この明治憲法に対する解釈を巡り、穂積八束をはじめとする天皇主権説と一木喜徳郎をはじめとする天皇機関説が現れ、明治憲法学の二つの柱となっていく。

一方、徳川幕府とは異なり、封建王朝の清国は比較的安定した統治を維持していた。しかし、アヘン戦争以降、清国が掲げた「天朝は永遠であるという迷信は砕け」、「文明世界からの野蛮な隠修士的な隔離は侵された」[16]。この時期、大量の工業製品が外国から輸入され、中国の「社会生活は不安定にな」[17]り、民衆と地方政府との伝統的な関係も変化していた。「民衆は地方政府の役人を恐れること」から「地方政府の役人は外国勢力を恐れること」に、そして「地方政府の役人は外国勢力を恐れること」から「外国勢力が民衆を恐れること」[18]に変わっていき、民衆は地方政府を恐れなくなったのである。このような状況の下、1851年1月、広西省で太平天国の乱が勃発し、1864年7月19日に天京が陥落するまで動乱が続くことになる。[19]

趙軍によれば、太平天国の乱は日本の戊辰戦争と異なり、「農民革命の指導者たちは自作農の代表に過ぎなかった。彼らは封建制度に大きな打撃を与えたが、封建的生産様式を根絶できなかった。まして新しい社会を作るための綱領を提示できなかった」[20]と分析されている。

太平天国が弾圧される中、漢族官僚の勢力が大幅に拡大する一方、洋務派が政治の表舞台に登場しはじめる。即ち、漢族官僚たちが「西洋の銃や大砲を使用して太平天国軍と戦う中で、西洋兵器の先進性と外国勢力の脅威の両方に気づき、大きな思想的影響を受け」、「これに伴い、危機意識と外国を模倣する意識が生まれ」[21]、洋務運動の時代を開くのである。この時代、大量の銀の流出に伴う帝国主義国家の略奪と封建的統治による抑圧の下で、中国の財政は甚大な被害を受け、民族資本主義の発展は苦難に満ちていたといえる。しかし、1861年1月清国政府が総理各国事務衙門の設立を準備してから1895年の日清戦争までの洋務運動の間に、中国は近代的な軍事工業と民間産業を整え、民族ブルジョアジーの勢力も発展させた。また、西洋の科学技術と国際法に関する知識は各地で現れていた新式学堂を通して儒教を中心とする中国の伝統的な教育体系に衝撃を与え、後の科挙制の廃止の一つのきっかけとなったのである。

梁啓超が指摘したように、「四千年来の夢から我が国が目覚めたのは、甲午戦争（日清戦争）敗戦後の台湾を割譲したことと、銀二百兆両を賠償した以降のことである」[22]。日清戦争の敗北と下関条約の締結により、中国知識人の関心は物の受容から制度の変革へと移り、1898年の戊戌変法を促すことになる。この変法において、康有為と光緒帝側は改革の綿密な計画と実行可能な戦略を欠いていたため、僅か100日だけで同改革は終わりを告げることになるが、その後、清国政府は「維新変法に対する反動期」[23]に入る。だが、義和団運動の失敗と1901年の辛丑条約の締結に伴い、清国政府は、既に戊戌変法期に着手し始めた政治改革を再開せざるを得なくなるのである。

1901年1月9日に公布した新政改革の上諭において、西太后は光緒帝の名で「近来、西洋のものを学ぶ時には、ただ言語と機械の製造だけであったが、これは表面的なものに過ぎず、西洋政治の本源ではない（中略）その本源を学んでいないだけでなく、その技術にも精通していない。このままならば帝国の富強は実現できない」[24]とし、政治、法律面の改革を開始するが、この時期の改革は主に行政機関の整備と官吏の粛正、科挙制の廃止と新学制の設立、近代工業の発展、新式軍隊の訓練、大清律の改正さらに民事と刑事に関する法律の整備などに集中していた[25]。一方、日露戦争で日本がロシア帝国を破るまで、国家としての存続を図るために立憲政体を構築する必要性が清国国内の世論で高まりを見せ[26]、以降、外国の政治を視察して明治日本をまねた制度改革を実行し、憲法を制定し、憲法学教育が展開されることになる。

こうした怒濤のごとく展開される歴史の中、憲法と憲法学の近代日中両国の相互的影響、特に近代中国の明治憲法およびその憲法学に対する継受と発展を考察することが、本研究が検討する課題である。

第二節　先行研究

本研究に関わる先行研究は極めて多岐に亘るため、本節では、①明治憲法の制定、②近代中国の明治憲法に対する模倣、③明治憲法学の展開、④近代中国の明治憲法学に対する受容、⑤近代中国憲法学教育の展開の五つの面で諸先行研究を整理して要約する。

①　明治憲法制定の過程を描くものとして、清水伸の『明治憲法制定史』[27]と稲田正次の『明治憲法成立史』[28]と川口暁弘の『明治憲法欽定史』[29]が挙げられる。西村清貴は『近代ドイツの法と国制』[30]と『法思想史入門』[31]で、明治憲法の法実証主義、歴史主義さらにドイツ国法学の源流を詳細に分析したほか、法実証主義の歴史法学的源流を明らかにした。明治憲法の制定過程におけるドイツ人法律顧問ロエスレル（Karl Friedrich Hermann Roesler、1834年－1894年）と実際の起草者である井上毅が果たした役割については、長井利浩の『井上毅とヘルマン・ロェスラー』[32]と『明治憲法の土台はドイツ人のロェスラーが創った』[33]、堅田剛の『明治憲法の起草過程：グナイストからロェスラーへ』[34]に詳しい。この他、朴光勲は『近代日本国家体制の成立過程：伊藤博文と帝国憲法体制』[35]で、明治憲法の制定を政治面で主導した伊藤博文の立憲論と彼の国家体制構想を主な手がかりとして、伊藤と明治憲法に関する先行研究を全面的にまとめている。

②　近代中国の憲法制定における明治憲法の摂取に関する先行研究として、『出国考察と清末立憲』[36]、『清末立憲史』[37]、『旧王朝と新制度：清末立憲改革に関する記事』[38]、『二十世紀初期の中国政治改革風潮：清末立憲運動史』[39]、『清末予備立憲運動』[40]、『中国憲法史略』[41]、『清廷制憲と明治日本』[42]、『明治憲政と近代中国』[43]などが代表的な研究として挙げられる。しかし、これらの研究は歴史事実に関する整理にとどまり、清国が憲法制定時に採っていた指

針および大清帝国憲法が定めた制度構成などの重要な問題は、あまり注目されていない。一方、明治憲法に端を発した統治権論、国体論、超然内閣論などの理論は、中華民国期の憲法制定過程に反映されていた。近年、李細珠[44]が新政改革、立憲さらに革命が同じ行き着く先に辿った道すじを論じ、熊達雲[45]は『洋律徂東』で中華民国の憲法制定と清国末期の憲法制定との関連性に注目したが、東アジアの憲法制定で中核的な役割を果たしていた統治権論が、近代中国で遂げた発展およびその概念上の変遷を巡る検討は乏しい。

③　明治憲法が制定された後、明治憲法の解釈をめぐって、明治憲法学が生まれた。家永三郎[46]は日本アカデミズム憲法学創始者である合川正道と彼の著作、思想を詳しく検討した。また、鈴木安藏は『日本憲法学史研究』[47]で、明治憲法学の範型としてのドイツ国法学の形成およびその主な方法を説明した上で、明治憲法学形成期の学者である一木喜徳郎、有賀長雄、井上密の著作と学説を分析し、発展期の学者である美濃部達吉、副島義一、上杉慎吉、穂積八束、清水澄、佐々木惣一の著作および彼らの学説を検討した。ここで注目に値するのは、明治憲法にある天皇の地位をめぐって、憲法学界では穂積八束をはじめとする天皇主権説と美濃部達吉を中核とする天皇機関説が生まれ、のちに天皇機関説事件が起こったことである。マイニアの『西洋法思想の継受』[48]と坂井大輔の「穂積八束の公法学」[49]は、穂積思想の形成過程およびその特徴について検討を加えているが、坂井は同時に、穂積は「天皇制共産主義者」であるとしている。また、穂積と鋭く対立していた美濃部達吉の憲法学について、山崎雅弘[50]は美濃部憲法論の構造とその批判を整理し、宮澤俊義は『天皇機関説事件』[51]で数多くの資料を用いて同事件の全体像を描いている。

④　日本と異なり、近代中国の場合、特に清国末期の憲法成立運動の時代には清国に憲法典は存在せず、『予備立憲上諭』や『欽定憲法大綱』など憲法の準則を規定する綱領的な文書が公布されたのみであった。中華民国期に入っても、憲法は政治闘争の道具に過ぎず、憲法の制定と廃止は繰り返された。そのため、この時期には、

法解釈学としての憲法学は成立せず、憲法学者は、主権と統治権に対する独自の理解を基に、様々な理論的構造を作り出した。また、日中戦争が終わった後の１９４７年に『中華民国憲法』が公布されたが、解放戦争で中華民国政権は台湾に敗走したので、同憲法は中国大陸でほぼ施行されなかった。ただし、同憲法の条文を逐条解釈する憲法学著作が著され、その中に日本に学んだ国体論と政体論は重大な役割を果たしていた。近代中国憲法学の誕生と発展に関する先行研究としては、韓大元の『中国憲法学説史研究』[52]が挙げられる。同書は、中国伝統文化と近代憲法学説を分析して、フランス、アメリカ、日本、イギリス、ドイツ、ソビエトの憲法学が中国憲法学に与えた影響を検討した上で、その形成およびその発展の国内外の背景を描いた。そして、韓は憲法学説の特徴に沿って中国憲法学説史を、①清国末期から中華民国期、②中華人民共和国成立後から文化大革命、③文化大革命以降の三つの時期に分けた。近代中国憲法学に関する研究対象は、主に楊度[53]、梁啓超[54]のような知名度の高い知識人に集中する傾向があるが、これらの知識人は憲法学者というより、政治家に近い。対して王鴻年、湯寿潜、保廷樑、張伯烈、馬吉符、羅志淵などの明治憲法学から深い影響を受けた近代中国憲法学者はこれまであまり注目されていなかった。近代中国憲法学の理論的体系を構築するには、後者の憲法学者らの理論体系を分析することが必要不可欠である。

　朝鮮半島に目を転じると、１９１０年の日韓併合以降、日本の植民地となったため、明治憲法の近代朝鮮への影響は、主に憲法理論と憲法学著作の形で現れていた。金孝全は『近代韓国の国家思想』[55]で近代朝鮮で刊行された国家学と憲法学の文献を整理し分析しており、穂積の憲法学説から強い影響を受けていることが伺われる。また、國分典子は、『近代東アジア世界と憲法思想』[56]で、金孝全の研究をベースとして俞致衡と趙聲九の憲法学説の穂積憲法学の影響を検討している。この他、鄭福姫の「一九世紀末から二〇世紀にかける社会進化論が韓国で果たした機能」[57]や李昌輝の「俞吉濬と穂積八束の憲法理論」[58]などの論文も当時の朝鮮の憲法理論に言及している。

⑤　最後に、近代中国における憲法学教育の展開についても、あまり注目されていない問題である。近代中国の憲法制定に伴い、様々な憲法学教育が展開されたが、日本や欧米が近代中国の教育分野に与えた影響に関する研究は数多く存在するものの、憲法の教育に焦点を当てた研究は殆ど行われていない。しかし、立憲政治の基盤と言える憲法学教育は多大な影響を与えていた。特に、日本で学んだ近代中国の官費・私費留学生たちの帰国後の活躍は、近代中国の憲政制度の構築と憲法学教育の整備の重要な推進力となった。尚小明は『留日学生と清末新政』[59]で、これらの留学生たちが清国の予備立憲運動で果たした役割を網羅的に整理し、また、翟海涛の『法政人と清末法制変革研究──日本法政速成科を中心に』[60]は、法政大学が開設した清国留学生法政速成科を例として、法政速成科の留学生たちが帰国後に行った法政叢書の編訳、法政新聞の刊行、法学・政治学教育の整備などが、中国法学の近代化で果たした役割を解明している。この他に、王健の『中国近代の法律教育』[61]は伝統的中国法の終焉から、日本への「法科留学」、国内の法律学院の開設、ないし近代法学教育制度の整備の全過程を網羅的に論述したものであり、同研究の草分けである。舒新成の『中国教育近代化論』[62]と阿部洋の『中国近代学校史研究：清末における近代学校制度の成立過程』[63]、『中国の近代教育と明治日本』[64]は、近代中国学制の整備、およびこの過程で日本から受けた影響などについて分析している。憲法学教育がなければ、憲法を施行するための人材を育成できず、憲法政治の実現に必要不可欠な民衆の支持と理解を得ることも難しい。近代中国における憲法学教育の変遷は、本研究の重要な課題の一つである。

第三節　研究目的

これらの先行研究を踏まえて、本研究は以下の四点を明らかにすることを目的とする。

第一に、明治憲法のドイツ国法学の源流をさらに掘り下げた上で、明治憲法で初めて作られた「統治権」の淵源と「主権」という概念との区別を明らかにする。また、近代東アジアの憲法制定過程で肝心な役割を果たしていた「統治権」、「主権」、「国体」、「政体」の四つの基本概念がどのように明治憲法に反映され、これらの概念はどのように中国に継受され、展開したかを検討する。

第二に、清国末期の五名の大臣の海外政治視察から中華民国憲法が公布された１９４７年に至るまでの、統治権論、主権論、国体論の各概念について、明治憲法が与えた影響を時期ごとに検討する。特に、統治権論を中核としていた『大清帝国憲法』の構造と、民国初年の憲法制定における統治権移転論が果たした役割と、１９４７年憲法制定における三民主義と国体との関係を重点に置きたい。

第三に、近代中国憲法学の発展の過程を改めて整理し、主権論と統治権論と国体論の変遷を解明した上で、近代中国憲法学の全体的構造を築き上げ、中国憲法学の現在までの繋がりを考察したい。

第四に、新学制の整備と新学科の区分けをはじめ、教員の選任、教科書の編纂、学制の配置、教学内容の特徴などの面で、清国末期から中華人民共和国成立に至るまでの憲法学教育の萌芽と発展を考証したい。

第四節　各章の構成と要旨

本書は序章と終章に加えて四つの章から構成される。

第一章　近代日中両国における憲法の基本概念の定着と連鎖

近代東アジア、特に日中両国の憲法制定と憲法学誕生を研究する際に、憲法制定の基盤としての憲法の基本概念は見逃されがちであるが、本章が言う憲法の基本概念は、「議院」、「摂政」のような一般用語ではなく、国の本質を定め、憲法全体を支配する「国体」や「統治権」のような基本概念《キーワード》である。

従来の憲法用語に関する研究は主に言語学的な視点からの分析であり、一般的な文脈での法律用語の移転と受容には着目されるものの、憲法におけるイデオロギー構築の役割を果たした基本概念については殆ど考察が及んでいないのが現状である。

本章では、「主権」と「統治権」、「国体」と「政体」の二組の対概念を研究対象とする。まず、これらの用語の成立・伝播の過程を整理し、次に明治憲法の成立過程における、前述の憲法上の基本概念が持つ意義とそれらが果たした役割を分析する。そして中国の諸憲法や草案、綱領に現れた基本概念の背景にある思想的淵源を検討し、最後に近代中国がどのようにこれらの用語表現を受容して発展させたのかを明らかにする。

第二章　近代中国の憲法制定と明治憲法

近代中国憲法は、清国末期の五名の大臣の海外視察を発端とし、「予備立憲」と清国皇帝の退位、そして袁世凱の逝去を経て、国体と政体のほかに政党の政治信条が定められた１９４７年中華民国憲法の制定を以て終焉を迎える。本章では、この近代中国の憲法制定過程における、明治憲法および明治憲法を支える諸理論の継受について考察する。

先行研究はこの過程について数多くの考証を重ねてきたが、主に歴史的事実の整理にとどまり、数多くの論点と解釈に対する言及は不足している。本章では、まず法実証主義の全体像を明らかにして、近代中国の憲法制定のモデルと言える明治日本が憲法を起草した時に取り入れたドイツ国法学の源流に遡り、穂積八束と有賀長雄の活動および彼らが理論上果たした影響をベースにして、近代中国の憲法制定が明治憲法に対する模倣と明治憲法学に対する継受を明らかにする。その上で、統治権を中心とする大清帝国憲法の中核的構造を分析し、さらに清国末期と中華民国期の憲法制定の関連性を検討する。そして、最後に、近代中国における国体論と政体論の展開を論じる。

第三章　近代中国憲法学の変遷と明治憲法学

清末民初期の憲法学は、憲法の成立後これを解釈する中で成立した明治憲法学の方法論とは異なり、憲法が制定される以前からより広い目的で憲法を主題として論じ、かつ憲法制定に向けた「自主的」な知の営みがあったことを様々な文献が示している。清末民初期に活躍していたこれらの憲法学者が、主権と統治権に対する自身の理解を基礎として、様々な理論的構造を作り出した。一方、１９４７年に公布された『中華民国憲法』を解釈する憲法学著作の中に、国体論と政体論が重大な役割を果たしている。

本章ではまず湯寿潜の『憲法古義』と王鴻年の『憲法法理要義』を取り上げ、草創期の近代中国憲法学が持つ儒学的特徴を検討する。次に、保廷樑の『大清憲法論』を主な資料として、参考とした明治憲法学とは異なる中国憲法学体系の独自性を明らかにする。また、張伯烈の『仮定中国憲法草案』を例にして、私人による憲法草案の後ろにある憲法学的特徴を探り、さらに、中華民国初期の君主制憲法草案である馬吉符の『憲法管見』を対象に、民主制と君主制が溶け合ったこの著作にある憲法学的構造およびその特徴も検討する。最後に、羅志淵の

『中国憲法釈論』を分析しながら、中華民国憲法が公布された後の国体論と政体論の様相を明らかにする。これら六つの憲法学著作を分析した上で、近代中国憲法学の幾つかの独自の特徴をまとめる。

第四章　近代中国の憲法学教育における日本的要素

憲法学教育の整備は、立憲政治の前提条件である。広義の憲法学教育には、学校での憲法学講義だけでなく、学校以外の、憲法思想を宣伝するため新聞や定期刊行物の発行、憲法学理論を研究する学会の設立などが含まれる。より狭い意味での憲法学教育は、学校における学制の整備、教員の選任、教科書の編纂などを指すが本章ではこの狭義の憲法学教育を中心に取り扱う。

学制改革を背景として繰り広げられた近代中国の憲法をめぐる教育の輪郭とはどのようなものであったのか。日本の法学教育機関であった法政大学法政速成科と、中国語に編訳された日本人の著作により憲法教育が行われた機関である北洋法政学堂、日本人教員による授業が行われた京師法律学堂、そして「日本派」の中国人を中心として憲法教育が行われた朝陽大学の三つの中国の教育機関を例に挙げながら、それぞれが持つ特徴を明らかにし、近代中国の憲法学教育において日本が果たした役割を明らかにしたい。

（1）マルクス「ライン民主党地区委員会に対する訴訟」『マルクスエンゲルス全集（第六巻）』（大月書店、1961年）、241頁。
（2）許崇徳『中華人民共和国憲法史』（福建人民出版社、2003年）、4頁。
（3）毛沢東「新民主主義の憲政」『毛沢東選集（第二巻）』（外文出版社、1972年）、571頁。
（4）前掲・毛沢東「新民主主義の憲政」、571－572頁。
（5）趙軍『折断了的杠杆：清末新政与明治維新比較研究』（湖南出版社、1992年）、238頁。趙軍によると、十九世紀の最後の三、四〇年の間に、主要な西洋資本主義国は自由資本主義から独占資本主義＝帝国主義への移行をはじめたが、帝国主義国家による植民地の分割や、経済の独占については完全ではなかった。東西関係においては自由貿易と競争はいまだある程度の重要性を保っており、東アジアの後進国が西洋を手本して積極的に資本主義的諸要素を発展させ、一挙に近代化を果たすことができる最後の機会であった、という（同書237－238頁）。
（6）日本は廃藩置県を通して、封建的領有制を解体するための基礎を定めた。これにより、不統一であった地方制度が画一化され中央集権国家体制を確立する出発点となった（日本近代法制史研究会編『日本近代法120講』（法律文化社、1992年）、8－9頁）。また、地租改正は直接的には明治政府の物質的基礎を確立したが、同時にそれは私的土地所有権制度を確立することによって地主制の創出に道を開くとともに、殖産興業の財政的保障として資本主義成立の基礎をなした（同、16頁）。
（7）門松秀樹『明治維新と幕臣』（中公新書、2014年）、223頁。
（8）川口由彦『日本近代法制史』（新世社、2009年）、26頁。
（9）前掲・川口由彦『日本近代法制史』、27頁。
（10）趙宝雲『西方五国憲法通論』（中国人民公安大学出版社、2005年）、202頁。
（11）Moore Barrington, *Social origins of dictatorship and democracy: lord and peasant in the making of the modern world*, Beacon Press, 1966.
（12）明治六年の政変は同時に征韓論政変とも称される。明治政府は1868年に当時の李氏朝鮮と国交回復のために使節を派遣したが、日本側の国書に「勅」、「皇」など江戸幕府時代の国書になかった言葉が使用されていたため、交渉を拒否された。「日清修好条規」が1871年に締結された後も、日朝両国の国交は断絶状態であった。当時、木戸孝允、大久保利通、伊藤博文らを含む岩倉具視使節団が1871年に欧米を訪問し、太政大臣三条実美をはじめ、西郷隆盛、板垣退助、大隈重信らは日本国内で留守政府が結成された。岩倉使節団が1873年9月に帰国後、朝鮮出兵問題を巡って、留守政府と帰国派は激しく対立した。10月に、三条と岩倉は国内の政治を優先することに合意し、留守政府側の実力者と六〇〇余りの軍政官僚は政府を離れた。留守派が下野した後、三条と岩倉は、民選議院の設立を主張する中、1877年に西南戦争が勃発する。なお、征韓論を唱えていた留守政府側が下野したのであるが、征韓論自体は消えず、日本は1876年に、ついに「日朝修好条規」で朝鮮を開国させた。吉野誠『明治維新と征韓論：吉田松陰から西郷隆盛へ』（明石書店、2002年）は、吉田松陰の征韓論から日朝修好条規の締結にいたるまでの歴史を詳細に整理している。

(13) 私擬憲法案を含むこの時期の憲法草案は家永三郎編『新編　明治前期の憲法構想』（福村出版、2005年）に収録されている。

(14) 詔書の内容は以下の通りである。「朕、即位ノ初首トシテ群臣ヲ会シ、五事ヲ以テ神明ニ誓ヒ、国是ヲ定メ、万民保全ノ道ヲ求ム。幸ニ祖宗ノ霊ト群臣ノ力トニ頼リ、以テ今日ノ小康ヲ得タリ。顧ニ中興日浅ク、内治ノ事当ニ振作更張スヘキ者少シトセス。朕、今誓文ノ意ヲ拡充シ、茲ニ元老院ヲ設ケ以テ立法ノ源ヲ広メ、大審院ヲ置キ以テ審判ノ権ヲ鞏クシ、又地方官ヲ召集シ以テ民情ヲ通シ公益ヲ図リ、漸次ニ国家立憲ノ政体ヲ立テ、汝衆庶ト倶ニ其慶ニ頼ント欲ス。汝衆庶或ハ旧ニ泥ミ故ニ慣ルルコト莫ク、又或ハ進ムニ軽ク為スニ急ナルコト莫ク、其レ能朕カ旨ヲ体シテ翼賛スル所アレ。」。同詔書の中国語訳は、張允起ほか編訳『日本明治前期法政史料選編』（清華大学出版社、2016年）、17頁に収録されている。

(15) 「シュタインの講義から伊藤が得ることのできた最大の収穫は、何よりも彼が憲法典制定ということに尽きない立憲政治の全体像を獲得し、憲法をそのような全体的な国家構造の一環として位置づけるという広やかな国制改革の展望を抱き得た点に求めることができよう」（瀧井一博『ドイツ国家学と明治国制：シュタイン国家学の軌跡』（ミネルヴァ書房、1999年）、202頁）。また、「スタインの講義において、もっともわが受講者を喜ばしたものの一つは、スタインが日本の特異性を説き、外国の模倣をいましめ、国体論を示唆したことであった。当時我が国におけるイギリス（およびフランス）流の憲法論の横溢に対して反感を抱いた人々の胸中には、すでに国体の特異性が目覚めていたけれども、まだ近代学的に体系つけられていなかった。しかるに今や欧州有数の学者より之を聞いたことは、彼らを驚喜させた。彼らがもっとも探し求め、もっとも聞きたかったことが、スタインより得られたのである」（浅井清『明治立憲史におけるイギリス国会制度の影響』（有信堂、1969年）、262頁）。

(16) マルクス「中国とヨーロッパにおける革命」『マルクスエンゲルス全集（第九巻）』（大月書店、1962年）、92頁。

(17) 前掲・マルクス「中国とヨーロッパにおける革命」、93頁。

(18) 張海鵬編集『中国近代通史（第二巻：近代中国的開端）』（江蘇人民出版社、2005年）、214頁。

(19) すなわち南京である。太平天国は南京を天京に改称し、都とされていた。

(20) 前掲・趙軍『折断了的杠杆：清末新政与明治維新比較研究』、26頁。
(21) 張海鵬編集『中国近代通史（第三巻：早期近代化的嘗試）』（江蘇人民出版社、2005年）、33頁。
(22) 梁啓超「戊戌政変記」『飲冰室合集』（中華書局、1989年）、17頁。
(23) 李剣農『中国近百年政治史』（復旦大学出版社、2002年）、172頁。
(24) 中国第一歴史檔案館編『光緒宣統両朝上諭檔（第二六冊）』（広西師範大学出版社、1996年）、460-462頁。中国語原文は、「近之学西法者、語言文字、製造器械而已。此西芸之皮毛、而非西政之本源也（中略）舍其本源而不学、学其皮毛又不精、天下安得富強哉」である。
(25) 新政改革と戊戌変法との関係について、王暁秋、尚小明『戊戌維新与清末新政』（北京大学出版社、1998年）を参照されたい。
(26)「論朝廷欲図存必先改行立憲政体」張枬、王忍之編『辛亥革命前十年間時論選集（第一巻下）』（三聯書店、1977年）、945-946頁。
(27) 清水伸『明治憲法制定史』（原書房、1971-1974年）。
(28) 稲田正次『明治憲法成立史』（有斐閣、1960-1962年）。
(29) 川口暁弘『明治憲法欽定史』（北海道大学出版会、2007年）。
(30) 西村清貴『近代ドイツの法と国制』（成文堂、2017年）。
(31) 西村清貴『法思想史入門』（成文堂、2020年）。
(32) 長井利浩『井上毅とヘルマン・ロェスラー：近代日本の国家建設への貢献』（文芸社、2012年）。
(33) 長井利浩『明治憲法の土台はドイツ人のロェスラーが創った：ヘルマン・ロェスラーの『日本帝国憲法草案独文』の現代語訳を通して』（文芸社、2015年）。
(34) 堅田剛『明治憲法の起草過程：グナイストからロェスラーへ』（御茶の水書房、2014年）。
(35) 방광석『근대일본의 국가체제 확립과정：이토 히로부미와·제국헌법체제』（혜안、2008년）。
(36) 柴松霞『出洋考察与清末立憲』（法律出版社、2011年）。
(37) 高放、韋慶遠『清末立憲史』（華文出版社、2012年）。
(38) 徐爽『旧王朝与新制度：清末立憲改革紀事』（法律出版社、2010年）。
(39) 侯宜傑『二十世紀初中国政治改革風潮：清末立憲運動史』（中国人民大学出版社、2009年）。
(40) 遅雲飛『清末預備立憲研究』（中国社会科学出版社、2013年）。

(41) 張晉藩、曾憲義『中国憲法史略』(北京出版社、1979年)。
(42) 崔学森『清廷制憲与明治日本』(中国社会科学出版社、2020年)。
(43) 曽田三郎『明治憲政と近代中国』(思文閣、2009年)。
(44) 李細珠『新政、立憲与革命』(北京師範大学出版社、2018年)。
(45) 熊達雲『洋律徂東:中国近代法制的建構与日籍顧問』(社会科学文献出版社、2019年)。
(46) 家永三郎『日本憲法学の源流:合川正道の思想と著作』(法政大学出版局、1980年)。
(47) 鈴木安蔵『日本憲法学説史研究』(勁草書房、1975年)。
(48) Richard. H. Minear, *Japanese Tradition and Western Law*, Harvard College, 1970.
(49) 坂井大輔「穂積八束の公法学(一・二)」『一橋法学』(第一二巻第一-二号、2013年)。
(50) 山崎雅弘『天皇機関説事件』(集英社、2017年)。
(51) 宮澤俊義『天皇機関説事件:史料は語る』(有斐閣、1997年)。
(52) 韓大元『中国憲法学説史研究』(中国人民大学出版社、2012年)。
(53) 山田辰雄『近代中国人物研究』(慶應義塾大学地域研究センター、1988年)。
(54) Joseph R. Levenson, *Liang Ch'i-Ch'ao and the Mind of Modern China*, Harvard University Press, 1953. 宋仁『梁啓超政治法律思想研究』(学苑出版社、1990年)。董方奎『梁啓超与立憲政治』(華中師範大学出版社、1991年)。孫会文『梁啓超的民権与君権思想』(国立台湾大学文史叢刊、1966年)。鄭匡民『梁啓超啓蒙思想的東学背景』(上海書店出版社、2003年)。
(55) 김효전『근대한국의 국가사사상:국권희복과 민권수호』(철학과현실사、2000년)。
(56) 國分典子『近代東アジア世界と憲法思想』(慶應義塾大学出版会、2012年)。
(57) 전복희「사회진화론의 19세기말부터 20세기초까지 한국에서의 기능」『한국정치학회보』(27-1、1993년)。
(58) 이창휘『유치형과 수적팔속의 헌법이론』(동아대학교 대학원 석사 학위논문:법학과、2001년)。
(59) 尚小明『留日学生与清末新政』(江西教育出版社、2002年)。
(60) 翟海濤『法政人与清末法制変革研究――以法政速成科為中心』(華東師範大学博士学位論文、2012年)。
(61) 王建『中国近代的法律教育』(中国政法大学出版社、2001年)。
(62) 舒新成著、阿部洋譯『中国教育近代化論』(明治図書出版、1972年)。
(63) 阿部洋『中国近代学校史研究』(福村出版、1993年)。
(64) 阿部洋『中国の近代教育と明治日本』(龍溪書舎、2002年)。

第一章

近代日中両国における憲法の基本概念《キーワード》の定着と連鎖

第一節　はじめに

言語というものは「個人を超えた社会的事実」[1]であり、その影響は「領土だけでなく遂には人間にまで及」[2]んでいる。特に、社会変革において、新しい時代に相応しい言語、そしてこの言語に基づく新しい学問的体系が求められる。そのもっとも重要な一環として、基本概念の創出は注目に値する。本研究が検討する近代日中両国の憲法制定のプロセスにおける、憲法思想と制度の根幹を支える憲法の基本概念《キーワード》の定着と日中間における連鎖は、この「変革」の基盤を築き上げたといえる。

　本章が取り上げる憲法の基本概念は、「議院」、「摂政」のような個別具体的な用語ではなく、「国体」、「統治権」のような、イデオロギー面で憲法と制度の方針を示し、国家の経済や政治などに影響する基本概念のことである。これらの基本概念は近代日本を経由して中国に流入し、近代日中両国の憲法、憲法思想・学説などは相互に影響し合った。

　近年、近代日中両国間に生じた法律用語の「循環」ないしは「連鎖」と表現し得る現象が、分析されてきている。その方法は主に言語学的な視点からの分析であり、[3]一般的な文脈での法律用語の移転と受容に着目しており、[4]なるほど幾つかの憲法の用語が分析の対象とされてはきたが、[5]憲法におけるイデオロギー構築の役割を果たした基本概念については殆ど考察が及ぼされていないのである。筆者は、それらの基本概念とその用語表現こそが、近代日中両国の憲法制定に強い関連性を生み出したと考えている。

　岩谷十郎が指摘したように、近代日本の法整備と法典編纂の過程では、「立法面においても学説面においても、他者である西洋のモデルを前に、かつまたそれを自らの内に取り込みつつ、「日本法」を構築してゆく中で、「法における『日本』ないし『日本性』」という自己イメージの模索、といった日本法のアイデンティティーに関わる論議」が強力に展開してゆくこととなった。(6) ここで述べられる「主体性」は、近代中国の法律理論の構築と法典編纂の実践にも現れていた。しかしながら、中国を含む東アジア諸国の今日の法学分野の研究においては、「法律や制度を（外国から）学習する場合、社会と歴史の文脈からは離れて行われることが多いため、的を射ないことがある。すなわち、各国共通の課題は研究の対象外に置かれるだけでなく、具体的な時と場所の条件の下に考慮されるべき事柄もその対象外に置かれてしまう。もとよりその国特有の個別的な問題解決のために作られた法律、制度、原則は（学習する側からは）模範解答となり、信条となり、せいぜい推測と演繹を僅かに加えるだけで、厳格に守り従うべき教条となる」(7) とも言われる。このような状況下で、近代東アジアの憲法の成立過程で登場した基本概念によって構築された独自の憲法や憲政の特徴を再び研究する必要性は、極めて高いと思われる。

本章では、「主権」と「統治権」、「国体」と「政体」の二組の基本的な対概念をキーワードとして研究対象とする。(8) 筆者はまず、これらの用語の創成と連鎖のルートを整理し、次に明治日本の憲法成立過程における、前述の憲法上の基本概念が持つ意義とそれらが果たした役割を分析する。そして中国の諸憲法および草案、綱領に現れた基本概念の背景にある思想的淵源を検討し、最後に近代中国が如何にこれらの用語表現を受容して発展させたのかを明らかにする。

第二節　明治日本を介しての憲法の基本概念の創成と伝播

本節は、まず訳語創成の視座から前述の四つの憲法の基本概念の歴史的淵源を考察して、次に日本で作られたこれらの概念を中国が継受するに至った経緯やその動機について明らかにする。

（一）　近代東アジアの憲法の基本概念の淵源

1　明治維新期の法律用語の翻訳と創成

日本は、中世期に至るまで多くの漢語の語彙を受容したが、この時期はまだ「漢籍にある既成語の変用、或いは誤用」[9]に留まった時代とされ、漢字を用いて新語を作出する意識はまだ無かった、とされる。江戸時代に入って、幕府は朱子学を代表とする宋王朝の儒学を導入したが、「中国伝来の語彙だけで充分であり、新語を必ずしも必要としなかった」[10]という。

幕末から明治初期にかけて、日本では漢字に制限を加えたり、廃止する声が高まっていたが、漢字を用いた新しい用語が盛んに使われるようになった[11]。その理由について、齋藤毅は、次のように指摘している。

> 第一は、日本人自身がすでに過去に経験したように、論理的な概念を取り扱う学術研究は、純粋な日本語（どこまでが純粋であるか分析は困難であるが）によってよりも、むしろ、日本語化した中国語――すなわち漢語――によってより多く行ってきており、深遠な儒教や仏教や（極く稀なケースだが）キリシタンの自然哲学や論理学や修辞学や教義書などを学ぶ際にも漢語を利用してきた（中略）第二に、抽象的な概念の学術用語をつくるには、帰化した中国語である漢語から、主として体言たる名詞を作れば足りるという利点があったからである。漢語は、その多くが三字までの文字でつくられ、なかでも二字の語が最も多く、新しい学術文章たる日本文を、つねに引き締まった明瞭精確な形に整えることができた上に、ひとたび観念語たる学術用の体言（主として名詞）をつくれば、それらから、同じ観

念語である動詞・形容詞・副詞などの用言をつくることは、極めて容易に行われ、過去の日本人が、すでに十分すぎるほど十分に体験してきていたからである。[12]

近代日本において、漢字を用いた新造語の創成の契機は、「蘭学の勃興」[13]にあり、『解体新書』[14]と『重訂解体新書』[15]はその代表的な例である。こうした翻訳作業は今でいう自然科学の分野で行われたが、そこで展開した訳語を創成する方法――翻訳[16]、義訳[17]、音訳[18]――は、「江戸後期と明治以降の西洋知識を体系的に受け入れる準備」[19]となった。法律用語を創成した明治初期の啓蒙者たちは、「完全に蘭学の学殖を継承した」[20]のである。[21]

日本における法律用語の翻訳においては、津田真道、西周、加藤弘之、箕作麟祥らが活躍する。[22]前三者は、それぞれ『泰西国法論』[23]、『萬國公法』[24]、『立憲政体略』[25]などを著したが、体系的に法律用語の翻訳が始まったのは、1869年に始まる箕作麟祥による『仏蘭西法律書』の刊行以降である。当時の日本人にとって、西洋法の概念は理解し難く、辞書や教える者もなく、「漢学者に聞けとも答ふる者」[26]もない状況であった。明治政府は、フランス人デュ・ブスケ（Du Bousquet、1837年－1882年）の周旋により、法学者のジョルジュ・ブスケ（Georges Hilaire Bousquet、1846年－1937年）を日本に招聘し、[27]呉服橋司法省構内に預けた。箕作は間も無くその隣に引っ越して、ジョルジュ・ブスケに教えを請い、遂に『仏蘭西法律書』を完成させた。[28]それを見ると、日本や中国の古典籍などで使用されていた言葉が法律用語の「大半を占めている」[29]ことが分かる。これらの用語は主に「箕作麟祥自身が新たに語を作る、或いは古から存在している語を転用して、法律用語へ当て嵌め」[30]たものであった。

明治十年代前半から後半にかけて、かつては外国語の教科書を用いて外国語で授業が行われていた法律学も次第に日本語を用いた講義が、私立法律学校の隆盛とともに見られるようになってくる。このような状況下、

1883年、日本の法律用語の不足を痛感した穂積八束、宮崎道三郎、土方寧らは東京九段下にある玉川堂で法律学語選定会を開催し、週に一回の頻度で、法律用語をめぐって討論を行った。同時に、東京大学法学部では別課を開設して、日本語による法律の講義が行われてゆく。穂積陳重によれば、こうして日本語での授業が広がるにつれ、1887年頃、日本語の法律用語は大体完成し、さらに日本法典の制定や施行も伴い、日本語による法律学の講義が本格的に始まったとされる。(31)

2 近代日本の憲法の基本概念の四つの淵源

そこで憲法分野における法律用語の成立に目を転じるならば、他の法分野と同様、西洋語原典の翻訳は漢語を中心とする方針が貫かれた。その結果、訳語としての憲法用語は、まずは、借用語、転用語、新造語の主に三つに分類され得よう。(32)

① 借用語

借用語とは、漢語訳語から借用した言葉であり、西洋における概念が既に中国語に訳されていることが前提となる。ここで強調すべきは、日米和親条約が締結された後、中国人や中国にいる宣教師たちによって漢訳された西洋の著作が日本に流布し、その中で使われた訳語が直接日本でも使用された（本章が検討する「主権」はその代表例である）。しかし、多くの中国語学者は、日清戦争以降の日本由来の法律用語を重視しているが、「(それらの用語は) 日本語から借用されたと思われたが、実際には多くの用語はまず中国から日本に流布され、そして再び日本から中国に循環したものである」との注目すべき事実を指摘している。(33)

② 転用語

転用語とは、古典中国語から転用された用語であり、その本来の表記と意味で西洋の概念が翻訳される場合もあるが、この一方で、表記のみを借りて、意味はもっぱら西洋の概念語義に沿って訳す場合もある。後述する「政体」はこの後者の類に属している。

③　新造語（和製語）

新造語は同時に、和製語と称し、「和製新義語」と「和製新出語」[34]が含まれている。前者は、中国の古典籍用例が見当たらず、日本人による西洋近代法の翻訳を通じて近代法上の新義に転用されたものであり、後者は、中国の古典籍に用例が見当たらず、西洋近代法の日本語の訳書に初めて出したものである。要するに、転用語と借用語の表記は共に中国の古典籍に由来するのに対して、和製語は漢字で中国の古典籍に用例のない用語を創造して、西洋的な語義を与えたものである。明治憲法で初めて登場した「統治権」は代表的な新造語である。

ところで、憲法で用いられる基本概念を表す用語は、一般法律用語の西洋語由来の翻訳を介して成立した経緯とは異なる淵源を有する場合がある。これを本章では、固有語としての憲法用語と把握し、第四の淵源としてここに提示しておきたい。

④　固有語

固有語としての基本概念とは、「西洋には用例なき日本独特の語」[35]として把握されるものである。この代表例は、「国体」であろう。なお、当然のことではあるが、西洋語起源の翻訳語としての借用語、転用語、新造語とは異なり、古来の日本語に起源を有する固有語の場合は、逆にヨーロッパ諸言語との対応関係の中で一対一訳語を見出せず、その翻訳の有様は多種多様となった。

以下、四つの憲法の基本概念（国体、政体、主権、統治権）の意味とその近代東アジアでの展開を、本章の第二節と第三節で検討するが、その前に、日本で生まれたこれらの憲法の基本概念が近代中国へ流入する過程を検討しておこう。

（二）　憲法の基本概念の近代中国への流入

1　日清戦争前の中国の憲法用語の翻訳と創成の状況

日清戦争を境として、中国は学ぶ対象を欧米から日本に変え、科学技術のみならず種々の社会制度をも学ぶようになった。それに伴い、数多くの法律用語が日本から中国に流入した。しかし、中国における憲法用語の翻訳は、実はアヘン戦争の頃から始まっていた。

中国ではアヘン戦争まで、西洋の宣教師たちが西洋の法律用語を漢訳する任を担った。十七世紀、イタリア宣教師アレニー（Giulios Aleni、1582年－1649年）は自著『職外方紀』において、「Senate」を「天理堂」[36]と訳した。清国政府の禁教令を経た後の十九世紀中葉に、イギリスの宣教師モリソン（Robert Morrison、1782年－1834年）は中国に来て、中国史上初の漢英辞書――『華英字典』[37]を編纂した。モリソンは、西洋の法律用語を中国語の短文説明文として翻訳した。例えば、「Absolute」が「凡事己為主的権柄」に、「Government」が「国政之事、衙門之事」に訳された。ドイツの宣教師グツラフ（Karl Friedrich August Gutzlaff、1803年－1851年）が創刊した雑誌『東西洋考』では、多くの欧米の政治・法律用語、例えば「Juror」は「副審良民」[38]に、「Parliament」は「国政公会」[39]に訳された。

アヘン戦争以降、日増しに繁雑化する国家間の交際に応じて、西洋社会の状況の紹介と、西洋の国際法の漢訳の必要性が、差し迫った喫緊の課題となった。国際法が漢訳される過程で、「Sovereignty」が公式に「主権」に訳された。後に、明治日本に流入した「主権」には憲法的意義が付与される。この点については後述するが、ここで指摘しておきたいのは、最初に国際法の漢訳に取り組んだのは、19世紀中ごろ広州でアヘンの取り締まりを行った林則徐である。林は、スイス人法学者ヴァッテル（Emmerich de Vattel、1714年－1767年）が著した国際法著作『The Law of Nations』の一部分を漢訳し、『各国律例』と名付けた。その後、アメリカ人の宣教師丁韙良（Martin William Alexander Parsons、1827年－1916年）がウィートン（Henry Wheaton、1785年－1848年）の『Elements of International Law』を『万国公法』と題して漢訳した。[40] この『万国公法』は刊行された1864年の翌年、早くも日本に導入され、同時に数多くの漢訳法律用語も日本に移入された。日清戦争前の国際法に関する著作[41]の漢訳は、漢字圏国家の法律用語の創成過程において中国が果たした大きな業績であろう。日本の漢訳洋書を介した西洋学問の摂取は、十八世紀八〇年代末期まで[42]続いた。

2　日清戦争以降における日本の憲法の基本概念の受容過程

日清戦争は「日中両国の近代化の成果を試す」[43]ものであった。日本が勝利を収めた後、中国人の日本観は根本的に変わった、とされる。即ち、「国家の富強を図る為に西洋に学ぶべきであり、西洋に学ぶ為に日本の経験を学ぶべきである」[44]とする考え方である。この「日本の経験」の一連の模倣は、近代法制の整備、学制改革、官制改革、それに憲法制定を含む憲政秩序の構築、といったそれぞれの国家事業の過程で進められた。

日本を参考とする理由について、当時の清国政府の重臣であった張之洞は『勧学篇』で、地理的に近いため、①多くの学生を派遣でき、②視察が容易であること、さらに、③日本語は中国語に似ており理解しやすいこと、[45]④西洋の学問は煩雑だが、日本では既にその不要部分を取り去って始められていたこと、の四つの理由を挙げている。それに加えて、「西洋の言語を学べば、効果が顕れるのは遅いが効用は広くなるので、まだ官職に就いていない若者が行うべきである。西洋の書物を翻訳すれば、成果はすぐ挙がり効用も早く顕れるので、官界で働いている壮年者が行うべきである。東洋（日本）語を学び東洋の著作を訳せば、成果はすぐに挙がり、効用も大きい。そのため、（洋の東西を問わず）外国人に師事するより、外国の言語を学ぶべきであり、西洋の本より東洋の本を訳すべきである」[46]という考えもあった。同様のことは後の清国維新派の代表的な人物である梁啓超も、「英語を学ぶ者は五、六年学んでも、未熟な点が多々あり、政治学、資生学、智学、群学などの本を読めないかも知れない。しかし、日本語を学ぶ者は、数日で少し、数カ月で大いにそれが上達し、日本の学問を全て習得できる。世の中にこれほど速いものがあるだろうか」[47]と述べている。

日本を模倣の対象とし、日本への留学の気運が高まると、日清戦争後の1896年から1911年の清国滅亡までの間に、中国では大体一〇一四部[48]の日本語の著作が中国語に訳され、同時期の漢訳西洋著書の総数を越える勢いとなった[49]。この漢訳日本語著書の輸入により、日本で作られた多くの専門用語が中国に継受されることとなった。

近代中国の思想家である王国維は、1905年に「新学語の輸入について」を著した。王によると、日清戦争前に輸入された新用語は科学技術に関するものが多いため、思想的には大きな影響は見られなかった。それに対して日清戦争後は、多くの哲学的思想的意味を持った用語が日本を介して中国に輸入された。そして日本を真似て国家の富強を図るために、「新たな用語を増や」すことが目指された[50]。厳復らも新しい用語を作ったが、その中には「良くないものが多」く、「少し外国語が分かる我々の目からすれば、厳の翻訳より原文を見た方が分かり易い」と批評された[51]。そして、日本人が作った用語は、「数十名の学者の考究と数十年の議論を重ねた」[52]ものなので、「そのまま踏襲すべきではないだろうか」[53]と、王は述べた。こうした情勢の下、清国の法制改革を司る瀋家本も、「今日の法律用語は、西洋に生じて日本から輸入されたものである」[54]とした。

日本の法律用語の継受と日本を模倣した憲法制定運動の展開に伴い、日本の憲法の基本概念も、考察大臣らの「日本考察」と留日学生の翻訳を経て中国に輸入された。以下、その憲法の基本概念の日中両国における連鎖とその後の発展について具体的に考察してみよう。

第三節　明治日本における憲法の基本概念

本節では、大日本帝国憲法において成立した四つの基本概念である、「主権」、「統治権」、「国体」、「政体」のそれぞれについて、前節で提示した淵源を訪ねたうえで、近代憲法用語としてそれらがどのような経緯で生成したのか、検討してみたい。

（一）　国体——固有語としての基本概念

国体理論は戦前の極めて国家主義的な思想を代表するものとして、戦後日本の憲法学においては排除され、現代においても学説としてそれを正当に評価する学者はいない。しかし、日本の近代化は、確かに「半儒教的な徳川体制から脱皮し、社会を再儒教化する過程」[55]であり、その中で、日本の近代国家イデオロギーの根本基盤として「国体」が一定の重要な役割を果たしたことは事実である。また、国体と政体の区分があったからこそ、「国家形態による分類の二元化基準[56]が形成された」[57]。

中国古典漢籍において、国体はよく現れる。正史としての二十五史[58]の中だけでも、二百回近く登場する。古代中国では、国体は主に以下の三つの意味を含んでいる。

第一に、国家の根本的事柄に関わることであり、その代表的な用例は以下である。

儒学の世界に生きる官吏たちは、天下の模範であり、皆古今の事情に明るく、過去を振り返って現在を見直し、国体に通達すべきである。[59]

李瀞はもとより恩に背こうとしたのではなく、母親が八十歳になった理由で、急ぎの帰省のため罪を犯したことになった。また、文学の知識に富む李瀞に匹敵できる者がおらず、もし彼を留任し礼教を掌らせれば、国体の誉れを高めることができるだろう。[60]

第二に、国体は、国家の政権組織または国家政治構造に関わる事務を意味し、その代表的な用例は以下である。

帝王が重んずることは国体であり、大切にすることは人情である。[61]

外国に侵略された場合に、政府機関が（現地の将軍に）命令を出せば十分であり、わざわざ使者を遣わす必要がない。万が一に抗命されれば、国体を損なってしまう。兵を使わし、当該将軍を討伐すれば、後顧の憂いが絶えないである。[62]

外府（＝政府の財政機関）と内帑（＝皇室の財産）を掌る機関は、皆官署である。今、商人を外府に滞らせ、その機会に乗じて内帑が金儲けをすることは、国体を甚だしく傷つける。[63]

第三に、国体は、国家の外的体面を表し、その代表的な用例は以下である。

西園は（皇帝専用の農園なのに）、今、葵菜（＝フユアオイ）、藍子菜、鶏、小麦粉などを売っており、国体を損っている。[64]

これは上等の服装に用いることではなく、奢侈とは言えない。将来、外国人が謁見する時、雄大で壮観な宮殿もまた国体である。[65]

中国語の用例と異なり、日本古典籍に見る国体の表れ方は漢籍を源とするが、もとの意味とは全く異なる使用となる。例えば、『古事記』中の「高天の神王高御魂命の皇御孫命に天の下大八島国事避さしまつりし時に出雲の臣等が遠つ神天のほひの命を、国体見に遣わしし……」[66]を取り上げよう。ここに言う国体は、「国土の形・様子、国ぶり」[67]を示し、後に英語の「form of state」とドイツ語の「Staatsform」[68]に相当すると理解された。その後、国体が一般用語として使われる時期は神儒一致[69]の江戸中期である。[70]この時期に語られる国体は江戸期の国学と融合して、「日本国内に幕府と朝廷という二つの権力・権威が存在すること」を前提とし、「朝鮮や中国と対峙する日本という政治的統一体」[71]を念頭として、日本の独自性、即ち本居宣長の思想に反映された「天壌無窮の神勅に示されている皇統の一系性・永遠性」を「道の根源大本」とし、「異国に対する日本の優位性」[72]を強調していた。

幕末期に入って、「大国学」を自称し、「神を敬ひ儒を崇」[73]ぶことを中核とする水戸学が台頭し、尊王攘夷運動のための理論的・思想的基盤を打ち立てた。具体的には、藤田幽谷が『正名論』[74]で「幕府、皇室を尊べば、すなわち諸侯、幕府を崇ぶ。諸侯、幕府を崇べば、すなわち卿・大夫、諸侯を敬す。それ然る後に上下相保ち、万邦協和す」[75]と述べたように、「名（＝上下の秩序）が正しいならば、礼樂が興る。礼樂が興きれば、天下が治まる」[76]を唱え、尊王の必要性を論じ、忠孝秩序を中心とする名分と礼教を重視する考え方であった。その後、尊皇攘夷派の志士たちに「聖典」として守られた会沢正志斎の『新論』[77]では、天皇を尊崇する「名分」を「国体」で解釈し、「曰く国体、（上下の名分）を以て神・聖を論じ、忠孝を以て国を建つ」[78]ことが日本の頼みとするものであると唱えられ、「明治中期に完成する天皇制国家の思想的淵源」[79]になった。

ここで注目すべきは、明治期に入って加藤弘之ら啓蒙思想家は、立憲主義の立場から水戸学者らが持つ国体論を批判し、「君主も人なり。人民も人なり。けっして異類のものにあらず。しかるにひとりその権利にいたりて、かく天地霄壌の懸隔をたつるはそもそも何ごとぞや。かかる野鄙陋劣なる国体の国に生まれる人民こそ、実に不幸の最上というべし」[80]と主張したが、穂積八束は「今にして西洋の国体に心酔し、之を我に擬せんとするものあり。徒らに紛議を醸すと謂うに至り」[81]と批判した。

明治憲政の整備に伴い、天皇を含む皇室を機軸とする明治憲法と教育勅語が公布される。後に国体は憲法の中で「形式的部面が主として表出」[82]したとされる。これは即ち、明治憲法の第一条「大日本帝国ハ万世一系ノ天皇之ヲ統治ス」は「大日本国の国体と大日本国に君臨し給ふべきは如何なる御家筋の方なるかを定めた」[83]ことを指す。この一方で、教育勅語にある「我カ皇祖皇宗国ヲ肇ムルコト宏遠ニ徳ヲ樹ツルコト深厚ナリ（中略）此レ我カ国体ノ精華ニシテ教育ノ淵源亦実ニ此ニ存ス」の一節は、「道徳的部面から」[84]の国体を示していた。

終戦後、人間宣言の発表に伴い、「現人神＝天皇」に基づく伝統的な国体説は完全に崩壊し、国体という言葉も日本では次第に埃に埋もれることとなった。[85]

（二） 政体——転用語としての表現

中国の二十五史において、「政体」という言葉は一四〇回余り登場した。清国末期まで、政体は主に二つの意味を有した。「各州で従事官を免じり、府制に従い参軍を置くことは、政体に合わない理由で、高閭はそれを復旧すべき旨の上奏書を上程した」[86]のように広く政治事務一般を指す場合もあれば、「（私は）まだ祖先の法典と制度に習わず、政体をおろそかにし、一旦要職を担えば、貴方たちのような徳望が高い方に頼る」[87]のように狭義の政治事務を表すこともある。日本の古典籍を見れば、政体の用法は前者の意味に近く、国家の組織形態を示している。「およそ国の治乱、成敗、風俗、政体などに関わることは、後世の参考になるものであり、記すべきである」[88]はその例である。清国末期以降、政体は基本的に一国の政権の本質――立憲政体か専制政体か――を示す時に用いられた。例えば「立憲に非ず存亡を救うことができず、あらかじめ政体を定めて人心をつなぎ止めてください」[89]や「全国の官吏に詔を発し、君主立憲政体を研究させる」[90]などである。これらは明らかに日本から影響を受けている。

近代日本に継受された「政体」という概念は、ヨーロッパ由来のものであり、「Government」の訳語である。明治維新前に、日本の啓蒙思想家たちは国家主権の運用形態を区別するために「政体」という言葉を用い始めた。加藤弘之は、清国のアヘン戦争での失敗に鑑みて、『鄰草』で「武備の外形」より「武備の精神」を重要視し、「仁義を旨とせる公明正大の政体」を樹立すべきことを唱えたが、加藤が言う「公明正大」の政体とは、主に「議会（＝公会）と憲法（＝大律）であり、統治権機構相互の抑制均衡（＝三大権柄）と権利の体系（＝公私二権）」[91]である。同時に、加藤は支配者の数量と統治の本質に基づき、政体を①上下分権、②万民同権、③君主握権、④豪族専権の四つの種類に分けた。その中の①と②は「公明正大」な政体であり、③と④は「公明正大でない」政体である。かつ、①は君主政治（モナルキー）に、②は官宰政治（レピュブリーキ）に属すべきものである。その後、慶應四年（1868年）に、加藤は『立憲政体略』[92]で君主政治と官宰政治をそれぞれ「君政」と「民政」に訳している。

明治維新以降、西周は「government 此政体なるものに二つあり、一つをMonarch＝君主の治とし、一つをDemocracy＝民主の治とす」[93]と述べ、それは加藤が主張した政体の分類とほぼ一致していた。明治七年（1874年）に、加藤から強い影響を受けた黒田麹廬は『政体新論』を著し、漢文としての政体（せいたい）と、訳語としての政体（せいてい）とを区別した。[94]彼によると、前者は「政治の根本と云う義」＝「政治の本旨」であり、後者は「国貌を称す」＝「政治の体裁」である。黒田の書作は、「加藤の一連の著作の圧縮版」とも言えよう。[95]

同じ1874年、加藤は『国体新論』で、政体と国体の区分を試み始めた。加藤は、国体を「真政としての立憲政体」であると捉え、政体を「単に統治者の数にのみ関わること」[96]と考えた。即ち、「統治者の数と統治の質から構成されていた加藤の政体分類論は、前者を政体に、後者を国体に割り当てる形で再編成されるのである」[97]。

加藤に続いて、穂積八束も国体政体混同論を批判した上で権力分立を中心とした立憲政体論を提示した。それは、「国体ハ主権ノ所在ニ由リテ異ナリ、政体ハ国権運用ノ形式ニ於テ分カル。故ニ国体同ウシテ政体異ナル者アリ、政体同ウシテ国体異ナル者」[98]があり、かつ「立憲制ノ本領ハ実ニ所謂三権分立ノ思想ニ在」[99]ると考えるものである。しかし注意しなければならないのは、加藤と穂積が用いた国体という語によって示される意味が異なっている点である。河野有理は、この点につき、「国体の語に実現すべき政治秩序を託した加藤は、政体を統治者の数というミニマムな定義にまで切り詰めた」が、「これに対して穂積は、統治者の数を、もっぱら国体において問題にする」と述べている。つまり、「国体の語で指し示しているものが両者で反対になっている」[100]点が指摘されたわけだが、国体と政体の概念上の区分が、その当初においては論者によって入れ替わるほどに明瞭ではなかったことが示されよう。

（三）主権――借用語としての用法

漢籍二十五史には、「主権」という言葉は三〇回余り登場するが、その中の古代の用例は僅か六回だけである。近代まで、「張居正が政事を治める時、主権を尊い、官吏を考察し、賞罰を実行し、号令を統一するなどのことを主とする」[101]のように、君主の権力を表す用例が一般である。しかし、近代以降、主権は一国の「至高権力」[102]を表す国際法上の概念に変わった。『清史稿』にある「フランス国領事がまた北海で漁船免許の費を徴収するが、政府がこれは中国の主権を侵すため、許さない」[103]などはその代表例である。

なぜ「主権」概念にこのような重大な意味の転換が生じたのか。そのきっかけは丁韙良が漢訳した『万国公法』にある。

宣教師丁韙良が漢訳作業をした時に、英語の「Sovereignty is the supreme power by which any State is governed」を「治国之上権、謂之主権」[104]と訳し、重野安繹が漢訳のまま主権の新しい意味を日本に伝えた。次の通りである。

国ヲ治ムル在上ノ権、コレヲ主権ト云フ。コノ上権、或ハ国内ニ行ハレ、或ハ国外ニ行ハル。ソノ国内ニ行ハルルハ、各国ノ法制ニ依リ、民間ニ寓シテ民人コレヲ主宰スルアリ、君家ニ帰シテ君主コレヲ把持スルアリ。コレヲ論ズル者、嘗テ名ヅケテ内公法トス。但シコレハ国法ト称スルノ、ワカリ易キニ如カズ。右ノ主権、国外ニ行ハル者、即チソノ本国ミヅカラ主宰シテ、他国ノ下知ヲウケザルナリ。各国ノ和平戦争、及ビ交際等、イヅレモ此ノ権ニ憑リテ事ヲ行フ。コレヲ論ズルモノ、嘗テ名ヅケテ外公法トス。世俗ニ称スル所ノ公法トハ、即チ此レナリ。[105]

つまり、国際法において、主権は「外公法」に属するが、自国の憲法において、主権概念は「内公法」に属すべきとするのである。

ところで、主権（sovereignty）という概念の発明者はボダン（Jean Bodin、1530年－1596年）であるが、彼は、「内は封建諸侯や宗教的対立、外は教皇権力や皇帝権力に対抗して、国家の統一を確立するために」[106]近代的主権論を展開した。しかし、ボダンの学説において、主権は主権者とは異なり、国家主権が絶対無制限であるのに対して、主権者は国家より先に存在し、国家と国家主権の上にある神の法と自然法に服従しなければならない。もし主権者が神の法または自然法に反すれば、人民は主権者を覆すことができる。その後、ホッブズ（Thomas Hobbes、１５８８年－１６７９年）は自然状態と社会契約論に基づいて、主権の源を明らかにし、人民が契約に基づいて渡した権力を持つ第三者＝君主が主権を有していることを唱えた。ロック（John Locke、１６３２年－１７０４年）はホッブズが唱えた自然状態にある人間関係を捉え直して、主権を人民の代表としての議会に帰属し、国王の行為は議会の束縛を受けることを主張した。モンテスキュー（Charles-Louis de Montesquieu、１６８９年－１７５５年）はロックの主権論を受け続いで、三権分立を提唱し、権力濫用の防止に注目した。そして、社会契約論を大成させたルソー（Jean-Jacques Rousseau、１７１２年－１７７８年）は主権が人民にあるとする学説を唱え、主権は政府ではなく人民にあることを主張した。一方、このようなイギリスやフランスを風靡する主権論に対して、ドイツのヘーゲル（Georg Wilhelm Friedrich Hegel、１７７０年－１８３１年）は社会契約論を否定し、国家は客観的に存在する精神であり、君主の人格を通じてはじめて国家として存在することができるので、国家の最高権力は君主主権の形で実現すべきであることを唱えた。[107]

　このヨーロッパ諸国の主権論が日本に持ち込まれ、日増しに高まっていた自由民権運動を背景にして、新聞や知識人たちは明治十四年（１８８１年）末に、主権および主権に関わる憲法諸原則をめぐる議論を展開し、翌明治十五年（１８８２年）にその高潮に達する。稲田正次は、この論戦を「明治一五年主権論争」[108]と称している。稲田が挙げた当時の資料を見ると、主権論争の焦点は、国会開設後の主権の所在にあったことが分かる。そこでは、主権は君主に帰すべきとするもの[109]、人民が主権を持つべきとするもの[110]、主権が君主と人民の間にあるとするもの[111]、主権は国体によって決めるべきとする主張[112]などがあった。

　明治十五年主権論争当時、東京大学に通っていた穂積八束は既に「主権の所在によって「君主国体」と「民主

「国体」とが区別されるという発想」[113]を唱えた。それだけでなく、穂積は当時発表した一連の論文の中で、「国体（Staatsform）」と「政体（Regierungsform）」[114]とを区分し、これは後年の国体政体二元論の嚆矢となった。明治憲法が公布された後、穂積は独自の国体理論に基づいて天皇主権説を唱え、「内公法」としての憲法レベルの「主権」を解釈した。このように、当初は漢籍において「君主権力」を意味した「主権」は、近代西洋の概念を輸入した日本において、国際法と憲法上の専門的用語に変化するのである。

（四）統治権——和製語としての起源

統治権は明治憲法で初めて作られた概念である。しかし、その淵源は、ドイツ国法学にある「国権」概念にある。そのため、「統治権」を検討する前に、近代日本における国権概念の生成と変遷とをまずは検討しなければならない。

漢籍二十五史で国権は四〇回余り登場するが、近代に至る歴史の長い経過の中で、「この時、皇帝の舅である陽平侯王鳳が大将軍として政事を掌り、皇太后の威を借りて、国権を独り占めした」[115]のように「国家権力」を示した。古代日本においても、「今幾に取得つる国権を硬固にすべきの便宜」[116]などの用例が残っている。これに対して、近代以降の日中両国での国権が表す意味は同じである。例えば「逆に外国人を代理に仰ぎ、その束縛に制限され、これは甚だしく国権の喪失であろう」[117]、「位ニ即カシメ己レ自カラ国権ヲ執レリ」[118]などである。

明治十四年の政変後、井上毅は、憲法調査を行った際に、ドイツ国法学者シュルツ（Hermann Schulze、１８０８年－１８８３年）の著作『孛漏生国法論（Das Preussische Staatsrecht）』[119]から多大な啓発を受けた[120]。なお、同書の第二章（Von der Staatsgewalt）は、木下周一によって別途翻訳され、『国権論』[121]として刊行されたが、前出の『孛漏生国法論』にはこの第二章の内容が収録されていない。

ところで、木下周一は『国権論』の序文で、当時のヨーロッパで大流行していた主権分割説を厳しく批判した。木下によると、国家は一つの生活体であり、主権はその首領の役割を果たしている。その中で、木下は、ルソーの主権分割論を批判すると同時に、ドイツ諸国はフランスに隣接しても、主権分割説は優勢にはならなかったことに注目している。それだけではなく、「独逸各国の憲法は明文を以て其主権を維持したり（中略）（国の首長としての）国王は最上政権を総攬し而して憲法に定むる所の約束に従って其権を施行す」[122]るため、主権の統一が守られていた。また、木下はドイツ国法学が最も日本社会に適合するものであると考え、ルソーやモンテスキューの説を批判するシュルツの『国権論』について、「海外の一方我党の為に同世の良友を得たり」[123]と感想を述べている。

シュルツの理論では、国権とは「国を統御するの心思にして国と共に存する者」[124]である。また、国権の淵源は「国をなす組織機関なる天性」にあり、民衆の共同思想ではないという考えの下、ルソーの「民之欲し王之行う」説を否定した。また、国権は至高無上で抵抗できないものとして存在していると[125]、シュルツは言う。しかし、国権は不可分だが、学問研究上の便のため、国権活動の作用を立法権、司法権、行政権に区分することができる[126]。国権は具体的に如何に諸機関に分けられるべきかは、「各国の憲法（成文不成文律の別なく）如何に因るのみ」[127]であると言う。国権の限界については、シュルツは、「近世国の進歩は正に人の身心の自由及私権に係る所の天理人道の自然の界限を以て国権一定の界限と為すに在り。當今法制の要務は一方に向ては国民自由権の範囲を定めて国権の侵犯を防き、又他の一方に向ては憲法の原則に従て国権の機関を制設するに在」[128]るとする。

井上毅は『国権論』に啓発され、主権とドイツ国法学にある国権に関する諸問題を、ロエスレルに尋ねた（ロエスレルの返答は、『国権論』の付録一と付録二に収められており、井上に理論面での影響を与えたことが分かる）。

ロエスレルは、主権は「国際法に於いては独立の地位を占むる所の邦国の性質を指」[129]すものであり、かつ主権者は「内政上の国権を執り之を行ふ者を指す」[130]と考えた。即ち、主権は「至高国権の統一」である。言い換えれば、君主国では国権を執る者は君主であり、共和国または連邦国では人民または連邦の代理者が国権を管掌する。同時に、各国家機関は国権の一部だけを握り、人民または連邦から委託を受けない国権は国家にはない[131]。また、ロエスレルもさらに、1820年に結んだ「独逸同盟国規約」の第五七条、「独逸国同盟は（共和制度の邦を除く）主権者たる君主より成る故に此の訂約の原旨に従ひ諸般の国権は国の首長是を総攬せさる可からす」を例として挙げ、「君主は諸般の国権を総攬すとは是れ独逸各邦中二三共和の邦を除く外皆以て原則と為す所」[132]であると強調した。要するに、「共和国にありては主権国民に帰し、君主国にありては其邦国及ひ国権の統一を保つ為に主権を挙て之を君主に帰す」[133]べきとするのである。なお、ロエスレルは、ドイツ連邦のバイエルンに倣って君主国権総攬の条文を設け、またはプロイセンに倣って君主の諸大権を列挙すべきとし、井上は憲法を起草する際には前者を採用した。

以上、明治憲法制定に至る近代期日本における「国権」の理論的理解を跡付けてきたが、驚くべきは、憲法制定過程において、「国権」が「統治権」へと変更された事実である。

以下は憲法諸草案における「国権」と「統治権」の使用状況を整理した表である。

表1－1に明らかなように、明治憲法の成立過程において、ロエスレルによる「Staatsgewalt」を、日本語では「国権」から「統治権」へと途中から変更している。

伊藤博文は後に憲法第四条として結実する当該の法文にある「統治権」を解釈して、「統治の大権は、天皇之を祖宗に承け之を子孫に伝ふ（中略）統治権を総攬するは主権の体なり、憲法の条規に依り之を行ふは主権の用なり」[134]と述べていた。ここで、明治憲法にある主権と統治権の理論的関係について、岡田朝太郎の解釈が明快である。明治末期、法律顧問として清国に雇われた岡田は、清国の高等文官試験のために明治憲法にある統治権の

表 1-1　明治憲法の起草過程における国権と統治権

作成時期	草案名	用語例
明治 20 年 4 月	井上毅甲案	天皇は**大政**を総攬し此の憲法に於て勅定する所の条款に循ひ之を施行せしむ
明治 20 年 5 月	井上毅乙案	天皇は**国権**を総攬し此の憲法の勅定する所に循由して之を施行せしむ
明治 20 年 8 月	夏島草案	天皇は帝国の元首にして一切の**国権**を総攬し此の憲法の主義に基き基き大政を施行す
明治 20 年 8 月	井上意見	国権総攬＝国権の体　憲法によって施行＝国権の用
	ロエスレル意見	国権→**施治権**
明治 20 年 10 月	十月草案	天皇は国の元首にして一切の**政権**を総攬し此の憲法に依り之を施行す
明治 21 年 2 月	二月草案	天皇は国の元首にして一切の**統治権**を総攬し此の憲法の条規に依り之を施行す
明治 21 年 4 月	上奏案	天皇は国の元首にして**統治権**を総攬し此の憲法の条規に依り之を施行す
明治 22 年 2 月	憲法公布	天皇は国の元首にして**統治権**を総攬し此の憲法の条規に依り之を行ふ

伊藤博文編『憲法資料（上・中・下）』（叢文閣、1936 年）を基に筆者作成。

項目を中心に憲法の教科書を書いた[135]。岡田が示したように、統治権は即ち「国家を主宰する力」であり、「統治権の上にさらに他の権力を加えるものがあるが、なんの権力も加えないもの」もある。複合国家、例えばドイツ帝国と連邦諸国のように、統治権の上に他の権力が付け加えられている。それに対して、単一制国家の統治権の上には何ら権力がないため、この場合に統治権は即ち最高統治権または主権と称している。日本の場合では、「統治権と主権は固より区別がなかった」のである。岡田が説明するように、明治日本において、統治権は実質的に、主権、国権と同じ意味で用いられることもあった。

だが井上毅においては、なぜ「国権」が「統治権」へと読み替えられたのだろうか。嘉戸一将は、「統治権概念を発明したと目される井上毅は、主権概念を踏まえつつも、独自の法的概念としてそれを構想した」[136]と指摘している。「それ」とは無論、統治権を指すが、井上の構想した「統治権」は、「歴史的正統性を呈し」、「新たな法秩序を創造するにあたって、その秩序の原因を探求するようにしてパラドクシカルにも歴史に遡行し、その秩序の意味と効果を起源から引き出すことをも意味」[137]するものだった、という。

さらに「統治権」という言葉には、憲法学理的解釈のほかに、同時に伊藤博文が唱えた憲法機軸論によるイデオロギー的解釈が存在した。伊藤は次のように述べている。

憲法の制定せらるるに方ては、先づ我国の機軸を求め我国の機軸は何なりたと云ふ事を確定せざるべからず（中略）抑々欧州に於ては憲法政治の萌せること千余年、独り人民の此制度に習熟せるのみならず、又た宗教なる者ありて之が機軸を為し、深く人心に浸潤して人心此に帰一せり。然るに我国に在ては宗教なる者其力微弱にして一も国家の機軸たるべきものなし（中略）我国に在て機軸とすべきは独り皇室あるのみ。[138]

このように、学理的解釈のみならず宗教的色彩をも纏った「統治権」は、憲法の学理的意味だけを持つ主権や国権に代置され、独創的な概念として日本の近代史の舞台に登場したのである。

（五）明治憲法学における憲法の基本概念

明治憲法が公布された後、明治の憲法学者は、これら四つの憲法の基本概念についてそれぞれの解釈を行ったが、これらの解釈は極めて多岐に亘る。本項では、六名の憲法学者の学説を挙げ、四つの基本概念をめぐる学説を簡略に整理しておきたい。

1　穂積八束

穂積によると、明治憲法が制定される前は、国体という言葉は「広ク国家民族ノ特性ヲ指称」[139]していた。主権の所在も国体の一つの特性だが、国体の意味は「必シモ之ニ限ルノ意義ニハ非サル」[140]とした。ただし、もし国家に法理上の考察を加えれば、主権の所在は極めて重要となり、しかも「適切ニ之ヲ表示スルノ成語」[141]がないので、穂積は「国家組織ニ於ケル主権存立ノ体様」[142]を国体とし、「主権ノ所在ニ由リテ」[143]国体の異同を分けた。その内、君主国体は「特定ノ一人ヲ以テ国ノ主権者トスル国体」[144]であり、民主国体は「人民ヲ以テ主権者トスル国体」[145]である。

政体について、穂積はそれを「統治権行動ノ形式」[146]と見なし、「国家統治権其ノ者ノ所在ヲ動カスコトナクシテ」[147]政体は変化しないとした。すなわち、政体は「主権行動ノ形式ニ由リテ」[148]区分けされたのである。穂積は、国体と政体を別物と捉え、国体が同じで政体が異なる場合があり、政体が同じで国体が異なる場合もあると考え、「政体ハ国体ヲ動揺スルコトナクシテ、能ク時勢ノ須要ニ応シテ変遷」[149]しなければならないとした。同時に、穂積は「分権ノ主義ノ存否」[150]によって専制政体と立憲政体を区別した。国家主権は「一ニシテ分ツヘカラス、円満ニシテ無限」であるが、このような統治主権は「自ラ憲法ヲ設ケテ其ノ行動ノ形式ヲ定」[151]めた。立法、司法、行政などの権力は「憲法ニ由リテ始テ生スルノ国権行動ノ形式」[152]である。従って、いわゆる権力分立は、「憲法ノ条規ノ下ニ於ケルノ制度ニシテ憲法以上ニ超然タル国家統治ノ主権其ノ者ニ懸ルノ主義ニ非サルコト」[153]だと、穂積は考えた。

また、主権と統治権の違いについて、主権は「主権国ヲ統治スル権力ニシテ、其ノ本質ニ於テ、唯一、最高、無限ニシテ独立ナル者」[154]であり、国家「固有」[155]の「他ノ権力ニ依リテ存立スル者ニアラサル」[156]ものである。対して統治権は「一定ノ土地及人民ヲ支配」[157]する「絶対無限」[158]の権力である。穂積は、統治権は「赤裸ノ権力ニ非ス統治スルカ為ニ存スルノ権力」[159]であるが故に、「一定ノ土地人民ヲ其ノ支配ノ目的客体」[160]とすべきであるとした。

また、このような支配的な地位を保ったため、「国家ハ総テ他ノ権力ノ其ノ上ニ行ハルルコトヲ排斥シ、独、専ラ之ニ臨ムモノナリ」と、穂積は考えた。このように、穂積の学説においては、主権と統治権の境界は明らかではなかっただけでなく、むしろ両概念は近接していた。

2　上杉慎吉

上杉は国家を「統治権ヲ固有スルトコロノ共同団体」[161]であると捉えた。その中にある統治権は「国家ノ国家タル所以ヲ成ストコロノ性質」[162]であり、その本質は「命令強制ノ権力」[163]である。統治権がなければ国家ではないが、統治権に基づけば「国家ハ形式的ニ結合セラレテ独立ノ一体ヲ成」[164]すと、上杉は述べた。また「国家ハ自ラ其組織ヲ定メ其政務ヲ行フニ他ノ拘制ヲ受クル事」[165]がなく、「固有」[166]で「最高独立」[167]であることが統治権の性質であると考え、主権は「統治権ノ最高独立ナル性質ヲ示スノ語」[168]であると言う。

上杉は、国体は「最高機関即統治権ノ総攬者」[169]であるが、「統治権ノ総攬者ノ組織ハ国国必スシモ同一」[170]ではないと考えた。そしてこのような異同の中に「国体ノ区別」[171]が生じた。上杉は国体の区分の通説である君主国体、貴族国体、民主国体の区分は「学理上正確ナリト為ス能ハス」[172]と述べた。すなわち、主権は人民全体にあっても、「実権ヲ握ル者ハ極メテ少数」であるため、このような民主国と貴族国とを区分する基準は「政治上（の）理想」[173]に過ぎなかった。それに加えて、一般の民衆に参政権を与え、民衆により統治権の総攬者を公選する形式は民主国体と称されても、統治権の総攬者は一人または合議体、共同団体にあるので、「人民全体カ統治権ノ総攬者タリト云フコト」はできない。これらのことから、上杉は「統治権ノ総攬者ノ実体ニ見テ、一人ナルト数人ナルト（自然人ノ数ノ）ヲ別」[174]ち、「唯一人ノ自然人ヲ以テ統治権ノ総攬者ト為スモノ」[175]を君主国体、これに反するものを共和国体とし、政体については「統治権ノ行使ノ方法形式」[176]の問題であるとした。つまり、統治権を総攬する者が「其総攬スルトコロノ統治権ヲ行使スルニ如何ナル機関ヲ設ケ如何ナル形式的、実質的範囲ニ要務ヲ分配スルカ」[177]という問題となる。国体は「国家構成ノ基礎ノ態様」[178]であり、国体を変更すれば「国家自身更新」[179]されるが、政体は「統治権行使ノ方法形式」[180]であり、政体自身は「何時ニシテモ随意ニ変更スヘシ為メニ国家ノ存在ハ寸毫モ動」[181]くことはないのである。

そして立憲政体と専制政体との差異について、上杉は、立憲政体の「精神主旨」は「自由ノ確保」[182]、すなわち①「統治権ノ行使ニ一定ノ規律アラシム」[183]こと、②「統治権ノ行使ニ民主的元素ノ加味スル」[184]こと、③「権力分立ノ主旨ニ基キテ統治権行使ノ方法形式ヲ定ムル」[185]ことの三点にあると考えた。

3 美濃部達吉

美濃部によると、国権（Staatsgewalt）は「国家の意志力」[186]であり、「国家の人格（Staatspersönlichkeit）」[187]とも称する。人格は「自己の目的の為にする意志力」[188]である。また、国家は「最高の団体であって、自己以上に如何なる権力の支配をも受くるものではない」[189]ので、国権は最高性という性質を持っていると、美濃部は考えた。また、国家の意志力は分割・譲渡できないため、国権には不可分性があり、国家は「普通に永久的の団体」[190]であるため、永久性も有しているとした。

美濃部から見ると、「統治権といふ語も往々国権と同意義に用」[191]いられるが、統治権自体は「支配権」[192]ないし「支配する力」[193]を表すので、「一定の客体あることを前提」[194]としている。すなわち、統治権という権力は「一定の領土、国民を支配する力を称する」[195]ものであり、「組織権、領土権、対人最高権及び国際法上の特別の権原に基づく支配権の総称」[196]である。国権は統治権と異なり、「一定の内容を有する力ではなく、国家の意思力即ち国家の人格其者を意味する」[197]としている。

主権（Souveraineté、Sovereignty、Souveränität）については、「屢々国権若くは統治権と同意義に用」[198]いられるが、「其の語又は種々の意義に混用せられ誤解の源となることが甚だ多い」[199]と、美濃部は考えた。美濃部は、主権は①最高、至上、[200]②国家の意志力、[201]③統治権、[202]④国家の最高の機関意思[203]の四つの意味を有していると言う。彼はそれぞれの意味を「国権の最高性又は独立性」[204]、「国権」[205]、「統治権」[206]、「最高の機関意思」[207]と理解し、それによって、「君主が統治権の主体でない」[208]としても、君主が「第四の意義に於ての主権者である」[209]とする。つまり、主権は「統治の権利の意義に於ての主権とは全く異つた意義に用いられて居る」[210]ので、主権者は「国家最高の権力（正確には最高の機関意思）の発する所、即ち最高機関の意に外ならない」[211]のである。

国体と政体については、美濃部によると、国家の統治組織には君主制、民主制、連邦制などの形態があるが、このような統治組織の違いは「政体（Form of State、Forme de l'Etat、Staatsform）の区別」[212]である。この場合、「政体と統治組織といふと全く同意義」[213]である。ただしこれを同時に国体の区別と称することができ、「単に名称の問題」[214]に過ぎないと、美濃部は言う。美濃部は、穂積八束、上杉慎吉らが唱えた国体政体論の要旨を次の五点にまとめた。すなわち、①君主政と民主政とは主権の所在によって分けられ、前者においては主権が一人に存し、後者においては主権が人民に存すること、[215]②立憲政治と専制政治とは主権行動の形式による区別であって、国家が如何に行動するかという形式的問題であること、[216]③立憲政体の特色は権力分立の一点に存すること、[217]④君主政と民主政とは国体で区別され、立憲政と専制政とは政体の違いであって、それぞれ種類が異なる区別であること、[218]⑤民主政にも立憲民主政と専制政とは政体の区別が有することである。[219]ただし、国体と政体に対するこのような理解は「大なる誤謬を含んで」[220]おり、「前後互に矛盾して」[221]いると、美濃部は指摘している。具体的には、穂積は主権の所在によって国体を区別したが、主権がどこに所在するかは「如何なる自然意思が国家の法律意思を成すかの問題」[222]、すなわち「国家代表の態様の問題」[223]であり、「如何なる機関に依つて国家の意思が作らるるかの問題」である。一方、立憲政体と専制政体との区別自体は「統治組織の種類」[224]の区別で、「決して性質を異にする区別ではない」[225]ので、「国体の区別は即ち政体の区別」[226]であると、美濃部は考えた。つまり、美濃部の学説においては、国体と政体の区別は便宜的なものに収斂するのである。

4 有賀長雄

有賀は、統治権は「主権（Souveränität）と支配権（Regierungsrecht）を合したる」[227]ものであると考えた。その内の主権は、「自ら何人の権力にも服従することなくして一定の版図内にある土地人民に向て権力を使行することを得る地位を云」[228]い、支配権は「国家を維持して其の目的を達する為に命令を発し、及之を励行する権利にして、源を主権に発するもの」[229]である。すなわち、「統治権は主権の一作用たるに過き」ないが、「主権と分離することを得へきもの」[230]である。また「日本の歴史に於て久しく主権と支配権と分離」[231]されてきたが、立憲君主政体では「主権と支配権とを分離せさるか故に之を統治権と云」[232]ったが、「支配権の其れの一部分をも他に分与せす、主権者たる元首に於て其の全部を総括するか故に之を統治権を総攬すと云」[233]ったと、有賀は指摘した。その上、主権者について、有賀は次のように述べている。

国ノ内ニ在テ法度ヲ立ツル者ヲ主権者ト云ヒ、主権ノ人民ニ在ルト一人ニ在ルトニ依リ国ニ民主国ト君主国トノ区別アリ。而シテ君主自ラ王ト称スルト帝ト称スルトハ王国ト帝国トノ別アル所以ナリ。然レトモ之ヲ帝ト謂ヒ王ト称スルハ全ク一国ノ歴史上ヨリ来タルコトニシテ国法上一定ノ差異アルニ非ス。[234]

明治憲法に解釈を加えるとき、有賀は「天皇ノ統治権ハ天皇ノ世襲ノ特権ニシテ他人ノ争フヘカラサル所」[235]だと述べ、統治権を「元首カ立法行政ノ上ニ立テ、権衡ヲ取ルノ地位ニ在ルヨリ起ル権利」[236]と定義付け、立法主権、司法主権、行政主権、行政大権（司法大権は行政大権に含まれる）に分けた。また、有賀は万世一系は「大日本帝国憲法ノミニ存シテ他国ノ憲法ニ存スル能ハサル者ハ此ノ一条ノミ、是レ実ニ我日本帝国ノ国体」[237]であると述べたうえで、中国の国体との対比を行った。有賀は、『尚書』を通して中国の国体を検討しており、（中国においては）「懿徳ヲ以テ君位ノ基本トシ、有徳ノ禹ハ臣位ヨリ挙ケラレテ君位ニ登リ、無徳ノ桀ハ王位ニ居テ臣下ノ弑シタルニ非ス」[238]と言う。つまり、桀は「君徳ヲ缺キタルカ故ニ、匹夫即チ一私人ノ君権ヲ恣ニスル者トシテ之ヲ殺シタルハ其ノ位ヲ失フモノトス」[239]る点は、日本の国体と異なる「漢土ノ国憲」[240]であるとした。

5　岡田朝太郎

岡田は、国家は「主権ト臣民ト領域トノ三者相合シテ成ル政治的団体」[241]であると捉えた。主権は「一国ヲ支配スル権力」[242]であるが、被治者にとって、主権は「治者ノ原力」[243]であり、その中から「命令、服従ノ関係」[244]が生じ、また同時に、「他ノ国家ニ対シテハ対等者ノ原力ト」[245]なる。なお、主権の所在によって、国体を「貴族国、民主国、君民同主国及ヒ君主国」[246]に分類することができるが、主権行使の形式によって、立法、行政、司法など「統治作用ノ外形」[247]、すなわち政体が定まる。政体は専制政体と立憲政体を含むが、「国体及ヒ政体ノ配合如何」[248]によって、国家を民主専制国、民主立君専制国、民主立憲国、民主立君立憲国、君主専制国、君主立憲国の七つの種類に分類することができる。

統治権は「国家ヲ主宰スル力」で、「主体ニ治者ノ地位ヲ与ヘテ、之ヲシテ内外臣民ヲ服従」[249]させ、「国家ニ対等者ノ地位ヲ与ヘテ之ヲシテ他国ト交際セシメ、及ビ財産法上ノ法律行為ヲ為」[250]すことができる。ただし、統治権の上に「他ノ権力ヲ頂クトキ」と、「頂カサルトキ」[251]がある。もし統治権の上にほかの権力が加われば、ドイツ帝国とその各連邦国のような「複成的国家」[252]となるが、これに反すれば「単成的国家」[253]となる。単成的国家において、最高統治権は同時に主権とも呼ばれる。例えば日本では「統治権ハ即チ主権、主権ハ即チ統治権ニシテ、其間ニ何等ノ区別」[254]もないと、岡田は考えた。

6　副島義一

副島は、中古の学者は「君主は支配権を神より与へられたる職務として行ふものなり」[255]としたが、十二世紀以来「主権説の萌芽」[256]が生じ、「君主は独立の権力を有するもの」[257]と捉えられるようになったと言う。神聖ローマ帝国が滅んだ後、「興起したる国家の支配者か更に各主権を有することに」[258]なり、特にフランスにおいては「国君は主権を有するものとの観念を生」[259]じ、「遂に主権なる語」[260]が生まれた。主権はもとより「国家の外に在る権力に対し独立不羈なること」[261]を表したが、フランスでは次第に「国家の内部の関係即ち支配者と臣民との関係の上に移」[262]され、国王が持つ「国内に於いて一の制限にも拘束せらるることなき絶対の権力」[263]となったと、副島は論じる。その後、君主主権説のほかに、人民主権説も盛んであった。また、主権は「最高最上の権力」[264]であるが、「主権は国家の定義に必要なるや」[265]をめぐる論争は特に激しかった。このような論争は主に「連邦国に生」[266]じたが、「単一国に於ては斯る議論を生すること」[267]はない。要するに、主権は「国家なる人格の性質を言ひ表はす為めに用ひらるるもの」[268]であり、もとよりは「国家なる観念の未た大いに発達せさるとき」[269]に使われ、「国家の或機関の地位を言ひ表」[270]したが、「今日に於ても此の用法は仍ほ存在して国家の或機関を主権を有する機関と言」[271]うと、副島は述べた。

これに対して統治権は「命令禁令し強制する権利即ち意思の力」[272]である。国家はこの意思による「発表の作用を為す」ためには「機関に依る」[273]必要がある。副島によると、このような「国家の総機関の行使する権力」は、

「統治権又は国権」[274]であり、これは「実質は全く立法、司法、行政と同一の力」[275]であるという。そして、これを執行する機関が異なっていても、「其機関は各独立の人格として此権力を分別して之を有する」[276]ものではないという。すなわち、国権ないし統治権は分割できない。各国は最高機関を有するが、「最高機関は即ち国権の総攬者」[277]であるので、国権ないし統治権の総攬者は「国家の諸機関を行使する諸権力を統轄する者」[278]である。ただし注意すべきは、「国権の総攬者は国権の主体」[279]ではないが、その主体は「国権の帰属する人格」[280]であると、副島は考えた点である。また、国権ないし統治権の総攬者は「此人格の為に国権（ないし統治権）を執行する最高の機関」[281]であり、国権ないし統治権の主体たる人格は「即ち国家」[282]である。これは伊藤博文が『憲法義解』で唱えた「統治権を総攬するは主権の本体なり、憲法の条規により之を行うは主権の用なり」という考えに沿うものであった。[283]

国体と政体について、「国家の最高機関」[284]としての主権者の「組織の形体」[285]で、即ち「国権の総攬者」[286]の組織形態であると、副島は述べるが、また、国体は「国権総攬者たる最高機関の組織の異なる」[287]点で政体と区別される。副島は、政体を国権ないし統治権「総攬者の作用の形体」[288]と見なし、「最高機関の国権（ないし統治権）総攬の作用の形式」[289]によって政体を決めるべきであるとしたのである。

第四節　近代中国における日本憲法の基本概念の継受と発展

（一）清末民初期の憲法成立過程における憲法の基本概念

夏新華は、近代中国を「行憲（＝憲法を制定しそれを実行に移す）試験場」[290]であると考えた。つまり、清国政府や革命派をはじめとする様々な政治勢力によって、それぞれの政治的利益に基づいた憲法草案が作成されたため、当時の中国は、憲法制定における一種の実験室の様相を呈していたのである。日本の憲法成立過程が示したように、明治典憲体制には、天皇統治という歴史的継続性を「近代国家の政治的統治権の正当化理由」[291]とした。近代中国とりわけ清末民初期の憲法の成立過程においても、「立憲」は近代国家建設の目的ではなく、常に政権の正統性を示し、国家富強と民族独立を図るための手段と見なされた。

日清・日露戦争以降、日本における憲法の基本概念――国体、主権、統治権――が次第に中国で導入されたが、その導入過程において、道具化された憲法諸概念は、清末民初期にある政体の交代に伴い、語意が明治憲法の解釈から離れ、変化し続けてきた。そのため、本節では、近代中国における諸憲法やその草案、さらに民間人の憲法草案の中に現れた、「国体」、「政体」、「主権」、「統治権」の概念の検討を行う。

1　憲法と政府の草案における憲法の基本概念

清末民初期、政府が起案した「公式的」な憲法綱領、または憲法条項は総計八つある。それらは、①1908年、清国政府が明治憲法を真似て作った『欽定憲法大綱』、②1911年、革命派の圧力の下で公布しイギリス式君主制を手本とした『憲法重大信条十九条』、③1911年、辛亥革命党の手によって起草された『臨時政府組織大綱』、④1912年、中華民国政府が公布した『中華民国臨時約法』、⑤1913年、中華民国国会憲法起草委員会が起草した『天壇憲法草案』、⑥1914年、袁世凱の意思に従って作った『中華民国約法（袁記約法）』、⑦1919年、徐世昌が大総統在任期間中に起草した『中華民国憲法草案（民国八年憲法草案）』、⑧1923年、曹錕の主宰の下に作られた『中華民国憲法（曹錕憲法）』である。

表 1-2　清末民初期の公式的な憲法および綱領、草案における国体、統治権、主権

作成年	名称	国体	統治権	主権
1906 年	欽定憲法大綱	○	○（大権）	
1911 年	憲法重大信条十九条	○		
1911 年	臨時政府組織大綱		○	
1912 年	中華民国臨時約法		○	○
1913 年	天壇憲法草案	○		○
1914 年	中華民国約法（袁世凱）	○	○	○
1919 年	民国八年憲法草案	○		○
1923 年	中華民国憲法（曹錕）	○	○（国権）	○

夏新華ほか編『近代中国憲政歴程』（中国政法大学出版社、2004 年）を基に筆者作成。

以上の八つの重要な憲法文書のそれぞれについて、前述した憲法の基本概念が見られるか否かを一覧したものが表1－2である。

まず、「国体」についてだが、主に二つの規定の仕方があった。一つは具体的な条文で、国家の「本質」、すなわち君主国体なのか民主国体なのかを直接的な表現の下に規定するものである。もう一つの方法は国体を憲法で定義する方法である。例えば『欽定憲法大綱』は、明治憲法を真似て「大清皇帝は大清帝国を統治し、万世一系、永に尊敬すべし」と「君上は神聖、尊厳にして侵すべからず」によって、「君主国体」を定めた。民国期に入って、各憲法および草案は例外なく「中華民国は永久に統一民主国とす（天壇草案第一条）」や「中華民国は中華人民によって組織す（袁記約法第一条）」のような、「民主国体」の宣言をしている。

この他、天壇草案、民国八年草案と曹錕憲法では、「国体」は独立した「国体の章」を設けて定められた。その理由は、徐世昌政権の国憲起草委員会が編纂した『草憲便覧』[292]によると、「憲法は国を立つ大経（＝基準・基盤）として、常に国体に立脚しており」、「中華民国では、まず国体の変更（清国皇帝の退位と中華民国の成立）があり、その後に憲法制定の事業がある」と考えられたように、「国体」という概念は特に強調されるべきものであったためである。また、中華民国の国体を「共和国」でなく「民主国」とする理由について、『草憲便覧』は「共和国の中には未だ共和貴族がい

る」ので、万人平等の価値観を持つ中華民国の国体を「共和国」としないことを述べ、「民主という名称は同時に共和の義を含んでいるだけでなく、少数貴族の共和と厳密に区別することができる」と、中華民国の国体の由来を述べている。

「国体」の他に、もう一つ注目すべきは「統治権」と「主権」の表現の変化である。清国末期の『欽定憲法大綱』と『憲法重大信条十九条』は、統治権の所在を明確に規定しなかったが、清国政府が『欽定憲法大綱』にある「君上大権」を「（統治の）主体が上にあり、無上の主権を総攬して、行政権の統一を期して、治安の保護を望む大権は統治権である」[293]と解していたことから、清国末期の統治権および主権に対する理解は、日本のものとほぼ同じ理解であったと言える。しかし、中華民国期に入ってから、主権と統治権は語義だけでなく、条文上も分離していく。これについては後述するが、『中華民国臨時約法』で中華民国の主権を「国民全体に属す（第二条）」と定めたが、統治権は「参議院、臨時大総統、国務員、法院（第四条）」によって共同で行使されるものとされている。そして、『袁記約法』では「主権は国民全体を元にする（第二条）」と「大総統は国の元首として統治権を総攬する（第十四条）」という規定が置かれた。この他に、『曹錕憲法』においては、統治権は「国権」の形で現れている。

以上のように、明治憲法では統治権が定められたものの主権規定は存在しなかったが、近代中国の憲法においては、主権と統治権は常に規程上存在した（なお、両概念の区分については次節で詳述する）。

2　民間の憲法草案における憲法の基本概念

近代中国の多くの民間の憲法草案においても、国体、統治権と主権に関する構想が存在した。これらの草案は国体が変更されたばかりの民国初年に集中して作られている。表1－3は草案にある憲法の基本概念の記載状

表 1-3　清末民初期の私人憲法草案における国体、統治権、主権

君主／民主	名称	国体	統治権	主権
君主草案	無名氏憲法草案			
君主草案	張伯烈憲法草案	○	○	
君主草案	馬吉符憲法草案	○	○	
民主草案	国民党憲法草案			
民主草案	進歩党憲法草案			
民主草案	王寵恵憲法草案	○		○
民主草案	梁启超憲法草案	○		○
民主草案	康有為憲法草案			○
君主草案	康有為憲法議章	○		
民主草案	李慶芳憲法草案			
民主草案	何振彝憲法草案	○	○	
民主草案	席聘臣憲法草案	○	○	
民主草案	王登乂憲法草案	○		○
民主草案	呉貫因憲法草案	○		○
民主草案	彭世躬憲法草案	○		○
民主草案	姜廷栄憲法草案	○	○	○

夏新華ほか編『近代中国憲政歴程』（中国政法大学出版社、2004 年）を基に筆者作成。

況を示したものである。

清国末期の民間の君主制憲法草案は、基本的には明治憲法の様式を真似ているので、国体と統治権は共に条文の中に現れている。特に張伯烈が１９０９年に起草した『仮定中国憲法草案』はその一つである。それに対して、民国初年に生まれた夥しい量の民主制草案中では、基本的に国体と主権の所在が定められた。また、幾つかの草案は国体と統治権を定めているが、主権と統治権を共に規定したのは姜廷栄草案だけであった。

同時に注意すべき点は、たとえ民主制憲法草案であっても、主権または統治権は必ずしも全国民に属していないことである。例えば康有為草案は「主権は国に在り。その行使は行政、立法、司法に委ねる（第二条）」とし、彭世躬草案も「主権は国家に属す（第一条）」ことを規定している。統治権については、何振彝草案は「中華民国は国家を統治権の主体とす（第三条）」ること、「立法、行政、司法各機関を以て統治権を行使す（第四条）」ることを構想した。同時

に唯一主権と統治権を定めた姜廷栄草案において、「主権は国民全体に属す（第四条）」ること、「統治権は国会、大総統、国務員、法院をもって行使す（第五条）」ることを定めている。

以上の条文から見ると、国体、主権、統治権など憲法の基本概念は、政府の憲法草案だけでなく、民間の憲法草案にも広く受容されたことが分かる。むろんそれぞれの意味や条文の表現方法は異なったが、日本で生まれたこれらの憲法の基本概念は近代中国の朝野で受容され、近代中国の憲法成立に影響を与えていったのである。

（二）統治権・主権の継受および発展

1 主権と統治権の概念的区分

清国末期の中国政府は、主に日本を手本として憲法を制定したので、主権と統治権の理解が日本とほぼ同じであるのは当然であった。その概念は主に日本の憲法学者の著作の中国語訳を通じて輸入された[294]。

しかし中国では、清国末期の立憲派と革命派の論争、さらに辛亥革命の勃発によって多くの理論的な問題が生じた。その一つが日本由来の「統治権」と欧米由来の「主権」の区別であった。当時の中国の知識人たちは、清国政府と異なり、憲法学上の主権と統治権は同義ではないと考えた。これについては本書の第三章で詳述するが、その後の中華民国初期においても、知識人たちは主権と統治権の概念をめぐって様々な見解を示している。

『独立週報』の記者は、主権と統治権の新しい範疇を唱えた。前者は「他の力によって縛られない国家の最高権力」であり、後者は「国民全体に対して用いれる命令と強制の単一不可分の権力[295]」である。

近代中国の法学者、国民法政専門学校の講師陳耿夫[296]によると、国権、主権、統治権は区別しなければならないという。その理由として、国権は国家権力ではなく、「国家の意思力」である。主権は最高権を表すために国家の意志力とは違う。一方、統治権は命令と強制の権力であるため、国家の意志力と称するのも妥当ではない。なお、三つの概念がそれぞれに対応するドイツ語は Staatsgewalt、Souveränität、Herrschaftsrecht である。

呉載盛は、「主権は絶対的消極的な本性を持つ非完全な権力であり、国権の最高性質を表し、Sovereignty の訳語」であり、「統治権は対内的積極的な内容を持つ完全な権力として国家成立の要素としての役割を果たす Imperium である」と、述べている。(297)

要するに、近代中国の憲法成立過程における主権と統治権の本質は、革命派たちの「人民主権論」と袁世凱派の「統治権移転論」をめぐる争いの中に表象されるのである。「君権踏襲論(=統治権移転論)」は激しい民主共和の思潮には対抗できないにしても、人民創建論(=人民主権論)だけでは、中華民国が清王朝の全ての領土と人口を受け継いだ理由を正当化できない課題(298)を抱えており、それぞれの政治的正統性を主張するために、主権と統治権という言葉は当時のいくつかの憲法や草案において、様々な意味が付与されて使われた。統治権を憲法で定めるべきか否かをめぐっての論争について次に見てゆきたい。

2 憲法の条文をめぐる統治権論争

『臨時政府大綱』はその第一条で、「臨時大総統は全国を統治する権力を有する」ことを定めたが、『中華民国臨時約法』(以下、『臨時約法』)ではその第四条で、統治権は「参議院、臨時大総統、国務員、法院」によって共同で行使されることが定められた。その後の『中華民国約法』(以下、『約法』)、第十四条によると、大総統は「統治権を総攬する」と規定されている。この一連の憲法条文がそれぞれの政権によって公布された後、当時の中国の知識人たちはこれらの条文を精査の上、批判を提起し、特に『臨時約法』と『約法』を中心に論争が起こった。

白堅武(299)は、『臨時約法』第四条について、統治権はドイツ国法学を源流とし、諸権力を制限すると同時にそれらによって制限されない各人民団体の上にある絶対的な国家権力であると考えた。国家は不可分であるが故に国家の統治権も不可分なのである。この他に、第四条が定めた四つの機関（参議院、臨時大総統、国務員、法院）が共に統治権を管掌することに対して、秋桐は[300]、統治権は「Soevugeiryt」（原文のままであるが、Souveränität の誤植の可能性が高い）に相当する不可分の概念であると唱えた。もし『臨時約法』の条文に従って統治権を四つの異なる機関に分けた場合、憲法学上の説明は難しくなるのである。また、秋桐によると、Soevugeiryt は統治権の他に、主権と訳す場合もあるから、これを踏まえた場合、『臨時約法』の第二条は、統治権ではなく主権が国民全体に属する旨を規定したのならば、臨時約法にある主権（第二条）と統治権（第四条）の概念をどのように理解すべきかが問題となった。その後、１９１４年に『中華民国約法』が公布された後、統治権は『臨時約法』と異なり、明治憲法第四条を模倣して大総統によって総攬することが定められた。しかし、当時の中国の知識人[301]は、明治憲法第四条が定めた「天皇ハ国ノ元首ニシテ統治権ヲ総攬シ此ノ憲法ノ条規ニ依リ之ヲ行フ」の要点は、天皇の超然たる地位を示すことではなく、天皇専制を防ぐことにあると指摘した。天雲はさらに、ヨーロッパ諸国の憲法にもある統治権総攬に関する諸規定は、明治憲法第四条の趣旨に類似する規範であった、と述べるが、『約法』にはその痕跡が見えないことを批判した。

　前述の通り、近代中国において、憲法は中央政権を打ちたて、国家の統一を守る道具として存在してきた。そして、民国初年の混乱に鑑みて、大総統の袁世凱は総統権力の拡大を通じて国会の掣肘を避けて政令の通達を図った。この思想の下で作られた『約法』は大総統の権力を皇帝権力のように無限に拡大させたのである。しかし、大総統が持つ統治権が次第に拡大されたことにより、最終的に民衆の思想を、全局面を率いる賢明な君主の出現、さらに君主制の復活に導き、帝政復帰をめぐる国体論争が勃発していくのである。

（三）国体・政体に対する継受および発展

1　一九一五年の国体論争

悪化し続ける民国初年の政治状況に伴い、国民は確立されたばかりの民国政体に疑義を抱くようになり、1915年に国体論争が起きている。この君主制と民主制をめぐる論争は、「中国人に対して国体の本質と法律の原理を明らかに」するものであり、「現実政治に対する思考と未来の中国の運命への関心は、民国初期の中国人にとって重大な啓蒙的役割を果たした」(302)と言える。

国体問題をめぐる論争は清国末期の立憲派と革命派の間の論争に遡ることができる(303)。当時「政体を変えるならばまずは国体を変えるべき」(304)とするスローガンが掲げられた。辛亥革命以降に清国政府と革命派は、ひとまず「国民会議を開催し国体問題を解決する」(305)形で互いに妥協を図ったが、清国皇帝の退位詔書で「統治権を全国に譲り、共和立憲国体と定める」ことが宣言され、国体論争には一区切りがついていた。1912年、袁世凱は中華民国大総統に着任した。しかし、実際の政治的事務の処理にあたるにつれ、袁だけではなく、多くの中国の知識人、政府の人間は民主共和国体では中国の独立と富強とを実現できないと考えるようになり、帝政復活の思想が次第に現れてきた。また、1914年末には、北京の旧王朝を復活させる言説も流行している(306)。

そして、1915年8月23日、楊度らが君主制と民主制どちらの国体が中国に適合するのかを研究する「籌安会」を設立したことをきっかけとして、国体論争の幕が開かれた。楊度らは『君憲救国論』をはじめとする一連の著作と文書を通じて、「立憲政治なくして国を救うことができず、君主政治なくして立憲は実現できない」(307)ことを唱え、君主国体にすることで立憲政体の樹立が実現し、それを通じて民族独立と国家富強とが実現できることを主張した。

実際、近代中国で国体問題を議論する本旨は、中国の国情に相応しい政治制度（政体）を選ぶことにある。学理的に見れば、近代中国に受容された「国体」と「政体」の区分は、西洋の学問に発するものではなく、穂積八束が『憲法大意』で主張したものである。穂積の学説によると、国体は主権の所在によって決まり、政体は統治権の形式によって明らかになるものであり、国体は簡単に変更できず、政体は情勢に応じて変化すべきものである。穂積の国体・政体論は、中国の国体論争において梁啓超が発表した「異哉所謂国体問題者」[308]に現れているが、梁は、国体の価値は代替不可能なもので、全ての政体をめぐる議論は必ず既存の国体（中華民国の場合は民主国体）を前提として行うべきだという。「政論家はただ政体をめぐる議論のみを行い、国体に関するものは議論できないし、議論し得ない」[309]のである。

１９１５年の国体論争の本質は、政治秩序が安定する過程における国家の象徴と政治的権威をめぐる問題であった[310]。君主国体の主張者たちは、民国初年の政治的混乱を解決するために、君主を国家の象徴として立て、君主には政治共同体において人心を収攬する役割を果たすことを望んだ。これに対して共和派には、様々な反論があったが、現状維持以外の良策は提案されなかった。

こうした国体論争の結果、参議院は袁世凱に対して、１９１５年内に国民会議を開催して国体問題を議決せよとの建議を行った。11月20日、全国各省の投票の結果、一九九三票の全てが国体を君主国体に変えることに賛成した。12月11日、参議院は投票結果に従って袁世凱に『総推戴書』を進呈し、翌日、袁世凱は『総推戴書』を受け入れて帝位に就き、彼の八三日の皇帝時代が始まった。

しかし、１９１６年に袁世凱が逝去した後、民国の政治体制は再び『中華民国臨時約法』が定めた共和制に戻る。ここに清末民初期の憲法制定と政治闘争において「国体」の果たした役割は終わったのであった。

２　毛沢東の新民主主義国体・政体論

現代の日本では「国体」は既に死語と言ってよいが、中華人民共和国においては、新たな意味を持ち、今も継続して使用されている。こうした中国における国体概念の変遷を検討するために、毛沢東が唱えた新民主主義国体・政体論に遡らなければならない。

袁世凱が亡くなった後、近代中国は軍閥割拠の時代に入った。１９２４年に、孫文の国民党は１９２１年に発足したばかりの共産党と第一次国共合作を行い、広州から北上する北伐戦争を開始した後、速やかに中国を統一し、１９４８年まで存続した南京国民政府を建てた。ただし、１９２７年に孫文の衣鉢を継いだ蔣介石が国民革命を裏切り、中国共産党員を虐殺し、国民共産両党の直接的な対立を引き起こした。日中戦争中には第二次国共合作が行われたが、南京国民政府は共産党殲滅の企てを持ち続けた。

こうした背景の下、毛沢東は、日中戦争中の１９４０年に『新民主主義論』を発表し、「中国の行く末」を問うた。この著作をはじめとする一連の著作、講演の中には、彼の体系的な新民主主義国体論と政体論が詳述されている。

毛によると、国体問題は「清朝の末期から数十年も喧しく議論されてきたが、まだはっきりしていない。実のところ、それが目指しているのは、社会の諸階級が国家の中で占める地位という問題に過ぎない」という[311]。彼が唱えた国体の概念は、政権の階級的性質と階級帰属である。そのため、新民主主義国体において指導者階級を占めるのは「労働者階級、農民階級および都市小ブルジョア階級の同盟であり、主として労働者と農民の同盟である」とし、「新民主主義から社会主義へ移行するにも、主としてこの二つの階級の同盟に依拠しなければならない」[312]としたのである。

新民主主義の「新」は主に指導階級の「刷新」を示している。マルクスの理論に従うと、封建主義を打ち倒すのはブルジョア革命、即ち民主主義革命である。しかし、近代中国の資本主義の発展は極めて緩やかであったので、中国のブルジョアジーも弱く、妥協しやすい性質があった。毛は、労働者階級を主として「新」民主主義革命を行い、「新」民主主義社会の後に、社会主義革命によって社会主義社会に入るべきであると考えた。新民主主義国体の中では、都市の小ブルジョア階級も指導者階級に含まれていたが、社会主義革命により、中国の国体は社会主義に移行し、現行憲法第一条に規定される「労働者階級が主導、労農同盟を基礎」とした社会主義国家が打ち立てられた。つまり、毛の新民主主義国体理論は「革命時期の政権建設の理論と実践を指導し、その後の国体問題に関する認識に強い影響を与え、中国の憲法、憲政の理論及び実践のための枠組みと様式を予め確立した」のである。[313]

また政体を論じるとは、毛にしてみると、「一定の社会階級が、敵と戦い自分を守るための政権機関を如何なる形態で組織するか」[314]という問題となる。彼が唱えた新民主主義政体論に基づく労農兵代表大会制度は、今日の人民代表大会制度という政体に繋がっている。

明治憲法を源として生まれた「国体」と「政体」は、近代期中国において継受され用いられつつ、毛沢東による階級的意味が新たに加えられ、現行の憲法を支える基本概念の一つとして、今日に至るまで中国に定着しているとも言えるのである。

(四) ソビエト憲法学の導入と憲法の基本概念

1949年、中華人民共和国の成立後、ソビエトをモデルとして、新たな法制度を含む新しい国家体制が構築された。その一環として、ソビエトの憲法学を導入し、『中華人民共和国憲法』が制定、修正された。そのプロセスにおいては、近代日本で作られた憲法の基本概念が依然として重要な役割を果たしている。

その中には、ロシア語の「Суверенитет（スウバニーティ、主権）」という概念があるが、これは英語の「sovereignty」と起源が同じであり、特に説明する必要はないだろう。また、戦後に「統治権」という概念は実質的に忘却され、学界でも重視されていないため、ソビエト憲法学の受容過程においても反映されていない。したがって、ここでは「国体」と「政体」に焦点を当てて少し議論を加えたい。

前述のように、毛沢東は建国前の一連の論考で、国体と政体にマルクス主義的解釈を加えたことはすでに明らかである。それにもかかわらず、１９４９年から１９８０年代にかけて、中国の学者がロシア語の著書を翻訳する際に、依然として「国体」と「政体」の概念を混同していた。しかし、１９９０年代以降、特に二一世紀に入って、現代中国の学者は学説上、両概念を明確に定義付けている。

１９４９年９月に、梁遠ら七人の学者が、ソビエト人法学者であるカレバ（Мария Павловна Карева、１９０５年－１９９０年）が著した *Конституция СССР: пособие для средней школы*(315) を翻訳し、『ソビエト憲法教程』(316) と題して出版した（刊行後一年で三度も再版されており、その影響力は顕著であったことが伺える）。

同書の第一章の第六節は формы государства であり、直訳すると「国家形態」になる。しかし、中国語訳はこの章の元のセクション構造を変更しているため、ロシア語の各小節のタイトルが中国語訳の第一章に直接反映されていない。ここではロシア語原著から第六節の一部を引用し、梁遠の中国語訳と比較したい（日本語訳は筆者）。

История знает самые различные **формы государства:** монархию, аристократическую республику, демократическую республику.(317) каждая из них на различных этапах истории, в различных классовых типах государства, в свою очередь, видоизменялась.

國家是由於它的最高政權機關即政體來區別、在所有各式各樣的政體中、能夠挑出兩個主要而很早就為我們所知道的形式——君主政體和共和政體。[318]

歴史には、君主制国家形態、貴族共和制国家形態、民主共和制国家形態など、さまざまな国家形態が存在していた。これらの形態は、それぞれの異なる歴史の段階で、またさまざまな階級構造の国において、順番に変化した。

この比較から明らかなように、梁遠らが формы государства を翻訳する際に使った「政体」の概念に対して、ロシア語原文が実際に指すものは、国家主権の所在を定めた「国体」という憲法の基本概念により近いものである。

また、中国共産党中央編訳局が1985年に『スターリン著作集』[319]を編纂しているが、その中に、1946年12月21日に、スターリン（Ио́сиф Виссарио́нович Сталин、1922年－1953年）が当時のアメリカ大統領ルーズベルトの子息であるエリオット・ルーズベルトと行った談話が収録されている。

この談話において、ルーズベルトは「この世界で、アメリカのような民主制の国と、現在のソビエト連邦のような共産主義の国が、どちらも他方の内政に干渉することなく共存する可能性があると思うか」[320]と、スターリンに尋ねた。

これに対し、スターリンは次のように答えている。

Да, конечно. Это не только возможно. Это разумно и вполне осуществимо. В самые напряженные времена в период войны различия в **форме правления** не помешали нашим двум странам объединиться и победить наших врагов. Еще в большей степени возможно сохранение этих отношений в мирное время.[321]

当然可能。这不仅是可能的、而且是合理的、完全可以实现的。在战时最紧张的时候、政体的不同并没有妨碍我们两国联合起来战胜我们的敌人。在和平时期、维持这种关系就更加可能了。[322]

はい、確かに。それは可能であるだけではなく、合理的であり、かなり実現可能である。戦争の最も緊張した時期に、統治形態の違いは両国が団結して敵を倒すことを妨げるものではなかった。平和な時期において、これらの関係を維持することはさらに可能であろう。

スターリンが使ったформе правленияという概念は、「統治形態」を意味する。実際に、アメリカとソビエト連邦の違いは単なる政治体制の違いではなく、より深層にある国家の性質の違い、つまり「国体」の違いである。とするならば、カレバの憲法学著作とスターリンの著作の中国語訳においては、「政体」ではなく、「国体」という概念を使った方が適切である。中国の憲法と憲法学における基本概念の役割については、近代憲法学と現代憲法学との間にある溝を埋めるべく、さらに分析すべき点は多いが、この点について、第三章と終章で議論を加えたいと思う。

第五節　おわりに

あらゆる理論や制度には、これを支える基本となる概念が存在する。特に、近代東アジアにおいて、西洋の思想と制度を受容した際に、従来の古典や儒教に基づく伝統的な観念を、近代西洋から伝来した概念と整合させようとすることはよく見られる現象である。

本章では、日中両国における国体、政体、主権、統治権の四つの憲法的基本概念の連鎖およびその展開を通じて、西洋式の立憲政治を日中両国がそれぞれの伝統土壌と結びつけるために企てた様々な試みを明らかにした。特に、基本概念《キーワード》に対する理解と解釈は、歴史の過程と変革に多大な影響を与える。制度移植の過程に見られる基本概念を実際に受容する際に生じる衝突は、日中それぞれの憲政史の文脈の中で固有の意義を紡ぎ出してきた。次章以降、憲法の制定、憲法学の変遷、憲法学教育の展開の三つの観点から、本章が検討した四つの憲法の基本概念が近代中国の憲政運動のプロセスで持ち得た法史的意義について検討を加える。

なお、近現代韓国における憲法の基本概念の受容は本章が検討する対象ではないが、少し付け加えておきたい。韓国の憲法学著書では、明治憲法学者が施した国体、政体、主権、統治権に対する解釈は、韓国の憲法解釈学にそのままに受容された。近代期については、國分典子が『近代東アジア世界と憲法思想』において、近代韓国の憲法学著書にある穂積八束と副島義一の影響を詳述しているが、現代期については、例えば金哲洙が『憲法学概論』[323]において、「종래의 通說的인 견해는 主權者가 누구냐에 의한 分類가 國體이고, 主權을 어떻게 行使하느냐에 의한 分類가 政體라고 보고있다（従来の通説的見解は、主権が誰かによる分類が国体であり、主権をどのように行使するかによる分類が政体だと見ている）」[324]と、主権、国体、政体の関係について述べているほか、「政體의 분류는 統治權의

행사가 專制的이냐 制限的이냐에 따라 專制政體와 制限政體로 나누고 있는데, 오늘날 專制政體로 자처하는 政府는 거의 없으며 거의 全部가 立憲政體임을 구가하고있다（政体の分類は統治権の行使が専制的か制限的かによって専制政体と制限政体に分かれているが、今日は専制政体で自任する政府はほとんどなく、ほぼ全部が立憲政体であることを求めている）」[325]という。統治権の概念を生かしながら、政体の説明をさらに進めている（金哲洙の説明からは、戦後の韓国においては、統治権と主権は、ある程度は等しいのではないか、後の筆者の研究課題の一つとしたい）。

（1）田中克彦『言語からみた民族と国家』（岩波書店、2001年）、293頁。

（2）前掲・田中克彦『言語からみた民族と国家』、322頁。

（3）王健は『溝通両個世界的法律意義』（中国政法大学出版社、2001年）で、中国から日本に向けた法律用語の伝播に着目し、十九世紀の東アジアにおける西洋法の導入過程、および近代日中両国間の法律用語の交流を整理して、『仮刑律』、『新律綱領』および『改定律例』においては、日本はまだ中国由来の法律用語を使っていたが、『日本国志』が刊行されて以降、両国間の法律用語の受容情勢は逆転した、と述べている。また、孫建軍は『近代日本語の起源』（早稲田大学出版部、2015年）で、漢訳洋書の導入と西洋認識のための用語の成立、更に日本独自の政治経済用語の成立の三つの方面から考察を加えている。南雲千香子は、明治期の訴訟法用語の翻訳状況を考察した上で、箕作麟祥が新しい概念を表現するための用語の創造時に直面した問題およびその方法を明らかにする（南雲千香子「箕作麟祥訳『仏蘭西法律書・訴訟法』の漢語訳語：法律用語の訳出傾向」『人文』（第一〇号、2011年）、69－84頁、同「明治期法学者の法律用語観：民法典の翻訳を巡って」『日本語学論集』（第十三号、2017年）、35－54頁）。また、高野繁男は「『哲学字彙』の和製漢語：その語基の生成法・造語法」『人文学研究所報』（第三七号、2004年）、87－108頁で、語基と言語形式を中心に明治期の和製漢語の造語要素および造語法を巡って研究を行っている。

（4）俞江は、英華辞典と法律用語辞典を主な素材として法律用語の成立を、感知の段階（1800年－1860年）、整合の段階（1860年－1990年）、そして改造と衡平の段階（1900年－1911年）の三つの段階に分けた（「近代中国法学詞語的形成与発展」中南財経政法大学法律史研究所編『中西法律伝統（第一巻）』（中国政法大学出版社、2001年）、24－66頁）。これに対して崔軍民は、時系列順で近代中国法律用語の受容を、1840年以前、アヘン戦争前後、洋務運動時期、日清戦争以降そして二〇世紀初頭という五つの段階に区分して、其々の類型および軌跡に関する検討を加えている（崔軍民『萌芽期現代法律新詞研究』（中国社会科学出版社、2011年））。鄭艶は『清末における日中法律用語の交流と借用』（北京外国語大学博士論文、2015年）で、漢訳の『法国律例』、『日本国志・刑法志』、『日本刑法』を用いながら、近代中国の法律用語が日本の法律用語を継受して形成されたことについて考察し、当時の中国で刊行された辞典を用いて、中国語に存する日本の法律用語の定着率や語構成から、日中両国の法律用語の構成の特徴と相互の影響を検討している。

（5）例えば、何勤華は先行研究を批判した上で、『法律名詞的起源』（北京大学出版社、2009年）という研究を通じて、個別の法律用語に着眼して、憲法用語を含む一五六個に及ぶ法律用語の起源、伝播の流れを考察する。

（6）岩谷十郎・片山直也・北居功編『法典とは何か』（慶應義塾大学出版会、2014年）、42頁。

（7）蘇力『大国憲制：歴史中国的制度構成』（北京大学出版社、2018年）、序文。

（8）一部の先行研究は、これらの概念の歴史的変遷について考察を加えているが、明治憲法に定着するまでの流れはほとんど注目されておらず、もちろん統治権をはじめとする諸概念が近代中国に与えた影響を検討する研究も少ない。例えば、桜井光堂の「日本古代における統治権の表示と国境の画定」『駒沢大学法学論集』（第六号、1969年）は、日本各地方の地図を参照しながら、それぞれの統治権の表示を議論し、古代日本の統治法上の権利表示の八つの原則を示している。苅部直は「日本が国家になったとき」『アスティオン』（第九〇号、2019年）で、水戸学と主権論との関係を検討し、小林敏男は「天皇の統治権を考える」『日本文学研究』（第五四号、2015年）で、「ウシハク」と「シラス」を通して、国体論の成立と展開を論じている。加戸一将の「明治憲法体制創造の論理と立憲主義」『アスティオン』（第九〇号、2019年）も「シラス」論を取り上げ、主権と統治権との関係について議論を加えている。富永健は「明治憲法における主権と統治権」『皇學館大學日本学論叢』（第九号、2019年）で、明治憲法草案にある両概念の変遷と両概念が持つ意義をまとめている。藤谷豊松「主権と統治権」『国士舘法学』（第十四号、1982年）は、国民主権と統治権とのつながりを説きながら、主権概念の変遷を明らかにした。中川剛は「天皇制と統治権」『政経論叢』（第二六巻第四号、1976年）で、国民主権の立場をもって、天皇主権と国民主権を比較した上で、国体論はまだ存続していると唱えている。この他、石村修は『明治憲法その獨逸との隔たり』（専修大学出版局、1999年）、113頁で、明治期の国体を統治権としての国体、統治権の総攬者としての国体、国家の統治組織・体裁による区分した国体の三つの種類に分け、主権と統治権と国体のつながりを議論する。

（9）濡国威「漢字文化圏における近代西洋新概念の受容・交流・共有・異化に関する研究」『大学研究助成アジア歴史研究報告書』（JFE二一世紀財団、2009年）、40頁。

（10）前掲・沈国威「漢字文化圏における近代西洋新概念の受容・交流・共有・異化に関する研究」、40頁。

（11）馮天瑜『新語探源』（中華書局、2004年）、339–348頁。

（12）齋藤毅『明治のことば』（講談社、2005年）、32–33頁。

（13）沈国威「蘭学の訳語と新漢語の創出」『一九世紀中国語の諸像』（雄松堂出版、2007年）、219頁。

（14）前野良沢、杉田玄白訳『解体新書』（安永三年＝1774年）。

（15）杉田玄白、大槻玄澤訳『重訂解体新書』（文政九年＝1826年）。

（16）既存の漢字語で西洋語を訳すこと。例えば血液、肋骨など。

（17）漢字を使って新しい言葉を作ること。例えば神経など。

（18）漢字でオランダ語の発音を表すこと。例えば機里爾（今は「腺」に訳している）など。

（19）前掲・沈国威「蘭学の訳語と新漢語の創出」、260頁。

(20) 前掲・沈国威「蘭学の訳語と新漢語の創出」、260頁。
(21) 1840年代頃に、日本では既にオランダの法典の翻訳が着手されていた。山口亮介は「天保・弘化期のオランダ法典翻訳における burger 関連語の訳出」額定其労・高田久実ほか編集『身分と経済』(慈学社出版、2019年)、347-389頁で、『和蘭律書』の「断罪篇」を主な資料として、原典にある burger の翻訳の仕方について分析している。
(22) 穂積陳重『法窓夜話』(有斐閣、1926年)、164頁。
(23) シモン・フィッセリング著、津田真道訳『泰西国法論』(開成所、1868年)。
(24) 畢洒林説、西周助譯述『畢洒林氏萬國公法』(敦賀屋為七、1868年)。
(25) 加藤弘之『立憲政体略』(上州屋摠七、1868年)。
(26) 大槻文彦『箕作麟祥君傳』(丸善株式会社、1907年)、88頁。
(27) 手塚豊「明治法制史上におけるヂュ・ブスケとブスケ」『明治史研究雑纂』(慶應通信、1994年)を参照されたい。
(28) 大槻文彦『箕作麟祥君傳』(丸善株式会社、1907年)、89-90頁。
(29) 前掲・南雲千香子「箕作麟祥訳『仏蘭西法律書・訴訟法』の漢語訳語」、69頁。
(30) 前掲・南雲千香子「箕作麟祥訳『仏蘭西法律書・訴訟法』の漢語訳語」、69頁。
(31) 前掲・穂積陳重『法窓夜話』、165-166頁。
(32) 加藤周一「明治初期の翻訳」『翻訳の思想』(岩波書店、1991年)、361-366頁。加藤は借用語を蘭学由来のものと漢学由来のものに分けたが、本章では後者のみを検討する。
(33) マシニ著、黄河清訳『現代漢語詞匯的形成：十九世紀漢語外来詞的研究』(漢語大辞典出版社、1997年)、98頁。
(34) 前掲・鄭艷『清末における日中法律用語の交流と借用』、77頁。
(35) 池岡直孝『国体観念の研究』(同文舘、1923年)、27頁。
(36) 艾如略著、謝方校訳『職外方紀校釋』(中華書局、1996年)、72頁。
(37) モリソン『華英字典』は、『字典』(1815年)、『五車韵府』(1819年)、『英華字典』(1822年)から成る。宮田和子『英華辞典の総合的研究：一九世紀を中心として』(白帝社、2010年)、17-58頁に詳しい。
(38) 黄実鑑『東西洋考毎月統計伝』(中華書局、1997年)、339頁。
(39) 前掲・黄実鑑『東西洋考毎月統計伝』、353頁。
(40) 万国公法の翻訳の背景とその方法については、周圜「丁韪良の生涯と『万国公法』漢訳の史的背景」『一橋法学』(第九巻第三号、2010年)、929-966頁と同氏「丁韪良『万国公法』の翻訳手法—漢訳『万国公法』一巻を素材として」

『一橋法学』（第一〇巻第二号、２０１１年）、６７９‐７２０頁を参照されたい。

（41）『万国公法』が中国語に訳される前に、林則徐はアメリカ人宣教師パーカー（Peter Parker、１８０４‐１８８９）とカトリック教会で英語を学んだ中国人袁徳輝を訳者として、スイス人法学者ヴァッテル（Emmerich de Vattel、１７１４年‐１７６７年）が著した国際法に関する著作の一部分を監訳し、『各国律例』と名付けた。これは「存在する歴史記録の中で、国際法が中国に導入された最初の翻訳活動」である（林用俣「論林則徐組織的翻譯工作」『林則徐鴉片戦争研究論文集』（福建人民出版社、１９８５年））。

（42）汪向栄『日本教習』（三聯書店、１９８８年）、29‐30頁。

（43）費正清『剣橋中国晩清史（下）』（中国社会科学出版社、１９８５年）、３９０頁。

（44）前掲・崔軍民『萌芽期的現代法律新詞研究』、１４７頁。

（45）張之洞『勧学篇』（上海書店出版社、２００２年）、88頁。

（46）前掲・張之洞『勧学篇』、１０２頁。

（47）梁啓超「論学日本文之益」『新議報』（第一〇冊、１８９９年）。

（48）近代中国において訳された日本語著書については、譚汝謙編『中国訳日本書綜合目録』（香港中文大学出版社、１９８０年）を参照。

（49）例えば１９０２‐１９０４年の間に、英語から八九部、ドイツ語から二三部、フランス語から一七部、日本語から三二一部の著書が漢訳された。それぞれの比率は、十六％、四％、三％、六〇％である。熊月之『西学東漸与晩清社会』（上海人民出版社、１９９４年）、６４０頁。

（50）王国維「論新学語之輸入」『王国維全集（第二巻）』（浙江教育出版社、２００９年）、１２７頁。

（51）前掲・王国維「論新学語之輸入」、１２９頁。

（52）前掲・王国維「論新学語之輸入」、１２８頁。

（53）前掲・王国維「論新学語之輸入」、１２７頁。

（54）瀋家本『寄簃文存（巻四）』（台湾商務印書館、１９７６年）。

（55）小倉紀蔵『朱子学化する日本近代』（藤原書店、２０１２年）、10頁。

（56）この「二元化基準」は中国の憲法学で問題とされている。すなわち、国体によって国家の本質を明らかにし、政体によって一国の政権の本質を究めるのである。例えば、二元化基準によると、現代中国の本質は「人民民主独裁の社会主義国家（＝国体）」であり、その政権組織形式は「人民代表大会制度（＝政体）」である。

(57) 林来梵「国体憲法学：亜洲憲法学的先駆形態」『中外法学』(第二六巻第五号、2014年)、1138頁。
(58) 二十五史：中国の王朝の正史二四書＋清史稿のことである。
(59) 出典は「成帝紀」『漢書』(巻十、成帝紀第一〇)。中国語原文は、「儒林之官、四海淵源、皆宜明於古今、温故知新、通達国体」である。
(60) 出典は「文学伝上・李澣伝」『遼史』(巻一〇三、列伝第三三)。中国語原文は、「澣本非負恩、以母年八十、急於省覲致罪。且澣富於文学、方今少有倫比、若留掌詞命、可以増光国体」である。
(61) 出典は「穆宗」『旧唐書』(巻一六、本紀第一六)。中国語原文は、「帝王所重者国体、所切者人情」である。
(62) 出典は「徐溥列伝」『明史』(巻一八一、列伝第六九)。中国語原文は、「外国相侵、有司檄諭之足矣、無労遣使。萬一抗令、則虧損国体、問罪興師、後患滋大」である。
(63) 出典は「範鎮伝」『宋史』(巻三三七、列伝第九六)。中国語原文は、「外府内帑、均為有司。今使外府滞商人、而内帑乘急以牟利、至傷国体」である。
(64) 出典は「江統伝」『晋書』(巻五六、列伝第二六)。中国語原文は、「今西園売葵菜、藍子、雞、面之屬、虧敗国体」である。
(65) 出典は「張浩伝附子汝霖伝」『金史』(巻八三、列伝第二一)。中国語原文は、「此非上服用、未為過侈。將來外国朝会、殿宇壮観、亦国体也」である。
(66) 倉野憲司、武田祐吉校注『古事記・祝詞』(岩波書店、1958年)。
(67) 小林敏男『国体はどのように語られてきたか』(勉誠出版、2019年)、4頁。
(68) 前掲・池岡直孝『国体観念の研究』、26頁。
(69) 徐興慶「朱瞬水の思想と徳川儒教の発展」井上克人編『朱子学と近世・近代東アジア』(台大出版中心、2012年)、177頁。
(70) 米原謙「国体」『天皇から民主主義まで』(晃洋書房、2016年)、97頁。
(71) 前掲・米原謙「国体」、97頁。
(72) 川口浩他『日本経済思想史』(勁草書房、2018年)、122頁。
(73) 徳川斉昭『弘道館記』(天保九年＝1838年)。
(74) 藤田幽谷『正名論』(寛政三年＝1791年)。
(75) 菊池謙二郎編『藤田幽谷関係史料(一)』(東京大学出版会、1977年)、229頁。原文は、「幕府尊皇室、則諸侯崇幕府。諸侯崇幕府、即卿大夫敬諸侯。然後上下相保、万邦協和」である。

(76) 前掲・菊池謙二郎編『藤田幽谷関係史料（一）』、２２９頁。原文は、「名正言順、然後禮樂興。禮樂興、然後天下治」である。
(77) 会沢安『新論』（文政八年＝１８２５年）。
(78) 会沢安『新論』（明治書院、１９３９年）、3頁。原文は、「曰国体、以論神聖、以忠孝建国」である。
(79) 清水正之『日本思想全史』（ちくま新書、２０１５年）、２８７頁。
(80) 加藤弘之『国体新論』（谷山楼、１８７４年）、1頁。
(81) 穂積八束「国体ノ異説ト人心ノ傾向」穂積重威編『穂積八束博士論文集』（有斐閣、１９４３年）、８８２頁。
(82) 船口萬壽『国体思想変遷史』（国体科学社、１９３０年）、２８４頁。
(83) 高田早苗「通俗大日本帝国憲法注解」『読売新聞』（１８８９年2月19日）。
(84) 前掲・船口萬壽『国体思想変遷史』、２８４頁。
(85) しかし、一部の学者は、「国体」は憲法学界では使われていないが、戦後日本で生まれた「新国体」は否認できないとする。例えば池田信夫は「表では平和憲法によって諸国民の公正と信義に信頼して国を守るが、裏では日米同盟という超越的な権力の支配する戦後日本の国体ができた」と述べているが、これは本章が検討する問題ではないのでここでは詳細を略す。池田信夫『丸山真男と戦後日本の国体』（白水社、２０１８年）、85頁。
(86) 出典は「高閭伝」『北史』（巻三四、列伝第二二）。中国語原文は、「閭以諸州罷從事、依府置參軍、於政体不便、表宜復旧」である。
(87) 出典は「裕宗伝」『元史』（巻一一五、列伝第二）。中国語原文は、「未嘗習祖宗典則、閑於政体。一旦當大任、惟汝耆德賴焉」である。
(88) 伊藤仁斎『童子問（下）』（宝永四年＝１７０４年）。原文は、「凡関国家之治乱、成敗風俗政体、足為百代之鑑戒者而後可紀」である。
(89) 出典は「林紹年伝」『清史稿』（巻四三八、列伝第二二五）。中国語原文は、「非立憲不足以救存亡、請預定政体以系人心」である。
(90) 出典は「徳宗本紀」『清史稿』（巻二四、本紀行第二四）。中国語原文は、「詔中外臣工研究君主立憲政体」である。
(91) 河野有理「政体」『天皇から民主主義へ』（晃洋書房、２０１６年）、１６０頁。
(92) 加藤弘之『立憲政体略』（慶應四年＝１８６８年）。
(93) 西周『百学連環（二　下）』（明治三年＝１８７０年）。

(94) 前掲・河野有理「政体」、160頁。
(95) 前掲・河野有理「政体」、163頁。
(96) 前掲・河野有理「政体」、168頁。
(97) 前掲・河野有理「政体」、168頁。
(98) 穂積八束「憲法の精神」穂積重威編『穂積八束博士論文集』(有斐閣、1943年)、474頁。
(99) 前掲・穂積八束「憲法の精神」、479頁。
(100) 前掲・河野有理「政体」、170頁。
(101) 出典は「張居正列伝」『明史』(巻二一三、列伝第一〇一)。中国語原文は、「居正為政、以尊主権、課吏職、信賞罰、一号令為主」である。
(102) 押村高「国家主権」『政治概念の歴史的展開(第七巻)』(晃洋書房、2015年)、1頁。
(103) 出典「邦交志三・法蘭西条」『清史稿』(巻一五五、志第一三〇)。中国語原文は、「法領事又在北海徴収漁船照費、政府以有侵中国主権、不許」である。
(104) 楊焯『丁訳万国公法研究』(法律出版社、2015年)、239頁。
(105) 重野安繹訳述『和訳万国公法』前掲・加藤周一『翻訳の思想』、8－11頁。
(106) 古賀敬太「主権」『政治概念の歴史的展開(第二巻)』(晃洋書房、2007年)、86頁。
(107) 藤原保信、白石正樹、渋谷浩編『政治思想史講義』(早稲田大学出版部、1998年)、唐士其『西方政治思想史』(北京大学出版社、2008年)を参照。
(108) 稲田正次『明治憲法成立史(上)』(有斐閣、1987年)、599頁。
(109) 例えば「紫冥会主旨」『報知新聞』(1881年9月24日)。
(110) 例えば「主権概論」『東京輿論新誌』(第五六号、1881年23月3日)。
(111) 例えば「讀日報記者主権論」『東京横浜毎日新聞』(1882年1月18日－24日)。
(112) 例えば「主権論」『東京日々新聞』(1882年1月14日、16日、17日)。
(113) 西村裕一「日本憲法学における国体概念の導入―明治一五年の憲法学序説」高橋和之編『西欧立憲主義の継受と変容』(岩波書店、2014年)、59頁。
(114) 前掲・西村裕一「日本憲法学における国体概念の導入―明治一五年の憲法学序説」、58、68頁。
(115) 出典は「楚王劉交伝附劉向伝」『漢書』(巻三六、楚王伝第六)。中国語原文は、「是時帝元舅陽平侯王鳳為大将軍秉政、倚太后、專国権」である。
(116) 志築忠雄訳『異人恐怖伝』(享和二年＝１８０２年)。
(117) 出典は「邦交志六・日本条」『清史稿』(巻一五八、志第一八三)。中国語原文は、「反托外人代理、聴其約束、喪失国権、莫此為甚」である。
(118) 福沢諭吉『西洋事情(二・三)』(明治三年＝１８７０年)。
(119) この本は即ち、木下周一・荒川邦蔵共訳『孛漏生国法論(全十二巻)』(独逸学協会、１８８２年)。
(120) 稲田正次『明治憲法成立史(上巻)』(有斐閣、２００３年)、５４２頁。
(121) 木下周一訳『国権論』(独逸学協会、１８８２年)。
(122) 木下周一訳『国権論(第一号)』(独逸学協会、１８８２年)、緒言、４頁。
(123) 前掲・木下周一訳『国権論(第一号)』、緒言、４－５頁。
(124) 前掲・木下周一訳『国権論(第一号)』、３頁。
(125) 前掲・木下周一訳『国権論(第一号)』、４頁。
(126) 前掲・木下周一訳『国権論(第一号)』、６－８頁。
(127) 前掲・木下周一訳『国権論(第一号)』、５頁。
(128) 前掲・木下周一訳『国権論(第一号)』、２頁。
(129) ルースレル著、三浦良春・青山太郎共訳『国権論(付録第一)』(独逸学協会、１８８２年)、１頁。
(130) 前掲・ルースレル著、三浦良春・青山太郎共訳『国権論(付録第一)』、３頁。
(131) 前掲・ルースレル著、三浦良春・青山太郎共訳『国権論(付録第一)』、３頁。
(132) 前掲・ルースレル著、三浦良春・青山太郎共訳『国権論(付録第一)』、７頁。
(133) ルースレル著、三浦良春・青山太郎共訳『国権論(付録第二)』(独逸学協会、１８８２年)、９頁。
(134) 伊藤博文『帝国憲法義解・皇室典範義解』(丸善出版、１９３５年)、13－14頁。
(135) 同教科書は、統治権、統治機関、統治作用の大綱からなった。今は慶應義塾大学の図書館に所蔵している。岡田朝太郎述『憲法』(北京公益法学社編輯、出版年は１９１０年頃に推定)。
(136) 嘉戸一将『主権論史』(岩波書店、２０１９年)、１６８頁。
(137) 前掲・嘉戸一将『主権論史』、１７３頁。
(138) 東京大学出版会『枢密院会議筆記(第一巻)』(東京大学出版会、１９８４年)、１５６－１５７頁。

(139) 穂積八束『修正増補憲法提要』(有斐閣、1935年)、29頁。
(140) 前掲・穂積八束『修正増補憲法提要』、29頁。
(141) 前掲・穂積八束『修正増補憲法提要』、29頁。
(142) 前掲・穂積八束『修正増補憲法提要』、29頁。
(143) 前掲・穂積八束『修正増補憲法提要』、29頁。
(144) 前掲・穂積八束『修正増補憲法提要』、43頁。
(145) 前掲・穂積八束『修正増補憲法提要』、50頁。
(146) 前掲・穂積八束『修正増補憲法提要』、55頁。
(147) 前掲・穂積八束『修正増補憲法提要』、55頁。
(148) 前掲・穂積八束『修正増補憲法提要』、55頁。
(149) 前掲・穂積八束『修正増補憲法提要』、55頁。
(150) 前掲・穂積八束『修正増補憲法提要』、60頁。
(151) 前掲・穂積八束『修正増補憲法提要』、60頁。
(152) 前掲・穂積八束『修正増補憲法提要』、60頁。
(153) 前掲・穂積八束『修正増補憲法提要』、60頁。
(154) 前掲・穂積八束『修正増補憲法提要』、11頁。
(155) 前掲・穂積八束『修正増補憲法提要』、12頁。
(156) 前掲・穂積八束『修正増補憲法提要』、12頁。
(157) 前掲・穂積八束『修正増補憲法提要』、168頁。
(158) 前掲・穂積八束『修正増補憲法提要』、179頁。
(159) 前掲・穂積八束『修正増補憲法提要』、168頁。
(160) 前掲・穂積八束『修正増補憲法提要』、168頁。
(161) 上杉愼吉『帝国憲法』(清水書店、1905年)、27頁。
(162) 前掲・上杉愼吉『帝国憲法』、27頁。
(163) 前掲・上杉愼吉『帝国憲法』、27頁。
(164) 前掲・上杉愼吉『帝国憲法』、27頁。

(165) 前掲・上杉愼吉『帝国憲法』、30頁。
(166) 前掲・上杉愼吉『帝国憲法』、30頁。
(167) 前掲・上杉愼吉『帝国憲法』、30頁。
(168) 前掲・上杉愼吉『帝国憲法』、30－31頁。
(169) 前掲・上杉愼吉『帝国憲法』、49頁。
(170) 前掲・上杉愼吉『帝国憲法』、49頁。
(171) 前掲・上杉愼吉『帝国憲法』、49頁。
(172) 前掲・上杉愼吉『帝国憲法』、53頁。
(173) 前掲・上杉愼吉『帝国憲法』、53頁。
(174) 前掲・上杉愼吉『帝国憲法』、55－56頁。
(175) 前掲・上杉愼吉『帝国憲法』、56頁。
(176) 前掲・上杉愼吉『帝国憲法』、59頁。
(177) 前掲・上杉愼吉『帝国憲法』、61頁。
(178) 前掲・上杉愼吉『帝国憲法』、63頁。
(179) 前掲・上杉愼吉『帝国憲法』、63頁。
(180) 前掲・上杉愼吉『帝国憲法』、63頁。
(181) 前掲・上杉愼吉『帝国憲法』、63頁。
(182) 前掲・上杉愼吉『帝国憲法』、69頁。
(183) 前掲・上杉愼吉『帝国憲法』、69頁。
(184) 前掲・上杉愼吉『帝国憲法』、69頁。
(185) 前掲・上杉愼吉『帝国憲法』、69頁。
(186) 美濃部達吉『日本憲法（第一巻）』（有斐閣、1922年）、215頁。
(187) 前掲・美濃部達吉『日本憲法（第一巻）』、215頁。
(188) 前掲・美濃部達吉『日本憲法（第一巻）』、215頁。
(189) 前掲・美濃部達吉『日本憲法（第一巻）』、216頁。
(190) 前掲・美濃部達吉『日本憲法（第一巻）』、230頁。

(191) 前掲・美濃部達吉『日本憲法（第一巻）』、233頁。
(192) 前掲・美濃部達吉『日本憲法（第一巻）』、233頁。
(193) 前掲・美濃部達吉『日本憲法（第一巻）』、233頁。
(194) 前掲・美濃部達吉『日本憲法（第一巻）』、233頁。
(195) 前掲・美濃部達吉『日本憲法（第一巻）』、233頁。
(196) 前掲・美濃部達吉『日本憲法（第一巻）』、241頁。
(197) 前掲・美濃部達吉『日本憲法（第一巻）』、233頁。
(198) 前掲・美濃部達吉『日本憲法（第一巻）』、255頁。
(199) 前掲・美濃部達吉『日本憲法（第一巻）』、255頁。
(200) 前掲・美濃部達吉『日本憲法（第一巻）』、269頁。
(201) 前掲・美濃部達吉『日本憲法（第一巻）』、271頁。
(202) 前掲・美濃部達吉『日本憲法（第一巻）』、271頁。
(203) 前掲・美濃部達吉『日本憲法（第一巻）』、272頁。
(204) 前掲・美濃部達吉『日本憲法（第一巻）』、273頁。
(205) 前掲・美濃部達吉『日本憲法（第一巻）』、273－274頁。
(206) 前掲・美濃部達吉『日本憲法（第一巻）』、274頁。
(207) 前掲・美濃部達吉『日本憲法（第一巻）』、274頁。
(208) 前掲・美濃部達吉『日本憲法（第一巻）』、274頁。
(209) 前掲・美濃部達吉『日本憲法（第一巻）』、274頁。
(210) 前掲・美濃部達吉『日本憲法（第一巻）』、274頁。
(211) 前掲・美濃部達吉『日本憲法（第一巻）』、274頁。
(212) 前掲・美濃部達吉『日本憲法（第一巻）』、339頁。
(213) 前掲・美濃部達吉『日本憲法（第一巻）』、339頁。
(214) 前掲・美濃部達吉『日本憲法（第一巻）』、339頁。
(215) 前掲・美濃部達吉『日本憲法（第一巻）』、341－342頁。
(216) 前掲・美濃部達吉『日本憲法（第一巻）』、342頁。

(217) 前掲・美濃部達吉『日本憲法（第一巻）』、342頁。
(218) 前掲・美濃部達吉『日本憲法（第一巻）』、342頁。
(219) 前掲・美濃部達吉『日本憲法（第一巻）』、342頁。
(220) 前掲・美濃部達吉『日本憲法（第一巻）』、342頁。
(221) 前掲・美濃部達吉『日本憲法（第一巻）』、342頁。
(222) 前掲・美濃部達吉『日本憲法（第一巻）』、343頁。
(223) 前掲・美濃部達吉『日本憲法（第一巻）』、343頁。
(224) 前掲・美濃部達吉『日本憲法（第一巻）』、343頁。
(225) 前掲・美濃部達吉『日本憲法（第一巻）』、345頁。
(226) 前掲・美濃部達吉『日本憲法（第一巻）』、345頁。
(227) 有賀長雄『国法学（上）』（早稲田大学出版部、1903年）、203頁。
(228) 前掲・有賀長雄『国法学（上）』、203頁。
(229) 前掲・有賀長雄『国法学（上）』、203頁。
(230) 前掲・有賀長雄『国法学（上）』、203頁。
(231) 前掲・有賀長雄『国法学（上）』、203頁。
(232) 前掲・有賀長雄『国法学（上）』、204頁。
(233) 前掲・有賀長雄『国法学（上）』、204頁。
(234) 有賀長雄『帝国憲法講義』（講法会、1889年）、12－13頁。
(235) 前掲・有賀長雄『帝国憲法講義』、7頁。
(236) 前掲・有賀長雄『帝国憲法講義』、43頁。
(237) 前掲・有賀長雄『帝国憲法講義』、17頁。
(238) 前掲・有賀長雄『帝国憲法講義』、18頁。
(239) 前掲・有賀長雄『帝国憲法講義』、18頁。
(240) 前掲・有賀長雄『帝国憲法講義』、18頁。
(241) 岡田朝太郎『法学通論』（中外印刷工業株式会社、1919年）、3頁。
(242) 前掲・岡田朝太郎『法学通論』、3頁。

(243) 前掲・岡田朝太郎『法学通論』、3頁。
(244) 前掲・岡田朝太郎『法学通論』、3頁。
(245) 前掲・岡田朝太郎『法学通論』、3頁。
(246) 前掲・岡田朝太郎『法学通論』、6頁。
(247) 前掲・岡田朝太郎『法学通論』、7頁。
(248) 前掲・岡田朝太郎『法学通論』、7頁。
(249) 前掲・岡田朝太郎『法学通論』、63頁。
(250) 前掲・岡田朝太郎『法学通論』、63頁。
(251) 前掲・岡田朝太郎『法学通論』、63頁。
(252) 前掲・岡田朝太郎『法学通論』、63頁。
(253) 前掲・岡田朝太郎『法学通論』、64頁。
(254) 前掲・岡田朝太郎『法学通論』、64頁。
(255) 副島義一『日本帝国憲法論』(早稲田大学出版部、1909年)、60頁。
(256) 前掲・副島義一『日本帝国憲法論』、60頁。
(257) 前掲・副島義一『日本帝国憲法論』、60頁。
(258) 前掲・副島義一『日本帝国憲法論』、61頁。
(259) 前掲・副島義一『日本帝国憲法論』、61頁。
(260) 前掲・副島義一『日本帝国憲法論』、61頁。
(261) 前掲・副島義一『日本帝国憲法論』、61頁。
(262) 前掲・副島義一『日本帝国憲法論』、61頁。
(263) 前掲・副島義一『日本帝国憲法論』、61頁。
(264) 前掲・副島義一『日本帝国憲法論』、62頁。
(265) 前掲・副島義一『日本帝国憲法論』、71頁。
(266) 前掲・副島義一『日本帝国憲法論』、71頁。
(267) 前掲・副島義一『日本帝国憲法論』、71頁。
(268) 前掲・副島義一『日本帝国憲法論』、73頁。

(269) 前掲・副島義一『日本帝国憲法論』、73頁。
(270) 前掲・副島義一『日本帝国憲法論』、73頁。
(271) 前掲・副島義一『日本帝国憲法論』、73頁。
(272) 前掲・副島義一『日本帝国憲法論』、74頁。
(273) 前掲・副島義一『日本帝国憲法論』、74頁。
(274) 前掲・副島義一『日本帝国憲法論』、74頁。
(275) 前掲・副島義一『日本帝国憲法論』、74－75頁。
(276) 前掲・副島義一『日本帝国憲法論』、74－75頁。
(277) 前掲・副島義一『日本帝国憲法論』、81頁。
(278) 前掲・副島義一『日本帝国憲法論』、81頁。
(279) 前掲・副島義一『日本帝国憲法論』、81頁。
(280) 前掲・副島義一『日本帝国憲法論』、81頁。
(281) 前掲・副島義一『日本帝国憲法論』、81頁。
(282) 前掲・副島義一『日本帝国憲法論』、81－82頁。
(283) 前掲・副島義一『日本帝国憲法論』、82頁。
(284) 前掲・副島義一『日本帝国憲法論』、83頁。
(285) 前掲・副島義一『日本帝国憲法論』、83頁。
(286) 前掲・副島義一『日本帝国憲法論』、83頁。
(287) 前掲・副島義一『日本帝国憲法論』、94頁。
(288) 前掲・副島義一『日本帝国憲法論』、94頁。
(289) 前掲・副島義一『日本帝国憲法論』、94頁。
(290) 夏新華他『近代中国憲法与憲政研究』（中国法制出版社、2007年）、16頁。
(291) 川口由彦『日本近代法制史』（新世社、2009年）、200頁。
(292) 国憲起草委員会事務処『草憲便覧』（国憲起草委員会、1925年）。慶應義塾大学図書館所蔵。
(293) 学部図書局『国民必読課本初稿（甲篇下巻）』（学部図書局、1910年）、14頁。
(294) 例えば1907年第七期の『新譯界』が中国語に訳された美濃部達吉の「主権与統治権論」を掲載した。1907年に刊行した宏文学院が編集した『法制教科書』（東亜公司）と１９０８年に刊行した『法政理財科教科書：政治学』（中国図書公司）にある主権と統治権に関する解説は、明治日本の通説とほぼ一致していた。

(295) 「統治権余論」『独立週報』（第一巻第四期、１９１２年）。
(296) 陳耿夫「国権統治権主権三者之区別」『民誼』（第九期、１９１３年）、1－19頁。
(297) 呉載盛「主権与統治権之区別」『新中国』（第二巻第二期、１９２０年）、71－76頁。
(298) 葉斌「絶対権力的虚置」『史林』（第六期、２０１０年）、１１２頁。
(299) 白堅武「論庸言報張東孫説統治権之誤点」『言治』（第二巻第三期、１９１３年）、39－43頁。
(300) 秋桐「約法与統治権」『独立週報』（第一巻第一期、１９１２年）、5－7頁。
(301) 天雲「総攬統治権」『雅言（上海）』（第一巻第八期、１９１４年）、5頁。
(302) 李雲波「一九一五年国体討論中的学理問題研析」『泰山学院学報』（第三七巻第五期、２０１５年）、１００頁。
(303) 当時の立憲派と革命派の論戦について、『立憲論与革命論之激戦』（中西編訳局、１９０４年）を参照。
(304) 鄧華瑩「清季革命論戦中的国体政体争議」『社会科学戦線』（第十一期、２０１８年）、１１９－１２７頁。
(305) 中国史学会『辛亥革命（八）』（上海人民出版社、１９５７年）、84頁。
(306) 前掲・李雲波「一九一五年国体討論中的学理問題研析」、１００頁。
(307) 劉晴波編集『楊度集』（湖南人民出版社、１９８６年）、５８２頁。
(308) 梁啓超『梁啓超全集（第十巻）』（北京出版社、１９９９年）、２９００－２９０５頁。
(309) 喩中「所謂国体」『法学家』（第四期、２０１５年）、１６８頁。
(310) 宋宏「共和還是君主」『学術月刊』（第四七巻第四号、２０１５年）、13－22頁。
(311) 毛沢東『毛沢東選集（第二巻）』（外文出版社、１９７２年）、４８１－４８２頁。
(312) 毛沢東『毛沢東選集（第四巻）』（外文出版社、１９７２年）、５５４頁。
(313) 張景峰「毛沢東新民主主義国体思想探討」『江蘇広播電視大学学報』（第二〇巻第六期、２００９年）。
(314) 前掲・毛沢東『毛沢東選集（第二巻）』、４８２頁。
(315) М. П. Карева, *Конституция СССР: пособие для средней школы*, Учпедгиз, 1947.
(316) 加列瓦著、梁遠、石光ほか訳『蘇聯憲法教程』（五十年代出版社、１９４９年）。
(317) 前掲・М. П. Карева, *Конституция СССР: пособие для средней школы*, 17.
(318) 前掲・加列瓦著、梁遠、石光ほか訳『蘇聯憲法教程』、25頁。

(319) 中共中央馬克思恩格斯列寧斯大林著作編譯局編『斯大林文集』（人民出版社、１９８５年）。
(320) 前掲・中共中央馬克思恩格斯列寧斯大林著作編譯局編『斯大林文集』、５１６頁。
(321) Сталин Иосиф Виссарионович, *Полное собрание сочинений*, Том 16, Писатель, 1997, 45.
(322) 前掲・中共中央馬克思恩格斯列寧斯大林著作編譯局編『斯大林文集』、５１６頁。
(323) 金哲洙『憲法学概論』（法文社、１９７７年）。
(324) 前掲・金哲洙『憲法学概論』、89頁。
(325) 前掲・金哲洙『憲法学概論』、89頁。

第二章　近代中国の憲法制定と明治憲法

第一節　はじめに

十八世紀半ば以降、産業革命とともに、新興のブルジョアジーが政治的地位を求めはじめた。１６８９年にイギリスが権利典章（Bill of Rights）、１８７８年にアメリカが合衆国憲法（United States Constitution）[1]を公布して以来、主要な欧米資本主義国家のブルジョアジーはそれぞれ憲法という形で国家統治の様式を打ち立てた。東アジア初の立憲国である日本も、明治維新後の１８８９年に大日本帝国憲法（明治憲法）を公布し、東アジア諸国、特に近代中国に深い影響を与えていた。

本章では、清国末期の五名の大臣の海外視察から、「予備立憲」[2]と清国皇帝の退位、そして袁世凱の帝政復活とその逝去を経て、１９４７年中華民国憲法の制定までの近代中国の憲法制定過程における明治憲法および憲法学の継受の歴史的経緯について考察する。具体的には、下記の五つの問題を中心に検討していく。

第一に、近代中国の憲法制定過程において日本が果たした役割については、既に多くの先行研究[3]がある。しかし、法制史と憲法学の視座からの近代中国の明治憲法の理論的継受に関する研究は十分になされていない。特に、歴史法学的思潮を帯びた穂積八束と有賀長雄の憲法理論がどの程度近代中国の憲法制定に影響を与え、そこでどのような役割を果たしたのかという点については更に深く掘り下げて検討する必要がある。それに加えて、穂積八束と有賀長雄が近代中国の憲法制定に与えた理論的基盤と彼ら自身の理論との間にどのような関連性が見られるのか、またこれらの理論は二人の憲法理論体系においてどのような位置づけを得られるものなのかも明らかにすべき問題である。

第二に、明治憲法を模倣して、１９０８年に公表された『欽定憲法大綱』（以下、『大綱』）を中心に行われた清国の憲法制定作業が、「君主立憲制の樹立を目的とする憲法制定」としての「真の立憲」であったのか、それとも「清国皇室の統治を維持する為の憲法制定」としての「偽の立憲」であったのか、という憲制定の性格論については中国では大きな論争の対象となっているが[4]、清国政府の憲法制定をその意図から明らかにする研究は未だ見当たらない。そこで、本章では、清国が『欽定憲法草案』の起草作業を本格的に実行段階に移す時期に清国政府より刊行された国民教科書を用いて、特に統治権をめぐる解釈を中心に検討したい。

第三に、清末民初期の政権過渡期における『清国皇帝退位詔書』（以下、『退位詔書』）、『清国皇室優待条件』（以下、『優待条件』）と『中華民国臨時約法』（以下、『臨時約法』）が如何なる憲法的意義を有していたのかを解明する。清末民初期の法制史と政治史を考察する際に、辛亥革命後に南北和議と政権の穏やかな移行を促した政治文書である『退位詔書』と『優待条件』が、近年注目されている。村田雄二郎は[5]、この二つの文書について、「曖昧で緩やかな政治的「約言」であり、その政治的効用よりは、国家統合上の象徴的な作用に重きが置かれた「契約」である」と考えている。一方で、高全喜は、政治憲法学の立場から『退位詔書』の憲法学的意義に触れ、『退位詔書』と『臨時約法』とは民国初期の「憲法的精神」を体現した重要な存在であると唱えた[6]。本章は、高の研究に基づいて、近代中国憲法制定過程における二つの文書が果たした役割を解明したい。

第四に、通説によると、責任内閣制を定めた『中華民国憲法草案（天壇憲法草案）』を破棄し、これに代わって大総統制を定めた『中華民国約法』（以下、『約法』）を制定した袁世凱の一連の行動は、帝政打倒を叫んだ辛亥革命の成果を「簒奪した」とされるが、本章では新しい史料を踏まえてこの通説を再考する。特に、今までの多くの先行研究では、清国末期の憲政史を考察する際、孫文が率いた革命派については、清国内部の立憲派と比肩し得る程に重要性が置かれていた[7]。しかし、当時の状況に鑑みると、革命派の活動や主張は決して当時の中国を先導し得なかったと言える。なぜなら、革命派自体の経済的基盤と軍事力が乏しかっただけでなく、当時の中国においては、革命派の唱えた共和政体を運用することは到底不可能であり、それを支持した彼らの理論的根拠は薄弱であったと言わざるを得ないからである。従って、本章は、有賀長雄から影響を受けた袁世凱政権の憲法制定過程を、清国末期の憲法制定過程の延長線上に置いて、清国の『大綱』と民国の『約法』を主たる基盤として成立した、近代中国の一連の政治体制中に位置づけるべきことを実証したい。

第五に、袁世凱の死後、中国は軍閥の乱立状態に陥っていたが、1927年に南京国民政府の成立と1928年に起こった東北易幟によって、中国は再び形の上での統一を果たした。この時、南京国民政府は憲法制定作業に着手しはじめ、1936年に『中華民国憲法草案』(以下、『二五年草案』)を作成したが、その可決のプロセスは日中十四年戦争のため、中断され、戦争が終わった後の1946年に、『二五年草案』をベースにした中華民国憲法が制定され、1947年より施行された。ここで注目すべきは、1936年草案と1947年憲法はアメリカ式の共和制憲法を手本として、孫文の三民主義と五権憲法理論に基づいて制定されたが、民主国体と共和政体と国民党一党独裁の間に生じた問題を解決するために、国民党および立法機関は「主義冠国体(政治的イデオロギーとしての三民主義で中華民国の国体を縛る)」の構造を作って、「主義+国体」の形で国民党政権の歴史的正当性と同政権の適法性を表していたことである。本章では、前記草案と憲法にある国体と主義に焦点を当てて、南京国民政府の憲法制定に分析を加えたい。

第二節　近代中国の憲法制定の源流

近代中国の憲法制定は、明治憲法とその憲法学から多大な影響を受けたが、それらは、ドイツ国法学を源流とする。本節ではまずドイツ国法学の特徴を整理し、中国の憲法制定に重大な影響を与えた穂積八束と有賀長雄の憲法学とドイツ国法学との関わりを明らかにする。

(一) ドイツ国法学における歴史主義と実証主義

「日本憲法学の範型」[9]と言われるドイツ国法学は、「ゲルマン的な原理を強調し、これを基礎づけるためのドイツ法制史ないし国制史の研究」[10]から生まれた。国家名称としての「ドイツ(Deutsch)」は、八世紀頃にフランク王国(Fränkisches Reich)の東部地域で使われていたゲルマン方言を指していたが、次第にその方言を使う人間を指すこととなった。[11]

キリスト教が誕生した前後、ゲルマニア人とローマ人は絶えず争っていたが、ローマは「軍事的・経済的弱体化の救済策として、ゲルマン人を傭兵や労働者として採用することがあり、両者の接触は一層深まっ」[12]っていた。紀元9年のオスナブリュック(Osnabrück)の戦い後、ゲルマン人とローマ人はライン川を挟んで対立していた。当時、ドイツ諸民族において、フランク人は比較的強かった。九世紀初、カール大帝(Charlemagne、742年-814年)がフランク王であった時、フランク王国の最盛期となり、カール大帝も、800年にローマ教皇に「ローマ皇帝」として戴冠された。[13] 962年に、東フランク王国のオットー一世(Otto I、912年-973年)は、ローマで「神聖ローマ皇帝」に戴冠され、[14]神聖ローマ帝国を打ち立てた。

しかし、その後1805年に、皇帝フランツ二世(Franz II、1768年-1835年)はナポレオンに破れ、翌年、「神聖ローマ皇帝」の称号を諦め、神聖ローマ帝国もこれをもって滅亡した。その後、ドイツ各邦国はすべてフランスに支配されていた。1813年-1814年の第六次対仏大同盟がナポレオンを破った後、ドイツ各邦はついに１８１５年に、三五の君主国と四つの自由都市からなるドイツ連邦を作った。ドイツ連邦自体は憲法を作らなかったが、ドイツ連邦規約の第十三条は、「すべての邦国は議会主義的憲法を作るべき」ことを定め、各邦国の憲法制定を促した。[15]

ドイツ連邦において、プロイセンの勢力は日増しに強くなり、１８３４年にドイツ関税同盟を立て、オーストリアとハンブルク以外のすべての邦国を引き入れた。１８４８年の三月革命の勃発後には、ドイツ全体の憲法制定を求める声が高まり、１８４９年にフランクフルト憲法が作られたが、各邦国と国民議会との妥協は成立せず、かつプロイセン国王はドイツ帝国の帝位を拒否したため、三月革命と『フランクフルト憲法』はともに役割を果たせなかった。

これ以降、「自由主義を基調とする憲政運動は雲散霧消した。そしてドイツの民主はただプロイセンの規律、権威さらに軍国主義の中で生きていた」。[16]その後、ベルギー憲法を手本とするプロイセン憲法が１８５０年に公布されたが、国民主権を採ったベルギーと異なり、プロイセンは君主主権を採用した。一般的に、プロイセン憲法体制は「ユンカーの勢力に支えられた伝統的君権主義と産業資本家を中心とする市民的自由主義との妥協形態であった」[17]と認識されている。ヴィルヘルム一世（Wilhelm I、１７９７年－１８８８年）は１８６１年にプロイセンを掌握してから、ビスマルク（Otto Eduard Leopold von Bismarck-Schönhausen、１８１５年－１８９８年）の協力の下で、ドイツ統一の歩みを踏み出した。そして、普墺戦争の翌年の１８６７年に北ドイツ連邦憲法を制定する。同憲法は「君主の主な権力を保留すると同時に、ブルジョアジーの政治的主張に合わせ、最終的にプロイセンを中核とする政治同盟を促した」。[18]１８７１年にドイツが統一された後、ドイツ第二帝国が発足、北ドイツ連邦憲法をベースにして作られたドイツ帝国憲法は１８７１年に可決・施行された。同憲法も後の日本帝国の憲法制定のモデルとなっている。

１８６０年代後半以降プロイセンを中核とするドイツ統一の歴史過程において、ドイツ国法学は形成されはじめた。特に、プロイセン憲法が公布された後、「実質的な自由や正義の実現より形式的な憲法秩序の安定という要求は、一面では明らかに伝統的・前近代的君主主義体制の温存に仕える。だが他面では近代的な法治主義・合理主義の法理念を持つことも否定できない。正にこのようなプロイセン憲法体制から生まれ、その体制を法理論的に整序したのが（中略）『法実証主義的憲法学』にほかならな」[19]かった。ブルンチュリ（Johann Kasper Bluntschli、１８０８年－１８８１年）は「ドイツ国法学の最初の体系化を果たした学者」[20]とされているが、彼は国法学と政治学の概念を区別して、前者を「国家をその規制された状態においてその正しい秩序において考察する」こととし、後者を「国家をその生活においてその発展において考察する」[21]こととした。その後、「立憲君主制に照応する体系的なドイツ国法学（ゲルバー、ラーバントらのパンデクテン法学の方法を移植した実証主義的国法学）」[22]が次第に形成されていく。特に、「国家と社会、公法と私法の区別、主権、臣民団体、完結的な国家領域といった概念範疇を用いて、前近代社会にも君主制原理に基づく国家が存在していたことを論証しようとする――きわめて法律学的な――国制史研究（中世国家論）が台頭し」[23]はじめた。こうして、ドイツ国法学が生まれたのである。

ところで前述した、ゲルバー（Carl Friedrich von Gerber、１８２３年－１８９１年）、ラーバント（Paul Laband、１８３８年－１９１８年）、ギールケ（Otto von Gierke、１８４１年－１９２１年）、イェリネック（Georg Jellinek、１８５１年－１９１１年）などは、ドイツ実証主義国法学を代表する学者である。その内、ゲルバーは「ドイツ国法学、ことにその実証主義的方法の創始者として広く認められている」[24]学者であり、また、*Die Erklärung der Menschen- und Bürgerrechte*（人権および公民権の宣言）などを著したイェリネックは、「一九世紀国家学の完全な集成」[25]と評された学者である。

ここで注目すべきは、サヴィニー（Friedrich Carl von Savigny、１７７９年－１８６１年）の歴史法学である。「自然法論から法実証主義への転換点としての役割を果た」[26]したとされるサヴィニーは、カントの目的論的判断力とヘーゲルの客観的観念論、そして「フランス革命や啓蒙主義に対する反動として現れ、歴史や民族の重要性を強調する」[27]ロマン主義から影響を受け、自然法論に反対すると同時に、実定法は「民族の確信、民族の精神によって生み出されたものである」と主張した。実はゲルバーとラーバントの実証主義国法理論の体系はサヴィニーの歴史法学的な考えを受け継いで、「民族の歴史の中で発展していく」[28]法を研究対象と据えていた。また、両者は国法学において、「国家は決して特定の主体（君主であれ国民であれ）のものであったり、特定の主体のために存在するものではなく、民族全体のものであり、民族全体のために存在するべきものである」[29]と唱えた。

長い間、学界では、法実証主義と歴史法学とは、法学方法論上の扱いにおいて区別されてきた。通説によると、法学における法実証主義の立場は「一九世紀において、特定の科学性の基準を標榜し、かつ自然或いは歴史の名の下に現行法に解釈や修正を通じて影響を及ぼし得る法源としての自然法や歴史に依拠することを拒否する」[30]。しかし西村清貴の指摘によると、法実証主義の方法論につき、「従来の研究において強調されてきた法学における論理的要素の排他的支配という把握は適切ではない」[31]という。特に、法実証主義者であるラーバントが『国法講義』で論じたその国家論は、明らかに「歴史法学の方法に依拠している」[32]と西村は指摘し、法実証主義と歴史法学とは必ずしも排除し合うものではない。また、ラーバントと共に明治憲法学に重大な影響を与えたイェリネックの理論も、西村によれば「ゲルバー、ラーバンドの系譜の外にあるものではない」[33]と述べる。国家の成立および発展の諸過程を考察するために、ラーバントはその過程に影響を与える「経済的、倫理的、民族的理念」[34]を重要視し、そのために歴史や社会に対する深い洞察を巡らせたのである。

このような歴史法学と法実証主義の特徴を兼ね備えたドイツ国法学は、穂積八束や有賀長雄といった日本の憲法学者を介して、近代中国の憲法制定の理論的源流となった。

（二）穂積八束と「実証主義」憲法論

穂積八束は1860年に生まれ、祖父重磨（1774年－1837年）は本居宣長の子である本居太平に師事した、国学者である。父重樹（1812年－1881年）も同じく国学者であった。このように、穂積家の精神的遺産は「日本文化固有性論や忠君思想への信奉」であり、「日本伝統思想と西洋法思想の八束なりの総合は、多分この穂積家の基本的関心に新たな表現を与えた」ものであったとされる[35]。

1879年、穂積が東京大学文学部に入学した当時、思想界では「英米思想一辺倒の状態に反撥してドイツ思想に向かう」潮流と「西洋的な思想、制度一辺倒の態度に反撥して、日本の文化的独自性への関心を高める」[36]潮流が存在していた。1884年、東大研究生であった穂積は文部省留学生としてドイツに赴いて国法学を専攻した。当時、伊藤博文や井上毅は、「憲法ノ研究ニ関シテ望ヲ」穂積の将来に託し、「周到ナル注意ヲ」与えたという[37]。そして穂積は、前述した法実証主義に基づく国家論を展開したラーバントに師事し、法実証主義的方法の傍ら、「法は民族精神の産物たるべきだという歴史学法学派の主張にふれ、日本固有の法理を求めていた」[38]。1889年に帰国後、穂積は彼が学んだ歴史法学的色彩を有するラーバントの学説を援用しながら、国家・国体論、天皇主権論、統治主・客体論を通して、自らの憲法学体系を築いたのである。

国家・国体論について、穂積によると、国家とは「一定ノ領土ニ拠リ、独立ノ主権ヲ以テ之ヲ統治スル団体」[39]として、「其ノ生存ヲ全ウスル」[40]ことを目的とする存在である。そして国体とは、「国家組織ニ於ケル主権存立ノ体様（中略）ノ異同」であり、「主権ノ所在ニ由リテ分カル」[41]ことである。また、歴史は民族によって異なり、かつ移り変わるものなので、「国体ハ其ノ類ヲ列挙シ且ツ其ノ分界ヲ明劃スルコト」[42]は難しいが、「歴史上稍々顕著ナルノ事例」に従って、穂積は国体を「君主国体ト民主国体」[43]に分けた。前者は「特定ノ一人ヲ以テ国ノ主権者トスルノ国体」で、「主権者トスルトハ其ノ人ノ自然意思即チ国家ノ法律意思ヲ成スノ義ニシテ、主権ハ其ノ人ニ在ル」[44]国体であり、後者は「人民ヲ以テ主権者ト」し、「国ノ主権即チ人民ノ権力タル」[45]国体である。この他に、穂積は、君主国体における日本の特殊性を、万世一系の不易の君主を奉り、祖先教により「一国一社会を団結」[46]する点に見出しており、「祖先教ハ国体ノ基礎」[47]であることは、ヨーロッパ諸国と異なる点であるとした。

天皇主権論について、穂積は「主権ハ国ヲ統治スル権力ニシテ、其ノ本質ニ於テ、唯一、最高、無限ニシテ独立ナル者」[48]であり、その所在は「国ノ歴史ノ基礎ニ出ツルノ国民ノ確信ニ由リテ決定」[49]されると述べた。そして「皇位ト国家トハ法理上合同一体ヲ成シ分離スヘカラサル」[50]ことが日本の国体である以上、「皇位ハ国ノ元首ニシテ（中略）即チ国家」[51]であり、「皇位ハ権力ノ本源ニシテ百法ノ出ツル所」[52]であるとした。このことから、皇位は「統治主権ノ本体」として、「其ノ権力ノ体ト用トハ、兼テ天皇ノ身位ニ在ル」[53]と穂積は考えた。また、主権の本体は皇位ではなく国家にあるとする意見や皇位はただ主権を行使する主体であるとする主張に対して、穂積は「事実ニ戻リ、憲典ノ明文ニ反ス」ものとし、「権力ト謂ヘハ行動必ス之ニ伴フ、行動セサルノ権力ハ動カサル風ノ如シ（中略）主権其ノ者ノ主体ト主権ノ行動ノ主体トヲ分ケ、（中略）君主ハ権力行使ノ主体ナレトモ権力ノ主体ニ非スト謂フハ、論理ノ許ササル所ニシテ想像ノ及ハサル所ナリ」[54]と述べ、反論した。

統治主体・客体論についていては、穂積八束が明治憲法の第一条を解釈するときに、日本は「君主制ノ国ニシテ天皇ハ統治ノ主体ナリ、日本帝国ハ統治ノ客体ナ」[55]ることを示している。また、「統治権ノ及フ所、之ヲ其ノ客体ト謂」[56]い、かつ「統治権ハ一定ノ土地及人民ヲ支配スルノ権力」[57]なので、統治の客体は国土と臣民に分けることができるという。

要するに、穂積八束の憲法学説は、「明治十年代に確立した絶対主義的天皇制の国家権力支配を、憲法発布——立憲制的国家形態、『法治国』的法秩序——の形態変化によっていささかも弱化されることのないように、能うかぎり天皇主権を、憲法制度によって制約されないように、理論的に基礎づけようとし」[58]ていた。穂積のこのような理論体系は「ドイツ法実証主義の皮相的継受」[59]であると、一部の学者によって批判されたが、林来梵が言ったように、穂積は「日本国情に相応しい日本的特色ある憲法理論を当初から構築した」[60]のである。

穂積のこの憲法理論の研究に対して、長谷川正安と鈴木安蔵は態度を異にしている。長谷川の考えでは、穂積を「明治憲法の最も正統的な解釈学者（中略）日本憲法学の最初の体系的建設者」[61]とするのに対して、鈴木の考えでは「八束の憲法論は近代憲法の普遍性を認めず、八束自身の理解する日本に固有かつ不変の原則——国体——に依拠している」[62]とする観点から穂積の理論を批判した。近年、坂井大輔は、先行研究を検討した上で、新たな穂積の憲法理論体系の輪郭を描き出している。坂井は、穂積を「天皇制共産主義者」[63]とし、穂積が「自身の公法学をもって西欧資本主義社会の持つ弊害を克服し、天皇制に基づく牧歌的社会——〈天皇制共産主義〉社会——を維持していくことができると信じ、それを実践すべく活動した」[64]と特徴付ける。

しかし、実際には、国学や朱子学の価値観に基づく日本固有の国体の持続と、家父長制に根ざす生産様式を望んだ穂積の憲法理論は、次第に日本の経済現実から離れていった。特に、日露戦争以降の１９００年代後半の日本は「資本主義生産を軸とした経済社会を確立」[65]し、独占資本主義の徴としての鉄鋼業規模を一挙に拡大させた。つまり、穂積が望んだ「天皇制共産主義」ではなく、「天皇制資本主義」が日本社会に出現したのである。これにより、普通選挙権を求める大正デモクラシーの幕が開き、「憲法学分野では、八束のそれは異端となり、美濃部達吉の憲法学が正統の地位を占めるに至っ」[66]たのである。

（三）　有賀長雄と「歴史主義」憲法論

天皇主権説を唱えた穂積に対して、天皇機関説を主張した一人である有賀は、１８６０年に生まれ、76年に大阪開成学校から東京大学予備門に入り、82年に東京大学文学部哲学科を卒業した。１８８４年に元老院書記官に選任されたが、その二年後に自費でドイツのベルリン大学に留学して、欧州文明史と心理学を学んだ。その後、オーストリアに赴き、シュタイン（Lorenz von Stein、１８１５年－１８９０年）から国法学を学び、１８８８年に帰国した[67]。帰国後、枢密院秘書官兼議長秘書官、総理大臣秘書官兼内閣書記官、農商務省特許局長参事官などを歴任し、伊藤博文、伊東巳代治、大木喬任の部下として活動する中で[68]、有賀は、明治憲法が成立する過程を見てきた[69]。特に、明治四〇年体制が確立していく中、有賀は１９０３年から総裁伊藤博文と副総裁伊東巳代治の委任を受けて帝室制度調査局の御用係となり、明治典憲体制の確立の為に多大な力を発揮した。その後の１９０８年に、清国憲政考察大臣に行った六〇回に亘る講義は、シュタインから学んだことを明治四〇年体制確立の経験と結び付けた集大成である。

李超の著作は、この有賀に関する研究の代表的なものである。李によると、有賀憲法学は五つの理論書からなっている。それは、国家に関する普遍的法則を研究する『国家学』[70]、伊藤博文の『憲法義解』に沿った『帝国憲法講義』[71]、法制史学的視座から日本法制の特徴を検討する『日本古代法釈義』[72]、行政権が憲法体制において果たすべき主導的役割を強調する『行政学講義』[73]、そして歴史的伝統の背景をもって国法の精神を検証して、あるべき憲法政治体制の構築を唱えた『国法学』[74]である。この一連の著作を通じて、有賀はシュタインから学んだ国法学理論をモデルとして、歴史主義法学を基軸とする憲法学理論体系を構築した[75]。

詳細な研究は李超の論文に委ねるが、ここでは「日本国家の歴史発展」と「日本国法の特徴」の二つの部分[76]から成り有賀の日本国法論に現れる、一国の歴史やその伝統がその国の政治や法律体制を決定するという、いわば「歴史伝統決定論」について検討しておきたい。

有賀は国家の発達史を三つの段階に分けた。即ち「血族国家時代」と「等族国家時代」と「公民国家時代」である。「血族国家時代」は縄文時代から古墳時代までを指し、この時期の国家的観念と社会体制はまだ形成されておらず、社会と国家は一体であった。「等族国家時代」は大化改新から明治維新までである。この時期に、国家と社会は次第に分離され、国家の体制が次第に構築され、身分等級制度に従って、人々は其々に異なる社会地位を持つことになる。「公民国家時代」は五箇条の御誓文公布以降をいい、身分等級制が廃棄され、国家体制も社会構造から離脱した。[77]

このような国家形成史観に基づく有賀の国法（憲法）論の特徴、つまり、「主権（Souveränität）」と「支配権（Regierungsrecht）」との関係を次に見てみよう。有賀は「主権」と「支配権」との関係において、「統治権」を定義づける。彼によれば「統治権」とは「主権と支配権とを合したるもの」[78]である。ここで言う「支配権」とは、立法、行政、外交など国家権力の一般的な広い作用を示した。有賀によると、「代々の天皇は歴史上の事実に因り大日本帝国の主権者として之を支配する地位に立ち給へり（中略）憲法の条文より来るに非す」[79]とされる。しかし、「日本の歴史に於て久しく主権と支配権と分離し」てきたため、[80]「今に於て回復すへからず」。[81]故に、「惟に新たに公民国家の編制を採用し、天皇は其の元首たる地位に居りて統治権を行ひ給へり」、そのことは「憲法第四条」がこれを明示すると説明する。[82]要するに、帝国日本の主権は歴史によって天皇に帰属するところであり、「公民国家の編成」、すなわち大政奉還以降、国家の支配権をも併せ持つようになったというのである。

なお、有賀が構築した憲法の体系は更に三つの特徴があると言われる。[83]第一に、「天皇制下の二権分立」[84]説である。彼は元首が国家権力を総攬することを前提とする行政権と立法権の分立を主張した。従って、元首が有機体機関の構造とみなされ、憲法と法律の規定に従って職権を行使すべきであるとする。それに対して、立法機関は行政機関に対して監督権を有する。第二に、衆議院が国家の長期的な利益を代表できないため、[85]有賀は、直接選挙制と普通選挙制に反対し、政党政治を排斥する。すなわち、行政機関が導く「卓越した人物によって国を治めること」を主張した。第三に、元首が責任を負うことに反対して、「元首無責任」と「大臣責任制」[86]を国家の基礎として、「超然内閣制」の政体を構築することを唱えた。

第三節　清国末期の憲法制定における明治憲法の参照

（一）「第一次政治考察」と『予備立憲上諭』の公布

日清戦争と日露戦争における日本の勝利は、清国を揺るがし、清国の知識人たちの学習対象が西洋の科学技術から政治制度に転換する契機となった。１９０５年、清国政府は時局を挽回するために、東西洋各国の「全ての政治を視察して、其の良いものを学ぶ」[87]ことを使命として、載澤、端方、戴鴻慈などの五名の大臣が参加する「政治考察団」を二組に分けて、日本と欧米に派遣した。特に日本に対する考察は、「清国の憲法制定の基調を定め」[88]ることとなり、『予備立憲上諭』の公表において、穂積八束の講義と有賀長雄が起草した報告は決定的な役割を果たすこととなる。

1　穂積八束の憲法講義

清国政府は、穂積の三回の講義により彼の憲法理論を学んだ。

その最初の講義は、１９０６年1月27日に芝離宮で行った政治考察大臣載澤に対して行ったものであり、講義記録が現在に伝わっている。穂積は自ら作った「君主統治簡易表」を使いながら明治憲法を解説した。その講義内容は載澤の『考察政治日記』[89]の中に記録されている。穂積は「日本の国体は何千年も変わらない君主国」だが、「立憲制度は、君主主権に対して何の悪い影響も与えていない」[90]とし、その原因は、「国家を統治する権力は皇位に属している。これは日本憲法の本源である」などの説明を以て、日本の国体の根本を示した。統治権の作用は主に三つがある。その「第一は立法権であり、第二は大権であり、第三は司法権である。君主が立法権を行使すれば国会がこれに参与する。君主が大権を行使すれば国務大臣と枢密顧問がこれを輔弼する。君主が司法権を行使すれば裁判所が審判を担当する」[91]と、穂積は述べた。しかし難解なのは、穂積が次に述べた「所謂統治権は、大権も司法権も行政権も共に備える」[92]ということではなかろうか。ここに言う「大権」は明らかに先に統治権の作用を述べた際に用いた「大権」と異なる。崔学森の分析によると、「穂積は異なる文脈に沿って大権を使った（中略）しかし、清国の大臣は大権の真意とは一体何かを追究しなかった」[93]。翌日、載澤も憲法上の幾つかの問題について、伊藤博文に問うたが、伊藤は明治憲法が規定した十七カ条に及ぶ天皇大権を詳細に説明して、「中国において憲政を施行するとすれば、その時大権は必ず君主に帰属させるべきである」[94]との、政治判断を下した。この講義に割かれた時間は決して長くはなかったが、清国への影響は多大なものであった。この講義を通じて載澤は、なによりも、憲法制定により君主の権力を害さないだけではなく、皇帝権と立法・行政・司法諸権のバランスを保ちつつ、制定する憲法の内容次第で皇帝権を強化させることができるという理解を得た。言い換えれば、載澤らは「大権政治が実行可能であること、さらに大権政治を実行する為の基本的な方法」[95]を知ることが出来たのである。

政治考察大臣載澤らは時間的な制約があったため、滞日中、明治憲法の内容と政治の状況の詳細までは知ることができなかった。そこで、載澤は、日本を出てイギリスへ行く前に、「一部の随員を日本に留まらせ、引き続き調査を行う」[96]ことを命じた。この調査中、穂積を講師として招聘し、嘗て日本に留学した経験のある四名の学生を含めた九名の随員に対して憲法を講義させた。[97]穂積の講座の中国語版は『日本憲法説明書』（以下、『説明書』）と題され、『政治官報』に連載された。

この他に、政治考察大臣の随員の一人で、早稲田大学政治経済学部を卒業した唐宝鍔は、憲法問題をめぐって1906年に穂積と問答を行っているが、その内容は『憲法訪問録』（以下、『訪問録』）[98]と題して編纂された。『訪問録』は、まだあまり研究されておらず、崔学森の著作[99]が簡単に言及するに止まる。『訪問録』は、一〇章からなっており、総計二九の質問が掲載されている。[100]注目すべきは、『訪問録』の第一〇章、つまり「中国の立憲」という章の内容は、清国が憲法成立という現実的な問題に直面しており、これに対する穂積個人の見解が示される内容となっている。穂積の意見は、「憲法制定のための政治制度改革を実行するための準備期限を設けること」と「憲法の条文の制定だけでなく、条文の内容が実効性を持つための保障として基礎教育の普及」に力点が置かれたものである。かつ、憲法制定と政治改革の最優先事項は、「国論の一致を図る」ことである。そのために、朝廷は「まず国是を定めて、民衆に公布すべし」と穂積は提言した。[101]

2　有賀長雄の報告書

1906年夏の末、考察大臣は相次いで帰朝し、清国政府に有賀長雄が代筆として起草した『欧米政治要義』（以下、『要義』）[102]という報告書を提出した。これは清国の政治考察団が清国政府に提出した唯一の視察報告書である。

1906年の初夏、清国の駐日本国公使は、考察政治大臣端方から「今回の考察の見聞は多岐に亘り過ぎ、一致した結論に達することができない故に、帰国後に朝廷に提出すべき報告書の内容はとりわけ難しいであると考え、よって、一名の日本の学者を探して、考察大臣の代わりに報告書の内容を起草させよ」[103]という指示を受けた。これに基づき、当時の早稲田大学総長高田早苗は有賀長雄を清国公使に推薦した。有賀自身は端方らがイギリスで得た見聞を想像して記述することは困難であると逡巡しつつも、清国公使の「君（有賀）の想像を以て記述すればいい、但し地方官制の主張は清国の国情に最も適合する中央集権主義を採択すべきである」[104]という指示を受け、二週間をかけて報告書を作成した。その報告書は、日本に居留する清国留学生の翻訳を経て端方に渡った。

『要義』の起草については、既に多くの先行研究がある。『要義』の第一章から第四章は、有賀の著作『国法学（中国語版）』[105]の一章から五章の中にある君主に関する内容と「ほぼ似てい」るだけでなく、第一〇章を除いた『要義』の第五章から第十八章の構造は『国法学』の第六章から第十八章と「完全に一致している」[106]。ただし、中国語版『国法学』は『要義』が作成された後の１９０６年末から翌7年初頭にかけて刊行されたと推測されている[107]。

政治考察大臣が『要義』を清国政府に提出した際、「臣らは欧米に赴いて政治を視察する時期は短かったが、視察した国は多く、（中略）見聞も多く得た」、「各国の政体に関する情報を欧米政治要義という報告書にまとめた。この本は、政治の大要について、既に完璧に備えている」[108]と、『要義』は評価されている。有賀自身も「恭しく報告書を西太后に捧呈したところ、これによって意外にも中央集権主義の官制が頒布された」[109]と、後に語っている。

3　『予備立憲上諭』の公布

張学継によると、清国政府の憲法制定の決意を促す重臣会議で研鑽された五つの上奏書は梁啓超が代筆して起草したものであるが、実際に有賀長雄も関連の作業に関与したようである[110]。

政治考察大臣が帰朝後、清国政府に憲法制定に関する意見を提出した。この上奏書には、日本の憲法に倣って憲法を制定するべきことが述べられている。

この上奏書の中にある、「奏請宣佈預備立憲密摺」（以下、「密摺」）、「請定國是以安大計摺」（以下、「大計摺」）、と「請改定官制以為預備立憲摺」（以下、「官制摺」）は、憲法制定の決意を促すという点で特徴的である。以下簡単に説明する。

まず「密摺」の中で、政治考察大臣載澤は、立憲君主制の本質、つまり「立憲君主制の大要は国体を尊崇することにあり、君主の権力を強固にすることにある（中略）日本の憲法を見ながら伊藤侯爵の陳述と穂積博士の講演を聞けば、君主統治の大権は、大凡一七条がある」[111]と述べ、十七カ条の大権を並べた上で、載澤は当時の中国で憲法政治を実行する三つの利点、つまり、①皇位が永久に伝承されること、②外部の脅威が次第に軽減すること、③内部の混乱が次第に解消することを唱えた。[112] 一部の憲法制定の反対者が唱えた、中国は未だ憲法制定の条件を有していないという主張に対しては、載澤は「日本は明治一四年に憲政を宣言して、二二年に国会開設準備に入った」ことを例として、「今、憲法制定を宣言することは宗旨を明らかにすることであって、実際に憲法を制定するまでの期限はこれ以降あって構わない」[113]と朝廷に上奏し、この他にも、満洲族と漢民族の間にある差別を解消すべきことに触れた。

直接穂積の講義を聴講した載澤とは異なり、有賀に『要義』の起草を依頼した端方は、彼の「大計摺」の中で、「君主が責任を負わないことを憲法に明記しなければならない」[114]と唱え、「責任は君主ではなく大臣が負うべきである」と述べた。[115] 端方の意見によると、立憲君主国は必ず責任内閣を設置しなければならないし、内閣大臣が君主の代わりに、全ての責任を負うべきことである。これは明らかに天皇機関説を主張する有賀長雄の超然内閣主義と大臣責任論の見解に沿ったものである。これに対して、端方は載澤と同じように、憲法制定の為の予備期間を置くことを主張し、五箇条御誓文のような国是を早めに定めて、十五年または二〇年を限度として準備期間を置くことを唱えた。準備期間内にやるべきことについて、端方は民族差別を取り除くこと、国事を公論によって決めること、内外の長所を学ぶこと、宮府体制を明確にすること、中央と地方の権限を定めることと、および財政を整理することの六つの改革案を提出した(116)。

「密摺」と「大計摺」には、それぞれ穂積と有賀の天皇観を継受する箇所が見られるが、もう一人の政治考察大臣戴鴻慈が上奏した「官制摺」は、実践面で有賀が『要義』で唱えた政治制度改革に関する主張を模倣したものである。「官制摺」の中で、戴鴻慈は「日本憲法の実施は明治二二年だけど、先に明治七年と十八年に二度の政治制度改革を行ったのは、憲法が順調に施行できる根本的な保障である(117)」と述べている。戴鴻慈は責任内閣の設立と中央・地方権限の明確をめぐって議論を展開し、八つの政治制度改革の主張を唱えた。その内容は『要義』の五章から十八章に述べたものとほぼ同じである。

穂積と有賀の憲法理論を後ろ盾とした政治考察大臣らの推進によって、清国政府は日本の立憲政体に倣って憲法制定を行うことを決定した。１９０６年９月１日、清国政府は『宣示予備立憲専攻厘定官制諭』（予備立憲を宣言して先ず官制改革を行う上諭。以下、予備立憲『上諭』）を公布した。『上諭』の前半部分の中に、「大権統於朝廷、庶政公諸輿論（大権が朝廷に統一され、庶政を輿論に委任すること）」が規定された。それに対して、『上諭』の後半部分の中に、「今の人民の智識は未だ憲法政治に相応しくないため、急激に事を運ばないように」、まず「官制（政治制度）の改革から着手して、積年の弊害を除去する必要」があることが述べられている。また、「教育普及の実現の為に努力し、財務の整理に力を尽くして」、「もって予備立憲の基礎を成す」等を規定した。嵐のような大清帝国の予備立憲はこれをもって幕を開けた。

『上諭』が公表された後、１９０６年10月10日には端方が有賀宛の手紙に、「有賀博士の起草した詳細かつ確かな報告書と上奏文は、我国の政治界にとって大変有益な助力となった。感激のあまり言葉もない。この度私たちは帰国して有賀博士のご意見を朝廷に上奏したところ幸いにも朝廷はこれを採択し、立憲政体の構築の開始に至った。朝廷は更に法制の整備までも検討して準備している。以後の事務は日々繁忙となり、難しい問題も多く発生すると考えられる。力強いご教示を賜わるよう切にお願いを申し上げる」[118]としたため、有賀の役割を高く称賛した。なお、清国政府も穂積と有賀に勲章を授与している。

（二）「第二次憲政考察」と『欽定憲法大綱』の制定

1 有賀長雄の憲法講義

1907年7月、直隷総督袁世凱は上奏書の中で、伊藤博文の欧米遊歴に倣って、再び大臣をドイツと日本で憲法に関する視察を行うことを唱えた。9月、清国政府は再び達寿など三名の大臣を「憲政考察大臣」として派遣し、ドイツ、イギリス、日本の憲政に関する調査や視察を行った。この視察は明治憲法学が近代中国に影響を与える一つの重要な節目になったと言える。

達寿が率いた憲政考察団は明治政府に迎えられ、明治天皇は当時の朝鮮統監伊藤博文に関係事務の所管を命じた。その伊藤から全権を委任された伊東巳代治は、清国から来た憲政考察団の為に、講師陣を組織し、彼らは清国の考察大臣に明治憲法を中心とする明治憲政の講義を行った。具体的には、穂積八束が帝国憲法、清水澄が行政法、有賀長雄が比較憲法および日本憲法実施手続の講義を担当した[119]。

有賀長雄の講義は1908年2月から翌年7月にかけて、総計六〇回に及んだ。前半の三〇回は達寿に向けて明治憲法の制定および比較憲法を中心として展開し、後半の三〇回は達寿を引き継いだ李家駒に向けて官制改

表 2-1　有賀長雄『憲政講義』の内容構成

	内容
第 1 回	維新前後の国情要領
第 2-6 回	維新から憲法公表までの重要事件
第 7-30 回	欧州立憲諸国憲法との比較概要
第 31 回	講義順序協議
第 32-34 回	内閣官制
第 35 回	摂政
第 36-37 回	清国官制草案批評
第 38-39 回	地方官制
第 40 回	中央政府の法律命令
第 41-43 回	中央政府と地方政府の会計問題

	内容
第 44-46 回	自治制度
第 47-49 回	官僚
第 50 回	枢密院
第 51-53 回	大権の施行形式
第 54 回	非常処分
第 55 回	戒厳
第 56-57 回	皇帝令及び皇室制度
第 58 回	皇室財産及び財政
第 59 回	欠
第 60 回	天皇の直管事務と清国皇室問題

有賀長雄述「日本憲政講義」（国立国会図書館憲政資料室所蔵）を基に筆者作成。

革と中央・地方の権限配分を中心に講義が行われた。これらの講義内容はすべて手書きで記録され、伊東巳代治文書に収録されている[120]。講義の構成は表２－１の通りである。

達寿は「（有賀は）知っていることは何でも話し、話せば余すところなく語り尽くす（中略）正に自ら欧米に遊歴し、自らの目で欧米の政治風俗を見るようであった（中略）これは全て有賀博士の熱心あってのものである」[121]と述べ、李家駒も、「（有賀は）欧米憲法学者の理論と中国の歴史をよく知っているゆえに、全ての議論の急所を突くように指摘した（中略）有賀博士の講義を記録して清国朝廷に捧げれば、清国の憲政の前途に大いに益するところがあろう。有賀博士の不朽の偉業は、中国の立憲史と共に永遠に不滅である」[122]と、有賀の講義を称賛した。

李家駒は後の三〇回講義の内容をまとめて中国語に訳し、『官制篇』と名付けて出版した。

２　『欽定憲法大綱』と『九年予備立憲清単』の登場

達寿と李家駒は帰国後、有賀の講義を参考として、それぞれに「考察日本憲政情形具陳管見摺」（１９０８年８月７日）、「考察日本官制情形請速釐定内外官制摺」（１９０９年６月24日）等の上奏書を清国政府に提出した。これらの上奏書は清国政府の憲法制定事業を促した。達寿の上奏書が主に憲法理論を説明することに対して、李家駒の上奏書は制度改革に着目していた。『欽定憲法大綱』（以下、『大綱』）は１９０８年に公表されたため、本項では達寿の上奏書を中心に議論を展開する。

達寿は、「政体は立憲、憲法は欽定」[123]とすべきことを唱えた。つまり、「立憲政体とすれば、国家の基盤が強まり、皇室の地位も安定する。欽定憲法によって、国体を保存することができ、主権を固めることもできる」[124]ということである。

具体的に言えば、立憲政体について、達寿は有賀長雄の理論に沿って、間接政治を主張した。即ち、「元首は総攬の機関として、皇室は内閣の上に超然する」[125]ことである。欽定憲法について、達寿は「列記の形で君主大権を規定すれば国会に制限されない」、「臣民権利に関する規定は、臣民の要求により制定されるのではなく君主から賜るものであるから日本を模倣する必要がない」、「内閣副署制度は中国古来よりあるものなので君主の権力を害しない」[126]という三つの理由を根拠に、欽定の形で憲法を制定すれば国体を守ることができると唱えた。最後に、達寿は、「憲法と共に皇室の規範も制定すべき」[127]だと主張して、「大権政治を模倣しなければならず、憲法と皇室の規範も同じくらいに重視しなければならない」[128]と述べた。

１９０８年８月22日、『大綱』と準備リストのような『九年予備立憲清単』（以下、『清単』）が憲政編査館と未だ開院しない資政院によって起草、８月27日に朝廷に上奏され、同日に裁可された。『清単』の計画に従って、予備立憲の九年目、つまり１９１６年に憲法が公布されることが予定された。なお、１９１５年末までに、「文字が読める人口を総人口の十分の一にする」[129]という計画は、前述の通りの穂積が『訪問録』で表明した意見の実践と見なされるべきであろう。

『大綱』は十六カ条から成る君上大権（本文）と九カ条から成る臣民権利義務（付録）により構成されている。

最後の条を除いて、これらの条文は全て明治憲法に出典を見出せる。しかし注目すべきは、先の十六カ条は明治憲法の大権に関する規定を受け継いだが、臣民権利義務の部分は、明治憲法にある十五カ条の内の九カ条だけを参考とした点である。

（三）統治権論を中核とする『大清帝国憲法草案』

1 『大清帝国憲法草案』の起草と廃案

その後、清国政府は1910年11月4日に公布した『上諭』では「速やかに欽定憲法大綱に則して憲法の条文を制定し（中略）議院を招集する前に同作業を延滞なく完成させて、朝廷に上奏し公布させる」[130]と指示した（なお、『大綱』と『清単』が公布された後、清国政府は既定の方針に従って憲法制定に向けて動いていたが、全国に波及する国会開設運動に押されて、清国政府はやむを得ず九年の予備期間を六年に短縮させた。これに伴い、内閣の設立は1911年に、1916年に公布される予定であった憲法は1912年に繰り上げられている）。

1911年3月20日、清国政府は載澤と溥倫を憲法纂擬大臣に、李家駒、汪栄寳、陳邦瑞を憲法協纂大臣に任命し、憲法草案の起草を開始させた。憲法纂擬大臣は両者とも皇族で、憲法協纂大臣らは漢族であった。また、載澤、李家駒、汪栄宝は日本で憲政を視察した経験があり、溥倫は当時の準国会に相当する機関である資政院の総裁を勤めていた。このような体制は、満洲皇族が憲法起草の進捗を把握できるだけではなく、資政院と起草作業との間にバランスを取る役割を果たした。7月3日、憲法起草作業が公式に開始した。

汪栄宝と李家駒がそれぞれ第一起草者、第二起草者として起草した憲法草案は、全一〇章で合わせて全八六条一一六項である。1911年7月9日から9月20日にかけて、明陵、上方山、泰山など人里離れた場所で起草作業は完遂されたが、その過程では、明治憲法とその学者の著作が大いに参考とされた[131]。また、草案起草中、完成後において、協纂大臣と纂擬大臣は条文の内容について繰り返して討議し加筆・訂正を加え、最終的に摂政王載灃に確認させたが、それがまだ終わらない1911年10月10日に、辛亥革命が勃発した。

辛亥革命を促した一つの原因は、同年5月8日に皇族内閣が発足したことである。これは明・清両王朝が設けた大学士らによって構成された皇帝の顧問機関としての内閣とは異なり、中国史上初の、立法や司法などの権力と相対する行政権を司るいわゆる近代的な内閣であったが、満洲の皇族が半分以上を占めたため、世の不満を招き、民間立憲派の支持を失った。革命勃発後、清国政府と革命派は長江で対峙したが、11月3日に、灤州新軍の第二十鎮の統制を務める張紹曽と第二協の協統を務める藍天蔚がクーデターを起こし、北京に進軍する途中に『政綱十二条』を唱え、「憲法は国会によって起草し可決された後、君主の名義で公布するが、君主は可決された憲法案を拒否できない（第三条）」こと、「憲法改正に関する発議権は国会のみに属す（第四条）」ことを強く要求した。同時に、山西省の革命軍が独立を宣言した後にも北京に向けて進軍を開始した。

このような革命派、民間立憲派さらに資政院などの勢力からの圧力を受け、清国政府は10月30日に、秘密裏に憲法を起草する計画を変更し、「皇族内閣を罷免し（中略）憲法を資政院の審議に付する」[132]意思を示した。また、11月2日、清国政府は「張紹曽が電報で（中略）内閣が早く成立しなければ内乱が早期に収束しないと上奏した。（中略）内閣総理大臣及び各国務大臣は昨日辞職願いを出したがすべて承認され、袁世凱を新しい国務総理大臣として、内閣が組織された。大清帝国憲法の起草に関わるすべてのことを資政院に任せ、作業が終わった後にそれを上奏し皇帝の可決により施行させる」[133]と宣言し、憲法制定権を準国会たる資政院に譲った。そして、11月26日、資政院により起草された『憲法重大信条十九条』（以下、『十九条』）が公布された。『十九条』においては、「憲法は資政院により起草され、皇帝がこれを公布する（第五条）」こと、「憲法改正に関する発議権は国会に属す（第六条）」

こと、「国務大臣は国会により選出され、皇帝により任命される。その他の国務大臣は総理大臣により推薦され、皇帝により任命される。皇族は総理大臣と各国務大臣と各省の行政長官を担当できない（第八条）」ことなどが規定された。

明治憲法を参考とした『大清帝国憲法草案』は廃案となり、革命派の圧力を受けた清国政府は憲法制定のモデルをイギリス式の責任内閣制に転じたのである。

2　清国政府の統治権に対する理解

日本が近代中国の憲法制定に与えた影響を研究する際に、『大清帝国憲法草案』は最も重要なテキストである。しかし、それが秘密裏に起草され、かつ完成しないまま廃案とされたので、今日でもその正文は未だ発見されておらず、内容や構成は不明である。俞江は「清政府擬定憲法草稿」を発見し、これを『大清帝国憲法草案』起草前に清国政府が起草したものであると主張するが[134]、遅雲飛はそれを『大清帝国憲法草案』の修正版であるとし[135]、尚小明は憲法制定の参考とされた在野の民間知識人による草案であると述べている[136]。これに対して崔学森は、同草案は1908年の冬に憲政編査館の参考資料として同館に進呈された在野の学者が起草した私擬憲法草案であると唱え、「清国政府が制定したものでも、欽定憲法草案の修正版でもない」[137]としている。

『大清帝国憲法草案』の条文は明らかではないが、清国の学部（文部省に相当する中央機関）図書局が1910年に刊行した『国民必読課本（甲乙編）』[138]を通じて、同草案の詳細を窺うことができる。

日清戦争以降、多くの「国民読本」[139]が刊行された。例えば朱樹人が1903年に編纂した『国民読本』[140]、高歩瀛が1905年に編集した『国民必読』[141]、孟昭常が1907年－1908年の間に著した『公民必読初編、二編』[142]などがある。民間知識人が編纂したこれらの必読書と異なり、学部図書局により刊行された『国民必読課本

（甲乙編）』（以下、『課本』）は、清国政府の中央機関である学部が予備立憲の『清単』に従って編集した「官定国民製造マニュアル」[143]と言える国民必読書である。『課本』は、張之洞が定めた方針に従い、厳修らによって編纂され、厳復によって校正されたものである。1910年2月5日に作業が完了した僅か二日後、学部は『課本』を清国政府に提出し、直ちに全国で使用された。『課本』は甲編下と乙編下で憲法、憲政に関する中心となる問題を説明している。

『欽定憲法大綱』の公布から『大清帝国憲法草案』の起草の間に刊行された国定『課本』所載の憲法、憲政に関する諸問題についての説明は、清国政府の公式の見解と見なし得ると、筆者は考える。そこで、以下では『課本』を通じて、「統治権」を中心とする清国政府の明治憲法とその憲法学の理解および継受に関する問題を検討する。

『課本（乙編下）』によると、憲法は「政府と人民の関係、および統治機関の構成と統治権の作用を定める」[144]法である。そして「君主は国家を統治する大権を有する。立法、行政、司法は全て君主によって総攬され、議院をもって立法を協賛し、政府をもって行政を輔弼し、法院をもって司法を順守」[145]する。また、行政権などの権力はすべて「統治権作用の一部」[146]であるとした。

『上諭』が唱えた「大権は朝廷に統一され、一般の政治事務は世論の検討に委ねられる」ことについて、『課本（甲編下）』は、「（統治の）主体が最上にあり、無上の主権を総攬して、行政権の統一を期して、治安の保護を望む大権は統治権」[147]であることを定め、これこそが「大権は朝廷に統一される」[148]ことの真意であると述べた。そして統治権の作用は更に三つに分けられ、「第一は君主自ら行うこと（自行）」であり、「第二は議会の協賛を得なければならないこと」、そして「第三は官吏が君主の命令を受けて君主の代わりに行うこと」である。なお、「各種大権は、自行・代行・協賛に関わらず、必ず君主がその統治権を操って初めて、完璧な政治制度」[149]になる。このほか、「両議院は年に一回会議を開催して、国の重大な事案を合議して、国の公事が公議で議決することを明らかにし」[150]なければならない。『上諭』が唱えた「一般の政治事務は世論の検討に委ねられる」とは即ちこの意味である。ここに、「大権統於朝廷、庶政公諸輿論（大権が朝廷に統一され、庶政を輿論に委任すること）」を解釈する政府筋の理解が明らかとなる。

『課本』の文脈から見ると、『欽定憲法大綱』にある「大権」はすなわち「統治権」であり、そして『大清帝国憲法草案』の中心となる構造は、皇帝が統治権を総攬することである。これは明治憲法の模倣であり、穂積八束の憲法学を継受していると言える。

ただし注意すべき点は、『課本』の乙編が大権を解釈して、「一国が大きく各種の事情も煩雑で、独り君主によって処理することができない時、その権力を臣下に委ねて、翼賛させて行使させる」[151]（傍線、筆者）との表現を用いたことである。甲編では「協賛」を用いたのだが、乙編は「翼賛」という用語で大権を解釈した。両用語は極めて似ているが、当時の清国政府は未だにこれらの用語の意味の内容と外延を明確に定義していない。そして、「憲法が規定しなかったあらゆる事柄は、大権を以て行使し得る。蓋し一つの君主大権は三権の上にあって、三権を統一する」[152]との理解に基づき、皇帝権を強める意図で、穂積の憲法理論に基づいて、そのまま解釈を行った。これも後の政府と民間立憲派との激しい衝突、更に清国の立憲運動崩壊の隠れた要因となった。

３　統治権論と清国の憲法制定の失敗

ここで、清国の憲法成立過程での「統治権」をめぐる論争を通じて、清国政府の明治憲法理論の継受について更に説明した上で、「真の立憲」と「偽の立憲」をめぐる論争に触れておきたい。

前述の通り筆者は、清国政府が唱えた「大権統於朝廷、庶政公諸輿論」の真意を明らかにしたが、予備立憲の際に、民間の立憲派は「大権」ないし「統治権」の実際の法的および政治権力上の定義を求めなかった。1911年に皇族内閣が組閣され、世論の激しい論争を招いた際に、直隷省の諮議局（清国末期の地方準議会に相当する組織）の議員の上奏書は、「皇族内閣は君主立憲の先例に相応しくなく、臣民の立憲に対する期待が損なわれるため、速やかに改めて新内閣を組織して、憲政を重視し国家の基盤を固める事を明らかにする」[153]べきことを主張した。これに対して、清国政府は「政府機構及び人事の任命は全て君上大権に属することは欽定憲法大綱に記載されている。我が君民（朝廷と民衆を指す）は大綱を乗り越えることができず（中略）全員きちんと大綱を遵奉して、勝手に上奏せず、君主立憲の本旨に相応しいようにすべし」[154]と、返答をした。

その後、1911年10月の辛亥革命が勃発した後、清国政府は革命党の圧力に迫られ、大権を守り通す態度を一変させ、「内閣の中に皇族がいる事は立憲各国の通例に相応しくな」く、資政院（清国末期の国会に準ずる中央機関）が上奏した皇族内閣は立憲政体と相容れない点も「皇室を遵奉し国家の基盤を固める」ためであり、「皇族が内閣大臣を担当しないように、すぐ完全内閣を組織」[155]するとともに、更に溥倫などに「速やかに欽定憲法の条文を資政院に提出して審議を待て」[156]と命じた。憲法制定権が資政院に移され、そして資政院によって作られた『憲法重大信条十九条』の中に、皇帝の大権は「憲法が規定した者に限る」と制約されたが、袁世凱が革命派の条件を受け入れ、清国皇帝に退位を迫ったことに伴って、この『憲法重大信条十九条』も破棄された。

ここで、政治考察大臣の視察を端緒として、明治憲法とその憲法学を参照しながら憲法起草作業を行うまでの過程に目を転じると、清国政府は、終始自らの大権政治に対する理解を基礎に、「大権（＝統治権）は朝廷に帰一されること」を目標として憲法編纂作業を続けたと言えよう。しかし、これに対して、民間の立憲派が望んだのは「憲法と法律の枠内に大権を制限する事であり、換言すれば、議会を通じて政府、更に君主の権力を制限すること」に主眼が置かれていた。このように、清国が『上諭』を発表した時点から、「大権」をめぐって清国政府と民間立憲派の理解にずれが生じていたため、政府の憲法典編纂作業に伴って、「大権」は両勢力の分離の重要な原因の一つとなった。立憲派も清国政府と対立するようになり、清国政府を覆す勢力の一つとなってゆく。清国皇帝の退位に伴って、さらに明治憲法理論の継受に伴って生まれた「大権」もその存続の基盤を失うこととなったのである。

第四節　中華民国初期の憲法制定と有賀長雄

（一）　清国皇帝の退位詔書と中華民国臨時約法

辛亥革命が勃発した四日後、清国は再び袁世凱を起用した。1911年11月3日、前述の『憲法重大信条十九条』が公布され、袁世凱も資政院によって内閣総理大臣に推挙された。11月22日、革命党の指導者であった孫文は「袁世凱が清国皇帝の退位に賛成すれば、孫文が中華民国大総統の位を辞して、それを袁世凱に譲る」とする声明を発表した。

1912年1月1日、中華民国南京臨時政府が発足し、同年の2月2日には、清国が御前会議を招集して、退位の件を議決した。翌日、清国政府は全権を袁世凱に委任して、革命党側と退位の条件について交渉を開始し、2月10日、南京臨時政府の参議院が『清国皇帝退位詔書』（以下、『退位詔書』）と『清国皇室優待条件』（以下、『優待条件』）を可決した。その『退位詔書』には次のようにある。

今、全国人民の心は共和に傾倒して（中略）〔皇室が〕統治権を全国に帰して、共和立憲国体を定め（中略）新旧交代の際に、全権を資政院によって推挙された袁世凱に委任して、共和政府を組織して、統一の方法を協議する（中略）満洲族・漢族等五つの民族を合一して、一大中華民国になる。

2月15日、袁世凱は中華民国臨時参議院によって臨時大総統に推挙され、3月8日、臨時参議院は袁世凱の権力を制限するための責任内閣制を規定する『中華民国臨時約法』（以下、『臨時約法』）を可決した。その翌年、1913年4月8日には、中華民国第一回国会が成立し、その内の三〇人が憲法起草委員に推挙され、天壇で憲法草案の起草を開始し、同年10月6日、国会選挙を経て、袁世凱は正式に中華民国大総統に就任し、10月31日、『中華民国憲法草案（天壇憲法草案）』が完成した。

このように見ると、辛亥革命の勃発後に公布された『退位詔書』と『臨時約法』は共に清末民初期の政治的基礎を構築しただけでなく、同時に中華民国の建国の基礎となった。高全喜が指摘したように、『詔書』は「臨時約法の一面性と不足点を補」い、清国政府は、「『詔書』と、『臨時約法』が体現した革命建国の道を歴史的に結びつけ、改良主義的な君主立憲制の導入により、退位という栄えある犠牲で、革命党と共に現代中国を構築した」といえるであろう。(157)

（二）憲法顧問としての有賀長雄の活躍

前記のように、中華民国政府は1913年4月に国会を開設して憲法を制定することとしていたので、袁世凱は政治顧問モリソンと軍事顧問坂西利八郎の推薦を得て、当時、早稲田大学総長であった大隈重信の仲介の下、有賀長雄を憲法顧問として招聘した。有賀は同年3月8日に北京に到着して、政府の憲法起草に協力することとなる。

有賀は北京に到着した後、大総統府内で憲法研究談話会を開催して、憲法に関する講演を数回行った。なお、これらの講演の内容は大総統府秘書官と、留日学生の李景龢および曾彝進によって漢訳され、1913年8月に『観奕閑評』[158]という書名で、大総統府秘書庁から三〇〇〇部刊行された。[159]加えて、同書の一章から九章までは、[160]「有賀博士民国憲法全案意見披露」という形で、李慶芳が主筆として加わった『憲法新聞』[161]の第十七から第二四期（第二〇と第二一期は除く）、『順天時報』（1913年9月14日）に掲載された。有賀はこれらの講演の中で、以下に詳述する「統治権移転」問題に絡めて、清国の皇帝を退位に追い込んだ革命党が君主専制を打倒する過程において果たした役割を批判している。また、有賀は大総統の権限を無限に拡張することを主張したが、このことは袁世凱の好みに合致したと考えられ、[162]袁世凱はすぐさま内閣総理段祺瑞に政府を代表して有賀長雄と任期の延長について協議することを命じた。有賀の態度は極めて積極的であり、任用契約の締結は順調に進んだ。

また、1913年10月、有賀長雄は『共和憲法持久策』[163]を発表している。同書は中華民国憲法草案が起草されていた期間に、大総統府秘書庁によって出版されたものであった。また、大総統制を主張した『観奕閑評』は国会における憲法の審議にあまり影響を及ぼさなかったため、有賀は更に『共和憲法持久策』を発表して、『中華民国憲法草案（天壇憲法草案）』を批判しつつ、「内閣制を大総統制に変更するために最後の力を注いだ」[164]とされている。

1913年11月に、袁世凱は国民党解散の命令を下し、翌14年1月には再び国会解散を命令し、先の『中華民国憲法草案』もこの一連の事情に伴い破棄された。そして、同年5月1日には、袁世凱の意思に従って起草された『中華民国約法』が公布された。

有賀は袁世凱の深い信任を得て、1914年7月に任期満了の後も、再び袁世凱の政治顧問に就任した。また、1915年の日中「二一カ条」の要求をめぐる交渉時にも、有賀は日本に派遣されて、情報の収集を行っている。[165]

1916年の袁世凱の逝去後、有賀は引き続き約三年に亘って憲法顧問を担当したが、1919年7月の任期満了後に日本に帰国し、三年後の1921年に逝去した。

李超[166]と李廷江[167]が指摘するように、有賀長雄は「政治参与型」の学者であった。有賀は現実の政治に対して極めて深い興味を持って、学問を実際に役立てることを期待し、「自身の理論体系を中国の政治変革の実践に移す」ことを試みた。一方、日本政府と数多くのパイプをもっていた有賀は「日本帝国の亜洲制覇のために犬馬の労をとる役割を果した」[168]とも評されているが、これには検討を加える余地がある。「社会学、憲法、国際法、国法学、法制史、外交史」[169]の視座を有した有賀長雄の主張は、中国の伝統的な法文化における憲政の重要性、統治権移転論の歴史的意義とその現代的な課題を考えるためには今なお傾聴に値しよう。次節で考察を進めたい。

(三) 中華民国初期における明治憲法の継受――統治権移転論

1 有賀長雄の清末民初期統治権移転論

歴史法学の擁護者としての有賀が述べたように、「どの国も憲法を制定する際にその国の歴史を顧みないわけにはいかない。即ち、現在の国家権力の関係は、過去の発展から引き継いだものであるが故に、その過去を分析しなければ現在との繋がりを明確化できない。もし外国の現行法を参考にして自国の憲法を編纂すれば、必ず禍を招く」[170]。有賀は、清末民初期の政治変動を吟味した上で、「清末民初期における統治権移転」[171]について論じた。

この理論は『中華民国約法』の法理上の基礎であるだけではなく、現代に至るまでの中国憲法学の重要な理論的淵源になったと、筆者は考えている。

有賀によると、アメリカは植民地戦争を通じてイギリスの統治から独立したために、元来の統治権によるのではなく、十三州が互いに連携して新しい憲法を制定した。また、フランス革命ではルイ十六世の斬首に伴って元来の統治権が完全に否定されたので、フランスの公民は互いの公約に基づき国家を再編成することは当然であった。これに対して、辛亥革命においては革命党人たちの功績は看過できないが、清国から中華民国への統治権の移転は西洋の革命と異なっているため、[172]「中華民国の憲法の制定は他国と異なる形式を採るはず」[173]であると、有賀は述べた。

有賀は、辛亥革命以降の歴史を、①「十九条」を公布して軍民を慰める時期、②君主立憲と共和立憲のどちらが良いかを国民会議の議決に委ねる時期、③共和を承認して『優待条件』を検討する時期、④南北和議の最終条件を交渉する時期[174]の四つの時期に分けるとともに、特に、『詔書』にある「統治権を全国に帰して、共和立憲国体を定める」ことと「袁世凱に委任して、共和政府を組織して、統一の方法を協議する」ことを中心に統治権移転問題を更に分析した。つまり、中国は「君主の統治権を消滅して新しい統治権を発生させるのではなく」、中華民国は「武昌蜂起を発端とし清国皇帝の退位を経て統治権譲渡を実現した」ゆえに、清国皇帝の統治権は、アメリカやフランスにおける革命のように「断絶」したわけではなく、中華民国政府に継承されたに過ぎなかったと理解したのである。

従って、清国皇帝の統治権移譲という中華民国の成立の顕著な特徴から見れば、中華民国の成立と西洋国家との発足との最大の相違点は、[175]①共和に賛成せず、革命に参加しなかった地域も中華民国の領土に含まれること、②普通選挙法に基づいて国民会議を開会する必要がないこと、③中華民国の憲法は西洋憲法を模範とする必要がないことであると有賀は述べている。

2　民国初年の憲法制定における統治権移転論の継受

有賀が唱えた「統治権移転論」および「超然内閣主義」は、明らかに、フランス第三共和国憲法を手本としながら、辛亥革命後に定められた『中華民国臨時約法』を対象とし、そこにおけるフランス式の国民主権説を徹底的に否定することを目的としていたと考えられよう。

『中華民国憲法草案（天壇憲法草案）』を廃棄して『中華民国約法』を制定する過程においては、有賀の他に、アメリカ政治学者グッドナウ（Frank Johnson Goodnow、1859年－1939年）、イギリス憲法学者ピゴット（Francis Taylor Piggott、1852年－1925年）等、外国籍の法律顧問も活躍していた。なお、有賀は革命派の顧問である副島義一からの論争も受けている（有賀は袁世凱の顧問である）。

副島によると、統治権は国家に属するゆえに、国家が存在している限り、統治権は何の変更もなく、従って、統治権移転も発生しない[176]。また、副島は超然内閣制に根ざす大総統制ではなく議院内閣制の創設を強く主張していた。この論争について、松下佐知子[177]の見解は説得力がある。つまり、「元来清国は専制国家であり、それを混乱させず国家を維持するためには強力な行政が必要であると考えたため、有賀は一貫して「行政」主導型国家を創出することを望んだ」ゆえに、「有賀思想の根底には暫定的な中国の社会秩序の安定のための「行政」主導型の国家思想が一貫してあったと考えられる。「行政」主導型の構想は袁世凱の構想と近いものであったが、袁に権力を集めたとしても集める事が目的ではなく、それによる安定した中国の創出が目的なのである」。これに対して、「（副島の）思想の根底には「中国の平和」のために日本が東洋の主人公として活動せねばならないという思想があった」。「そのため『観奕閑評』で描かれた国家は、副島義一には袁世凱に好都合な憲法を準備するための有賀の策略と映り、超然内閣を批判し従来通り議院内閣を主張し」、有賀を非難し始めたのである。

１９１４年に公布された『約法』の制度的構成は、基本的にはアメリカ顧問グッドナウの意見が採用された。[178]しかし、今まで注目されてこなかったのは、『優待条件』は附則の形で『約法』に組み込まれた点である。

そもそも『約法』制定過程においても、袁世凱は有賀の統治権移転論に従って、「大清国皇帝退位後の優遇条件」を当時の『中華民国臨時約法』に規定するよう主張していた。[179]袁世凱が最も強く唱えたことは「この優遇条件の発生は、統治権の移転に始まる。清国皇帝が退位の詔を発しないと、南北の和議も決してできない」[180]ということであった。それだけでなく、袁世凱はまた、『優待条件』を憲法で規定すれば、清国の領土が無傷で継承されようと主張した。[181]そしてこれを受けて、１９１４年に公布された『中華民国約法』の中に、『優待条件』が付則の形で規定されることになり、中華民国が合法的に清国から統治権および憲法制定権を継承したことの根拠となったのである。

（四）袁世凱の帝政問題に対する有賀の態度

これまでの日中両国における通説的な見解によれば、『約法』が公布された翌１９１５年、袁世凱が帝位に就くに際しての有賀の見解は、グッドナウ、楊度らとともに、その帝位就任を支持していたというものである。だが筆者は、この見解には再考が必要であると考えている。

グッドナウが『共和論と君主論』を発表すると同時に、有賀は１９１５年８月に『新式国家三要件論』（以下、『三要件論』）[182]を発表した。有賀の『三要件論』によると、共和政体としての新式国家を組織するためには、順調に運営する国会、司法独立主義を採る司法制度、公民意識を涵養するための基礎教育という三つの要件が必要であるという。有賀のこの「三要件論」は表面上には帝政と無関係に思えるが、その含意は逆に袁世凱によって議会に干渉されることを批判するようにも見える。だが、今日の通説では、例えば趙大為は、有賀の三要件論の本意は、「中華民国は未だこの三要件を備えていないが故に、共和制より旧式の帝政のほうがいい。であれば、たとえ議会に干渉しても構わない。やがて将来、三要件を具備した新式共和制の実行が可能となろう」[183]くらいに理解すべきであると述べ、「包み隠した戦術を使う」「ペテンにかけて人心を惑わす」「悪賢くて手管を弄する」などと、有賀を手厳しく批判している。

袁世凱が帝位へ就く際に、有賀がグッドナウ、楊度らとともに「国体論争」を初めとして様々な行動に出たことは、否定できない。これは日本人としての有賀が日本政府の要求に応じてやらなければならないことでもあった。しかし、有賀本人が、袁世凱の帝位就任運動に賛成したかどうかについては、未だ検討する余地があると、筆者は考える。ここで坂西利八郎中将が『外交時報』六八六号に寄せた一文に、袁世凱の帝位就任運動に対する有賀の態度を追憶する件がある。坂西によると、有賀は袁世凱が元首の名の下に事実上、皇帝の権限をもつことは問題がないと考えたようである。ただし、もしも袁世凱が帝位に就くことがあれば、「其子弟一族が皇族となり、彼の功臣が公侯伯子男の貴族となるという事になるとそれは大問題」[184]になると述べた、とある。

これより前の1914年、有賀が一時帰国した際に発表した「もし袁氏が帝位に就けば、将来は必ず大失敗になる。袁氏自身も之を深く知る。袁氏は初代大総統に就任することに対して極めて光栄と感じ（中略）将来平和を以て憲法を成立させ、立法・行政・司法三部分が互いに衝突なしに其々にその責任を尽すべきである」[185]という意見と結びつけて考えれば、確かに有賀が三要件論を書いた1915年は袁世凱の帝位就任の前夜であったが、有賀は自ら超然内閣主義の主張を一貫して表明していたに過ぎないと解することもできる。要するに、有賀は、これまでの通説の語る袁世凱の帝位就任の支持者ではなく、初代大総統となる方がよいと、考えていたといえる。筆者は、彼の三要件論の主旨とは、超然内閣主義の一日も早い実現を目的としながら、超然内閣主義構想における最も重要な地位を占める権力分立の確立の重要性を強調した結果に過ぎないと、考えている。

第五節　中華民国1936年憲法草案と1947年憲法制定における主義、政体と国体

明治憲法とその憲法学において、国体は「国家組織ニ於ケル主権存立ノ体様」[186]であり、政体は「主権行動ノ形式」[187]であると扱われた。国体は（君主が主権を持つ）君主国体、（少数の貴族が主権を持つ）貴族国体、（民衆が主権を持つ）民主国体などの類型に分けられる。そして政体には、立憲政体、専制政体などの形式がある。南京国民政府成立後の憲法制定作業においては、「主権が国民全体に属す」民主国体を定めたほか、中国国民党が唱える「三民主義」を憲法に加え、所謂「主義冠国体（主義で国体を縛る）」という特殊な様相が現れていた。このような状況で、国体は主権の体様を表すと同時に、政権の正当性を示す名分論的な色彩を帯び、国民党統治の憲法上の根拠を供した。これは清末民初期の憲法制定にある「統治権移転論」の延長線であると、筆者は考える。本節では、中華民国1936年憲法草案と1947年憲法に焦点を当てて検討を行う。

（一）三民主義の提出と五権憲法の構想

1916年、袁世凱の逝去に伴い、中国は軍閥割拠の時代に入った。翌年、段祺瑞をはじめとする軍閥たちは国会を解散し、『中華民国臨時約法』を廃棄した。孫文は西南地域の軍閥らを連合し、広西省で軍政府を成立

し、護法運動を展開しはじめた。しかし、孫文は軍閥と政治官僚に締め出され、軍閥を信頼しなくなった。その後、孫文は1918年5月に全国に同文の電報を発信し、「国会が非合法的に解散されて以来（中略）民国は既に法律に基づいて発足した政府がない」[188]、かつ護法軍政府もまた「法律の前に頭を下げず（中略）内は各省の統一を図らず、外は友邦の承認も得られない」[189]と述べ、護法軍政府大元帥の任を辞職した。その後、孫文は『建国方略』を執筆して、革命の経験を踏まえながら、中国を改造する計画を描き出した。

1917年、ロシアで勃発した十月革命が成功すると、孫文は十月革命の勝利を謳う祝電を送った。1919年に、中国のプロレタリア階級が歴史の舞台に公式に登場する五四運動が勃発し、（孫文らが指導した）「辛亥革命が持たない姿（プロレタリアが活躍すること）」[190]を顕した。運動の中に、孫文は「人類の大希望」[191]を見い出していた。孫文は同年10月、中華革命党を中国国民党に改組し、『中国革命党党章』を廃し、『中国国民党規約』を定め、その『中国国民党規約』の第一条で、「本党は共和を強固し、三民主義を実行することを目的とする」[192]ことを宣言した。

現存する最も古い孫文の三民主義に関する論述は、1905年の『同盟会宣言（民報の発刊辞）』[193]である。その中において、三民主義は「民族主義（韃虜の駆除と中華の回復）、民権主義（民国の建立）、民生主義（地権の平均）」と定義されている。[194] 1906年12月2日、孫文は東京での講演「三民主義と中華民族の行方」[195]の中で、初めて公式に「五権憲法」を主張したが、この「五権憲法」論とは、立法権、司法権、行政権の他に、さらに考試権と監察権を憲法に加える理論である。

孫文は1919年に政党を改組した後、中国共産党とコミンテルンの協力の下で、1923年1月1日と2日にそれぞれに『中国国民党宣言』（以下、『宣言』）と『中国国民党党綱領』（以下、『綱領』）を発表し、さらに国民党の改造作業を本格的に始めた。『宣言』は「三民主義は立国の本源であり、五権憲法は制度の綱領である」と唱え、『綱領』の第一部分と第二部分もそれぞれ「三民主義」、「五権憲法」と定められていた。

同時に、中華民国の憲政整備について、孫文は1924年の『建国大綱』[196]第五条を詳説し、中国の政治制度の整備を「軍政時期」、「訓政時期」、「憲政時期」の三つの期に分けている。具体的には、軍政時期は「一切ノ制度ハ悉ク軍政ノ下ニ隷属シ、政府ハ一面兵力ヲ以テ国内ノ障碍ヲ排除スルト共ニ、他方、主義ヲ宣伝シテ全国ノ人心ヲ開化シ、国家ノ統一ヲ促進」[197]した時期で、その終期は各省が軍事力で省内の治安・秩序を確保できるようになった時期である。[198]それに続く、訓政時期とは、政府が「訓練シテ試験ニ合格セル者ヲ各県ニ派遣シ、人民ト協力シテ自治ノ籌備ヲ」[199]行った時期を指す。そして、「凡ソ一省内ノ県全部ガ完全ニ自治ヲ達成シタル時」が、憲政開始の時期であり、「国民代表会ハ省長ヲ選挙シテ、該省自治ノ監督ト為スコト」ができ、「該省内ノ国家行政ニ関シテハ、省長ハ中央ノ指揮ヲ受クルモノ」[200]とされ、さらに、全国過半数の省において憲政開始の時期に達した場合、「国民大会ヲ開キ、憲法ヲ決定シテ之ヲ頒布」[201]すべきとした。そして、憲法に基づいて選挙を行い、その終結の三カ月後に国民政府が政権を民選政府に譲ることで、「建国ノ大功」[202]が完成するとした。

（二）「主義冠国体（主義で国体を縛る）」憲法の制定

1927年、中国共産党の協力の下、国民党が南京で立てた国民政府（＝南京国民政府）は北伐戦争で全面的勝利を収め、翌28年に全国の統一を図った。[203]同年8月、国民党が第二回中央委員会第五次中央全会を開催し、[204]軍政期の終了と訓政期の開始を宣言し、その後の10月3日にさらに『訓政綱領』を公布した。『訓政綱領』は「中国国民党は総理（孫文）の三民主義を力行し、建国大綱に従い、訓政期で全国民が政治権利を行使できる能力を育成し、憲政実行の時に全国民による政治が実行できる」ことを期し、かつ「訓政期間中に、中華民国国民大会の代わりに、中国国民党の全国代表大会が国民を指導し政権を行使すること」[205]を定めた。翌年の3月、国民党第三回全国代表大会は「訓政時期方略案」を可決し、「中国革命の目的は三民主義の実行にある。三民主義の実行は、（中略）革命建設を軍政、訓政、憲政の三つの時期に区分すべきである」[206]と定めた。そして、5月12日、『中華民国訓政時期約法』が可決され（6月1日に公布）、その序言では「国民政府は三民主義と五権憲法に基づき中華民国を建設する」[207]ことが宣言された。

南京国民政府の計画では、1936年に訓政を終結して憲政の実行に移るべきとされる。そのために、1933年に立法院内に憲法起草委員会を設立し、孫文の息子である立法院院長孫科は自ら会長に就任した。「憲法起草に関する二十五点の原則」は冒頭で「中華民国は三民主義共和国（第一点）」であることと「中華民国の主権は国民全体に属す（第二点）」の原則を定めている。憲法の最終草案が確定されるまで、主に以下の案があった。

① 1933年11月16日　中華民国憲法草案初稿草案
② 1934年3月1日　中華民国憲法草案初稿
③ 1934年7月9日　中華民国憲法草案初稿修正案
④ 1934年10月6日　中華民国憲法草案（第一草案）
⑤ 1935年10月25日　中華民国憲法草案（第二草案）
⑥ 1936年5月5日　中華民国憲法草案（確定草案、民国二五年憲草、五五憲草）

これらすべての憲法草案では、第一条は全て「中華民国は三民主義共和国である」ことを規定し、第二条は

「中華民国の主権は全人民に属す」ことを定めている。①草案は第四章＝国民教育の章で、「三民主義は中華民国の国民教育の根本的原則である（第三五条）」と規定し、②草案も第四章第三四条で同じ内容を定めたが、③およびその後の④⑤⑥草案中には、教育の章で、国民党が掲げた政治イデオロギーとしての「三民主義」は現れず、代りに「中華民国の教育の目的は民族精神を発揚し、国民道徳を育成し、自治能力を養成し、生活知能を増進することをもって、健全な国民を鍛える」ことが定められている。

しかし、1936年憲法草案の可決は、日中戦争の勃発により延期された。戦時中、訓政から憲政への移行を早急に実現するために、1939年に国民参政会は憲政期成会を組織し、翌年の3月に『草擬中華民国憲法修正草案』（『期成憲草』とも称する）を起草した。同草案の第一条は「中華民国は三民主義共和国である」としながらも、「参議員張、左両氏は、国民党最高指導者による本条が国民党以外の各党派の合法性と党派間の団結とこれらの党派の固有の政治信条を害さないことを宣言すべきであることを主張した」と、補足説明を行った。

日中戦争が終わった後、1946年に各党派による政治協商会議が開催され、1936年憲法草案の第一条は「中華民国は三民主義に基づく民有、民治、民享の共和国である」という内容に変更された。これは同年の12月25日に国民大会により可決され、翌年（1947年）の元旦に公布されたが、南京国民政府の敗北によって、同憲法が中国大陸で施行された期間は僅か一年足らずであった。

（三）「主義冠国体（主義で国体を縛る）」立法の動機

1936年憲法草案の背景には、訓政から憲政への転換期にあった知識人による二つの憲法学説の激しい衝突があった。[208] 一つは、南京中央大学で教鞭をとる学者を中心として唱えられた、三民主義原則の指導の下で孫文の五権憲法理論を実現しようとする考えである。もう一つは、国民党外の自由知識人を中心とする、議会および地方分権化された政治システムを利用して国民党の一党専制の改革を目指す考え方であった。

この論争は、既に「主権が全人民に属す」という国体を規定した以上、国民党の政治信条である三民主義を憲法に記すべきか否かという点に収斂される。すなわち、主義と国体をめぐる問題の本質は、国体、つまり主権の所在が明記されている以上、わざわざ国民党が唱える三民主義を明記する必要があるのかという点に尽きる。

憲法草案の起草を主宰した立法院院長孫科は、当時の反対派の主張を次の五つにまとめた。[209]

第一、主義はある期間においては有効であるが、国体は変更できないため、国体の前に主義を規定する必要はない。[210]

第二、三民主義は一党の主義に過ぎないものだから、全国民を強制的に従わせることはできない。もし政治の信条を国民の信仰とすれば、信仰の自由を害する虞がある。[211]

第三、三民主義をめぐる解釈に相違があるため、それをもって国体を制限すれば、違憲の問題はいつでも発生しうる。[212]

第四、三民主義は温和である。ソビエトのボルシェビキ主義と全く異なり、わざわざソビエト憲法を真似て主義を国体の前に冠する必要がない。[213]

第五、主義と国体は明らかに別物である故に、三民主義は国体の制限ではなく、憲法諸条文に貫かれているものである。[214]

知識人から殺到していた反発を以上のようにまとめた孫科は、憲法に国体を明記する必要性を次のように述べた。[215] まず、民国は革命の産物で、憲法は革命を保障する基本的な道具である。三民主義で国体を示せば、革命の大義を現し、立国の源を明らかにすることができる。また、民国は対内的に各民族の平等、対外的に世界の大同を主張する民族主義的国家であるゆえに、帝国主義的国家ではない。同時に、国民は直接官員を選挙し、法律を制定・修正しているのだから、民国は資本主義や共産主義の国家ではなく民権主義的国家である。よって、民族、民権、民生によって三民主義的国家が形成されるのは、明白な事実である。条文において三民主義を規定せず共和国か民主国かだけを規定した場合、民権主義の意味は含まれず、中華民国の特性を全く表せない。また、もし主義が期限付きのものであるとすれば、主義が変わった後に、革命により創られた国家は存在し得るかが問題となる。これはもはや国体の変更ではなく、三民主義をベースとした憲法の根本的改正と言える。

孫科は、三民主義は国民党だけのものではなく、中華民国自体も三民主義の産物であると唱えた。そして、全ての中華民国の国民は、かつての革命を主導した三民主義が国民党の主義であることを理由としてそれに反対するはずがなく、さらに言えば、もし政権を三民主義に反対する勢力に渡せば、それは「自ら革命の業績を裏切る」行為であるとした。この三民主義をめぐる解釈問題について、孫科は「総理（＝孫文）の遺訓は全て残っているので、最も正しい解釈を導くことは難しくない」[216]とも述べている。

また、一部の知識人が唱えた三民主義は既に憲法に貫かれているのでわざわざ憲法に書く必要はないとする説に対して、孫科は、「民国は三民主義に基づく国家である以上、三民主義的憲法が必要になる」ので、「憲法の冒頭に全条文を率いる主旨を明らかにしなければならず」、かつ「三民主義は太陽のように天に掛け、津々浦々に知れ亘るもので、国民に何の不利益も与えないのに、なぜ憲法で隠す必要があろうか」[217]と、憲法に国体規定があっても、「その前」に三民主義を置くことを強く主張した。

日中戦争の間に開かれた憲政期成会の委員会においても、潘公展により国体問題について指摘がなされている。潘によると、1791年から1870年の間の八〇年間でフランスは十一の憲法を制定した。これらの憲法を起草する委員会は一字一句推敲を重ね、完璧なものとされたが、結局一つも長期間に亘って施行されなかった。

その原因は「フランス憲法を起草した人々がただ条文をめぐる討議を行い、政治的慣習と歴史的背景を無視した」ことにあったと潘は言う。1875年以降、フランス人民が長期間の闘争を経験し政治の知恵を得たため、様々な妥協を経た上で、漸く共和制の憲法が完成したと理解する潘は、「一国の憲法が長期間に亘って施行できるかは、その時代の民衆が持つ法治精神とその国の政治と歴史の変遷によって決まる」のであり、中華民国の成立史を見ると、「中華民国の憲法は常に三民主義的憲法」であり、「それは開国以来、特に日中戦争以来の歴史的変遷（三民主義を主張する国民党が中華民国を創立し、中国民衆を率いて日本と戦ったこと）によって決められる」と主張した。

日中戦争後の1946年には、国民党派は『申報』で論説[218]を発表し、「二五年憲草に三民主義と五権憲法の精神が託された。かつ三民主義は各党派が一致して認める建国の最高原則であるため、憲法草案に関わる議論と修正は三民主義の範囲を超えない限度内に制限されるのを前提とすべきである」と、自らの派閥の見解を主張した。しかし、解放戦争の拡大に伴い、人心を収攬しようとした国民党は、この見解を妥協し、第一条は「中華民国は三民主義に基づく民有、民治、民享の共和国である」として、イデオロギーとしての三民主義と、国体としての共和国を分離させることになる。

中国の伝統思想には、「惟名与器、不可仮人、君之所司也。政亡則国家従之（政権としての名分＝「名」と、政権を統治する権力＝「器」を決して他の勢力に譲らない）」という理念がある。近代の憲政に喩えると、「器」は実際の政治権力で、「名」は政権の歴史的正当性に当たる。国民党が三民主義を憲法に記述することに固執した背景には、政権が持つ歴史的正当性、つまりこの「名分」を求める考えが隠れていたのであろう。国家の富強と民族の独立を実現するのは近代中国の課題であるが、領土が広く民衆が多い中国では、政権を率いる強い勢力がないと、全国に及ぶすべての中国の潜在力を引き出すことはできない。それ故に、清国末期の予備立憲運動以来、どの政権の指導者も、自らが唱える綱領を憲法で表現しようとした。憲法を通して政権の正当性を表現し、自ら樹立した政権に対する絶対的なコントロールを確保しようとしたのである。

南京国民政府の場合は、北伐戦争と東北易幟を通して中国を統一し、最高統治権を獲得したが、主権が全国民に属する状況で、どのように統治の正当性を示すべきかは国民党が解決しなければならない課題であった。そのため、憲法で民主国体と共和政体を定めると同時に、政党の信条である三民主義を憲法第一条に記入する形で建国の淵源を明らかにしようとした。このような「主義で国体を縛る」形式は、中国伝統の「名分論」を近代西洋の憲法政治と結びつける試みであり、近代中国の憲法制定過程における独自性の一つであった。

第六節　おわりに

本章では、近代中国における明治憲法を経由した十九世紀ドイツ国法学継受のプロセスを明らかにし、法制史と憲法学説史の視座から近代中国憲法政治史にある一連の問題を解明し、清国末期の予備立憲から中華民国期の憲法制定に至るまでの歴史の流れを改めて確認した。

本章を閉じるにあたって、冒頭に述べた五つの問題について整理しておこう。

第一に、歴史主義法学と法実証主義は明治憲法とその憲法学の源流であり、同時にそれは近代中国の憲法制定の一つの淵源である。穂積八束と有賀長雄は歴史法学と法実証主義の継承者として、明治憲法体制の整備と解釈のために大きな貢献を果たしたが、近代中国特に清末民初期の憲法制定にも重大な影響を与えた。清国政府は穂積が唱えた統治権理論を手本として、皇帝が全ての権力を総攬する「大清帝国憲法草案」を起草した。これに対して、憲法制定のための準備期間における一連の政治改革は、基本的に有賀の『要義』と『憲政講義』の主張に沿って行われた。

第二に、清国政府は、憲法制定を富国強兵の実現手段と見なした。政府の政策実践も、「清単」による計画のままに推し進められた。しかし清国政府が築き上げた「大権」は、民間の立憲派たちが望んだ「大権」とは異なり、前述の通り明治憲法の大権を超えた、絶対至上の皇帝権力を意味する「大権」であった。皇族内閣の出現をきっかけとして、もとより同じ目的を持つはずであった清国政府と民間立憲派はそれぞれ異なった道を歩み始めたが、民間立憲派の支持を失った清国政府の憲法制定事業は失敗に終わった。

第三に、「詔書」、『優待条件』と『臨時約法』は形式的には、村田雄二郎が述べるところの「契約条項」である。しかし、この三つの文書は、契約条項である以上に、同時に政権過渡期の国家統一と政治運営を支える基盤としての性質を持っていたと考えられる。この三つの憲法的性質を有する政治文書（中国ではこれらを「憲法文書」と専門的に総称する）が存在するからこそ、民国政権は合法的に清国政府から統治権を受け継ぐことができたのではないかと、筆者は考えている。この「統治権移転」は、まさしく歴史法学派の精神と中国の歴史が結合した考え方ではなかろうか。

第四に、『優待条件』を附則の形で『約法』に挿入したことは、統治権移転の事実を国家根本法の下に確認したことを意味する。つまり、『約法』は清国末期の憲法制定の延長線上にある。統治権移転の形を通じて、近代中国は「君主立憲」と「民主共和」を結びつけて、一種の新しい政治体制——皇室を有する大総統制を創出したのであった。

第五に、南京国民政府の憲法制定において、政党主義としての「三民主義」と、国体としての「主権が人民に属する」共和国が融合し、「主義で国体を縛る」という新しい構造を作った。この構造は国民党政権の正当性を追求することから生まれ、清末民初期の統治権移転論の延長に位置づけられた。国民党は中国伝統の名分論を近代の国体論と結びつけ、「国民党による国家統治」という政治的な事実を、「主権が人民に在ること」という国体論的理解に三民主義という政治的信条を付け加え、正当化したのである。

本章では近代中国の憲法制定の全体像を描き出すことに注力したが、実際の憲法制定の展開に伴い、憲法学的見解も随伴して現れるようになった。次章では、近代中国憲法学の展開過程と、そこにおける日本の憲法学が果たした役割と、近代中国憲法学の明治憲法学に対する超克を検討する。

（1）アメリカがイギリスから独立した、特に１７７６年から１７８０年の間に、十三州の内の十一州は自州の憲法を制定している。１７８７年8月17日に合衆国憲法草案の調印式典が終わった後、各州は同草案を可決した。

（2）予備立憲とは、清国末期から始まる憲法制定を中心とした近代中国における立憲制の樹立をめぐる思想的・政治的・社会的運動を総称する専門概念として中国の法制史学・政治史学上用いられている。

（3）例えば曽田三郎『立憲国家中国への始動：明治憲政と近代中国』（思文閣、２００９年）、同『中華民国の誕生と大正初期の日本人』（思文閣、２０１３年）は日本における代表的な研究である。中国における清国末期の憲法制定運動に関する研究では、崔学森『清廷制憲与明治日本』（中国社会科学出版社、２０２０年）が最新のものである。中華民国初期の憲法制定過程における日本人顧問有賀長雄が果たした役割については、李超『民初法律顧問有賀長雄及其制憲理論研究』（華東政法大学博士学位論文、２０１６年）がその集大成である。この他に、翟海濤「法政人与清末法制変革研究—日本法政速成科為中心」（華東師範大学博士学位論文、２０１２年）は、当時、日本で法学や政治学の教育を受けた中国知識人たちが近代中国の憲法制定過程において果たした役割を実証的に分析している。なお、熊達雲『近代中国官民の日本視察』（成文堂、１９９８年）は、近代中国における中国政府官僚と民間知識人の日本視察および日本に対する認識の全体像を描いている。また熊は、前掲・『洋律徂東：中国近代法制的構建与日籍顧問』において、清末民初期の一連の法制整備と法典編纂作業における有賀長雄（清末憲法の制定と民国約法の制定）、松岡義正（民法編纂と民法教育）、寺尾亨・副島義一（臨時約法の制定）の活躍を中心に、近代中国の法律顧問らが果たした役割について、多くの一次資料を用いて、分析を行っている。

（4）清国末期の憲法制定をめぐっては、概ね三つの見解がある。一つは、中国において多く唱えられているもので「清国政府は故意に立憲を先延ばしにした」（前掲・高放、韋慶遠『清末立憲史』、１７７－２０８頁）、「清国の立憲は人を騙す手段に過ぎない」（前掲・張晉藩、曾憲義『中国憲法史略』、45－86頁）等の清末の予備立憲運動に対する低い評価である。二つ目は、「清国政府は憲法の編纂作業を通して、民主政治を認め権力に制限を加えた訳ではないが、清国政府が民衆を騙しているとは言えない」とする中立的な評価である。この見解によると、清国の憲法典編纂作業の失敗の原因は、政府の能力不足と地方官僚の不作為にある（Meribeth E. Cameron, The Reform Movement in China: 1898-1912, Stanford University Press, 1931）。三つ目は、ある程度清国政府の予備立憲を肯定するものである。その代表である曹暁君は『大綱』の制定過程と後の皇族内閣を分析して、「皇族内閣はその合理性がある」、「偽の立憲で予備立憲運動を評価するのはやや偏っている」と、総括をしている（曹暁君、余林南「也談清末的所謂假立憲」『齊齊哈爾師範学院学報（哲学社会科学版）』（第三期、１９９５年）、99－１０１頁）。

（5）村田雄二郎「清室優待条件から見た民国初期の憲政体制」中村元哉編『憲政から見た現代中国』（東京大学出版会、２０１８年）、23－52頁。

（6）高全喜「政治憲法学視野中的清帝遜位詔書」『環球法律評論』（第三三巻第五号、２０１１年）、26－36頁。
（7）こうした見解は、これまでの中国の学界において共通のものといえる。例えば、前掲・張晉藩、曾憲義『中国憲法史略』と呉宗慈『中華民国憲法史』（台聯國風出版、１９７３年）はそれぞれ中国大陸と中国台湾の代表的な研究である。
（8）東北易幟とは、１９２８年6月に張作霖爆殺事件後、張作霖の息子である張学良が北洋政府が用いた五色旗を南京国民政府の青天白日満地紅の旗に変え、南京国民政府の統治を認めたことである。
（9）鈴木安蔵『日本憲法学説史研究』（勁草書房、１９７５年）、5頁。
（10）佐々木有司「法制史」、加藤周一編『世界百科大事典（第二六巻）』（平凡社、２００９年）、１２８頁。
（11）張震、劉澤剛編集『外国憲法（第二版）』（中国人民大学出版社、２０１７年）、92頁。
（12）小林孝輔『ドイツ憲法史』（学陽書房、１９８０年）、23頁。
（13）カール大帝が戴冠された称号は Karolus serenissimus Augustus a Deo coronatus magnus pacificus imperator Romanum gubernans imperium であり、「至尊なる尊厳者、神により戴冠されし、偉大にして平和的な、ローマ帝国を統治するカール大帝」を意味する。
（14）「神聖ローマ皇帝」は歴史学の用語であるが、公式文書には「神聖」の文字は使われなかった。オットー一世が戴冠された称号は Dei Gratia Romanorum Imperator Semper Augustus であり、「神により恩寵を授けられたローマ皇帝、永遠の尊厳者」を意味する。
（15）前掲・張震、劉澤剛編集『外国憲法（第二版）』、92－93頁。
（16）羅志淵「徳意志帝国憲法研究」『憲法論叢』（台湾商務印書館、１９６９年）、３３８頁。
（17）前掲・小林孝輔『ドイツ憲法史』、１５５頁。
（18）前掲・張震、劉澤剛編集『外国憲法（第二版）』、93頁。
（19）前掲・小林孝輔『ドイツ憲法史』、１５６頁。
（20）前掲・鈴木安蔵『日本憲法学説史研究』、6頁。
（21）前掲・鈴木安蔵『日本憲法学説史研究』、7頁。
（22）前掲・佐々木有司「法制史」、１２８頁。
（23）前掲・佐々木有司「法制史」、１２８頁。
（24）前掲・鈴木安蔵『日本憲法学説史研究』、9頁。
（25）前掲・鈴木安蔵『日本憲法学説史研究』、22頁。

(26) 西村清貴『法思想史入門』(成文堂、2020年)、125頁。
(27) 前掲・西村清貴『法思想史入門』、135頁。
(28) 前掲・西村清貴『近代ドイツの法と国制』、251頁。
(29) 前掲・西村清貴『近代ドイツの法と国制』、251頁。
(30) オリヴィエ・ジュアンジャン原著、井上武史訳『ヨーロッパの憲法学における実証主義:四つの段階』同『岡山大学法学会雑誌』(第六〇巻第三号、2011年)、1頁。
(31) 前掲・西村清貴『近代ドイツ法と国制』、5頁。
(32) 前掲・西村清貴『近代ドイツ法と国制』、7頁。
(33) 前掲・鈴木安蔵『日本憲法学説史研究』、21頁。
(34) 前掲・鈴木安蔵『日本憲法学説史研究』、21頁。
(35) マイニア原著、長尾龍一等訳『穂積八束の思想史的考察』(東京大学出版会、1971年)、16頁。
(36) 前掲・マイニア原著、長尾龍一等訳『穂積八束の思想史的考察』、17頁。
(37) 高橋作衛「穂積八束先生傳」穂積重威編『穂積八束博士論文集』(有斐閣、1943年)、14頁。
(38) 長尾龍一「穂積八束」、潮見俊龍、利谷信義編『日本の法学者』(日本評論社、1974年)、102頁。
(39) 前掲・穂積八束『修正増補憲法提要』、1頁。
(40) 前掲・穂積八束『修正増補憲法提要』、20頁。
(41) 前掲・穂積八束『修正増補憲法提要』、29頁。
(42) 前掲・穂積八束『修正増補憲法提要』、41頁。
(43) 前掲・穂積八束『修正増補憲法提要』、41頁。
(44) 前掲・穂積八束『修正増補憲法提要』、43‐44頁。
(45) 前掲・穂積八束『修正増補憲法提要』、50頁。
(46) 穂積八束「家制及国体」穂積重威編『穂積八束博士論文集』(有斐閣、1943年)、258頁。
(47) 前掲・穂積八束「家制及国体」、249頁。
(48) 前掲・穂積八束『修正増補憲法提要』、11頁。
(49) 前掲・穂積八束『修正増補憲法提要』、39頁。
(50) 前掲・穂積八束『修正増補憲法提要』、111頁。

(51) 前掲・穂積八束『修正増補憲法提要』、111頁。
(52) 前掲・穂積八束『修正増補憲法提要』、117頁。
(53) 前掲・穂積八束『修正増補憲法提要』、122頁。
(54) 前掲・穂積八束『修正増補憲法提要』、122頁。
(55) 穂積八束「帝国憲法ノ法理」穂積重威編『穂積八束博士論文集』(有斐閣、1943年)、21頁。
(56) 前掲・穂積八束『修正増補憲法提要』、165頁。
(57) 前掲・穂積八束『修正増補憲法提要』、168頁。
(58) 鈴木安蔵「穂積八束の憲法学説」『静岡大学人文学部研究報告・社会科学』(第十四号、1966年3月)、24頁。
(59) 石尾芳久、武田敏明「R・H・ミネアル著「日本の伝統と西洋法」:天皇、国家、法に関する穂積八束の思想」『関西大学法学論集』(第二一巻第一号、1971年5月)、83-85頁。
(60) 林来梵「国体憲法学―亜洲憲法学的先駆形態」『中外法学』(第五期、2014年)、1131頁。
(61) 長谷川正安『日本憲法学の系譜』(勁草書房、1993年)、94頁。
(62) 前掲・鈴木安蔵『日本憲法学説史研究』、228-229頁。
(63) 坂井大輔「穂積八束の公法学(二)」『一橋法学』(第十二巻第二号、2013年)、617頁。
(64) 坂井は「天皇制共産主義者」としての穂積八束の理論の特徴を次のように捉える。「八束の「公法学」を総体としてみれば、それは、取引関係の存在しない牧歌的な家共同体を保護すること、そして、家々の上により大きな家として聳立する天皇制国家を、同じく牧歌的な共同体として維持していくこと、を目的としている。家国一致論、祖先崇拝、『皇位=祖宗の霊位』という定式により天皇の地位を永続化すること、君主の行なう社会政策によって民衆に満足を与えようとしたこと、道徳教育によって天皇支配の正当性を担保しようと試みたこと、などはその端的な表れである。八束は家と国という二種の共同体において、弱者が斃れることを決して容認しない。天皇および家長が弱者に対して、強大な権力による強力な保護を与えることで、資本主義の帰結である弱肉強食的世界の現出を阻止すること、これこそが八束の目指したものであり、彼の学問は、この目的に沿って営まれている。これはまさに、共産主義という呼び名にふさわしい思考ではないだろうか」(前掲・坂井「穂積八束の公法学(二)」、616頁)。
(65) 三和良一『概説日本経済史(近現代)』(東京大学出版会、2012年)、74頁。
(66) 前掲・坂井大輔「穂積八束の公法学(二)」、617頁。
(67) 有賀長雄『日本現在国家哲論』(牧野書房、1888年)の序文には、「本年六月下旬に帰朝」と書かれている。なお、本章では、松本三之介『利己と他者の狭間で』(以文社、2017年)、92頁を参照。
(68) 李超「憲法顧問有賀長雄赴任前的中国淵源」『新余学院学報』(第二二巻第三号、2017年)。
(69) 熊達雲「有賀長雄と民国初期の北洋政権との関係について」『山梨学院大学法学論集』(第二九号、1994年)。
(70) 有賀長雄『国家学』(牧野書房、1889年)。
(71) 有賀長雄『帝国憲法講義』(講法会、1890年)。
(72) 有賀長雄『日本古代法釈義』(博文館、1881年)。
(73) 有賀長雄『行政学講義』(明治法律学校講法会、1895年)。
(74) 有賀長雄『国法学』(早稲田大学出版部、1906年)。
(75) 李超『民初憲法顧問有賀長雄及其制憲理論研究』(華東政法大学2016年度博士論文)、51–86頁。
(76) 前掲・李超『民初憲法顧問有賀長雄及其制憲理論研究』、64–67頁。
(77) 前掲・有賀長雄『国家学』、47–52頁。
(78) 有賀長雄『国法学(上)』(早稲田大学出版部、1906年)、203頁。
(79) 前掲・有賀長雄『国法学(上)』、196頁。
(80) 前掲・有賀長雄『国法学(上)』、203頁。
(81) 前掲・有賀長雄『国法学(上)』、199頁。
(82) 前掲・有賀長雄『国法学(上)』、199頁。
(83) 前掲・李超『民初憲法顧問有賀長雄及其制憲理論研究』、84–86頁。
(84) 有賀によると、天皇が総攬する統治権(=支配権)は、立法権と行政権から成る。明治憲法が規定する第五・六・七条は立法権に属する。これに対して、第六条後半と第八・九・一〇・十一・十二・十三・十四・十五・十六条は行政権に属する(有賀長雄『帝国憲法講義』(講法会、1890年)、43–44頁)。
(85) 有賀は次のように論じた。「一般選擧法を取る場合に於て、議員總數の中に就き、比例上最多數を占むへきは最下層の人民なり。即ち何等優秀の性能なく、國民発達の最氐叓に在るの社會なり。然るに此の社會を代表するものをして更に上層に位して実際勢力を有する階級を代表する者よりも多分の権力を有せしむるは、是れ社會等序斟酌の順序を誤るものに非すして何ぞや。此の如き倒逆の下に在りて社會の上層に位する者は、政躰に不滿を懷きて之を轉覆せむとするか、然らされば更に其の性能を磨きて益々其の業務の発達に盡さむとする鋭氣を喪ふへし。是に於て國家の目的を達する上に害あり。何となれは、國民の發達は主として優秀元素の發達に原由するものたれはなり」(前掲・有賀長雄『国法学(上)』、434–435頁)。

(86) これについて、有賀は『大臣責任論：国法学之一部』（明法堂、1894年）で詳述した。
(87) 中国第一歴史檔案館編『光緒朝上諭檔（第三二冊）』（広西師範大学出版社、1996年）、23頁。
(88) 前掲・崔学森『清廷制憲与明治日本』、117頁。
(89) 載澤『考察政治日記』種叔河編『走向世界叢書（第九巻）』（嶽麓書社、2008年）、575-578頁。
(90) 前掲・載澤『考察政治日記』、575頁。
(91) 前掲・載澤『考察政治日記』、575頁。
(92) 前掲・載澤『考察政治日記』、576頁。
(93) 前掲・崔学森『清廷制憲与明治日本』、81頁。
(94) 前掲・載澤『考察政治日記』、581頁。中国語原文は「貴国如行憲政、大権必帰君主」である。
(95) 前掲・崔学森『清廷制憲与明治日本』、82頁。
(96) 故宮博物院明清檔案部編『清末籌備立憲檔案史料（上冊）』（中華書局、1979年）、7頁。
(97) 講座の内容は、①立憲政体、②憲法、③君位および君主の大権、④臣民の権利、⑤国会制度および上院の組織、⑥下院の組織、⑦帝国議会の権限、⑧国務大臣および枢密顧問、⑨法律および法令、⑩予算、⑪司法権、⑫地方制度および中央行政各部から構成されていた。
(98) 唐宝鍔『憲法訪問録』『北洋法政学報』（第六八期、1908年）。
(99) 前掲・崔学森『清廷立憲与明治日本』、93-101頁。
(100) 十章は、①国と国民との関係、②立憲、③君主、④人民の権利義務、⑤議院、⑥政府、⑦司法、⑧会計、⑨皇室典範、⑩中国の立憲、という編目によって構成されている。
(101) ここで述べる穂積の意見は、『訪問録』第一〇章の中国語原文にある次のような記述に基づき、筆者が要約したものである。「調和新舊之法、惟全頼教育之力（中略）待人民智識增進、愛國之情深、參政之念盛、於自非定憲法開議院不足以与民圖治」、「見立憲貴有程度、非旦夕事（中略）盖行憲政必須改革一切關連之制度、悉心調査。凡行政部、司法部、陸海軍之組織、務合於立憲政體、然後憲政可行、議院可設矣」、「貴國調和新舊之法、根本之論、捨教育外別無他法」、「惟須朝廷先定國是、公布衆庶、俾國論一致」。
(102) 現在、上海図書館が所蔵している。
(103) 張学継「日本法学家有賀長雄与五大臣考察報告」『歴史檔案』（第四期、2008年）、夏小虹「梁啓超代擬憲政折稿考」陳平原編『現代中国（第十一輯）』（北京大学出版社、2008年）を参照。

(104) 有賀長雄「中華民国顧問應聘顛末」『外交時報』(第二〇〇号、1913年)。この文章の中国語版は「中国新法治与有賀長雄」と題して『言治』(第一号、1913年)に掲載された。
(105) 中国語版有賀長雄『国法学』は早稲田大学出版部が出版したものであるが、出版の年月日は不明である。
(106) 孫宏雲「清末預備立憲中的外方因素」『歴史研究』(第五期、2013年)、101頁。
(107) 前掲・孫宏雲「清末預備立憲中的外方因素」、102頁。
(108) 前掲・故宮博物院明清檔案部『清末籌備立憲檔案史料(上冊)』、24頁。
(109) 莫御「中国新法制与有賀長雄」『言治』(第一号、1913年)。中国語原文は、「次報告書恭呈西太后而中央集権主義之官制競由此頒布矣」である。
(110) 前掲・張学継「日本法学家有賀長雄与五大臣考察報告」を参照されたい。
(111) 前掲・故宮博物院明清檔案部『清末籌備立憲檔案史料(上冊)』、173頁。
(112) 前掲・故宮博物院明清檔案部『清末籌備立憲檔案史料(上冊)』、174頁。
(113) 前掲・故宮博物院明清檔案部『清末籌備立憲檔案史料(上冊)』、175頁。
(114) 夏新華他編『近代中国憲政歴程：史料薈萃』(中国政法大学出版社、2004年)、44頁。
(115) 前掲・夏新華他編『近代中国憲政歴程：史料薈萃』、45頁。
(116) 前掲・夏新華他編『近代中国憲政歴程：史料薈萃』、48－50頁。
(117) 前掲・故宮博物院明清檔案部『清末籌備立憲檔案史料(上冊)』、367頁。なお、日本語訳した引用文中にある「明治七年……の政治制度改革」だが、おそらく明治八年の立憲政体詔勅下の、元老院、大審院、地方官会議設置の改革を指しているのではなかろうか。
(118) 前掲・莫御「中国新法制与有賀長雄」。
(119) 前掲・莫御「中国新法制与有賀長雄」。
(120) 有賀長雄「日本憲政講義」『伊東巳代治文書　番号一八六』(国立国会図書館憲政資料室所蔵)。
(121) 前掲・莫御「中国新法制与有賀長雄」。
(122) 前掲・莫御「中国新法制与有賀長雄」。
(123) 前掲・故宮博物院明清檔案部編『清末籌備立憲檔案史料(上冊)』、25頁。
(124) 前掲・故宮博物院明清檔案部編『清末籌備立憲檔案史料(上冊)』、25頁。
(125) 前掲・故宮博物院明清檔案部編『清末籌備立憲檔案史料(上冊)』、33頁。

(126) 前掲・故宮博物院明清檔案部編『清末籌備立憲檔案史料(上冊)』、35-37頁。
(127) 前掲・故宮博物院明清檔案部編『清末籌備立憲檔案史料(上冊)』、40頁。
(128) 前掲・故宮博物院明清檔案部編『清末籌備立憲檔案史料(上冊)』、41頁。
(129) 前掲・夏新華他編『近代中国憲政歴程:史料薈萃』、132頁。
(130) 前掲・故宮博物院明清檔案部編『清末籌備立憲檔案史料(上冊)』、79頁。
(131) 大清帝国憲法草案の詳しい起草過程について、前掲・崔学森『清廷立憲与明治日本』、195-205頁を参照。
(132) 前掲・故宮博物院明清檔案部編『清末籌備立憲檔案史料(上冊)』、95-97頁。
(133) 前掲・故宮博物院明清檔案部編『清末籌備立憲檔案史料(上冊)』、98頁。
(134) 俞江「両種清末憲法草案稿本的発現及其初歩研究」『歴史研究』(第六期、1999年)。
(135) 遅雲飛『清末予備立憲研究』(中国社会科学出版社、2013年)、303頁。
(136) 尚小明「両種清末憲法草案稿本質疑」『歴史研究』(第二期、2007年)。
(137) 前掲・崔学森『清廷立憲与明治日本』、288頁。
(138) 学部図書局編『国民必読課本初稿:甲乙編』(北京師範大学図書館に所蔵、1910年)。
(139) 清国末期の国民読本について、沈国威「清末の国民必読書について」『近代東アジアにおける文体の変遷』(白帝社、2010年)、233-272頁。
(140) 朱樹人編集『国民読本』(上海文明書局、1903年)。
(141) 高歩瀛、陳宝泉編集『国民必読』(南陽官書局、1905年)。
(142) 孟昭常『公民必読初編、二編』(中華書局、1907年-1908年)。
(143) 沈国威、孫青「厳復と清末学部編『国民必読課本初稿』(1910)」松浦章編『東アジアにおける文化情報の発信と受容』(熊松堂、2010年)、39頁。
(144) 学部図書局編『国民必読課本初稿:乙編下』(北京師範大学図書館に所蔵、1910年)、40頁。
(145) 前掲・学部図書局編『国民必読課本初稿:乙編下』、41頁。
(146) 前掲・学部図書局編『国民必読課本初稿:乙編下』、44頁。
(147) 前掲・学部図書局編『国民必読課本初稿:甲編下』、14頁。
(148) 前掲・学部図書局編『国民必読課本初稿:甲編下』、14頁。
(149) 前掲・学部図書局編『国民必読課本初稿:甲編下』、14頁。

(150) 前掲・学部図書局編『国民必読課本初稿：甲編下』、15頁。
(151) 前掲・学部図書局編『国民必読課本初稿：乙編下』、42頁。
(152) 前掲・学部図書局編『国民必読課本初稿：乙編下』、43頁。
(153) 満洲帝国国務院編『大清宣統政紀』（満洲帝国国務院、1937年）、11－12頁。
(154) 前掲・満洲帝国国務院編『大清宣統政紀』、11－12頁。
(155) 前掲・満洲帝国国務院編『大清宣統政紀』、52－53頁。
(156) 前掲・満洲帝国国務院編『大清宣統政紀』、52頁。
(157) 高全喜「政治憲法学視野中的清帝遜位詔書」『環球法律評論』（第三三巻第五号、2011年）、26－27頁。
(158) 有賀長雄『観奕閑評』（中国国家図書館所蔵）。
(159) 尚小明「有関有賀長雄与民初制憲活動幾件史實的辨析」『清帝遜位与民國肇建一百週年國際学術研討会論文集』（中国人民大学清史研究所、2012年）、444頁。
(160) 第一〇章の内容は民国政府と清国の皇室との関係である。出版する時にこの章は省略された。
(161) 張玉法『清末民初期刊彙編』（台北経世書局、1985年）。
(162) 前掲・尚小明「有関有賀長雄与民初制憲活動幾件史實的辨析」、445頁。
(163) 有賀長雄『共和憲法持久策』（北京大学図書館所蔵）。
(164) 前掲・尚小明「有関有賀長雄与民初制憲活動幾件史實的辨析」、447頁。
(165) 前掲・張学継「日本法学家有賀長雄与五大臣考察報告」、72頁。
(166) 李超「憲法顧問有賀長雄赴任前的中国淵源」『新余学院学報』（第二二巻第三号、2017年）、122頁。
(167) 李廷江「民国初期における日本人顧問」『国際政治』（第一一五号、1997）、183頁。
(168) 衛伊濬吉編著『近代在華日本人顧問資料目録・序言』（中華書局、1994年）。
(169) 松本三之介『利己と他者の狭間で』（以文社、2017年）、93頁。
(170) 有賀長雄「有賀博士対於制定憲法之意見」『憲法新聞』（第十六号、1913年）。
(171) 前掲・有賀長雄『観奕閑評』、第一章。
(172) 前掲・有賀長雄『観奕閑評』、2頁。
(173) 前掲・有賀長雄「有賀博士対於制定憲法之意見」。
(174) 前掲・有賀長雄『観奕閑評』、2－8頁。

(175) 前掲・有賀長雄『観奕閑評』、13－16頁。
(176) 副島義一「駁有賀氏説」同『順天時報』（1914年1月20日）。
(177) 松下佐知子「清末民初期の日本人法律顧問：有賀長雄と副島義一の憲法構想と政治行動を中心に」『史学雑誌』（一一〇巻九号、2001年）、79－80頁。
(178) 前掲・李超「民初法律顧問有賀長雄及其制憲理論」、225－245頁。
(179) 滕德永「遜清皇室与優待條件的入憲」『北京社会科学』（第四期、2018年）を参照。
(180) 中国第二歴史檔案館編『政府公報（第二六冊）』（上海書店出版社、1998年）、64頁。
(181) 前掲・中国第二歴史檔案館編『政府公報（第二六冊）』、65頁。
(182) 有賀長雄「新式国家三要件論」張維翰編『民初文献一束』（台北文海出版社、1968年）、59－75頁。
(183) 趙大為「有賀長雄及其共和憲法持久策」『近代史研究』（第二期、1996年）、278頁。
(184) 坂西利八郎「有賀博士と袁世凱」『外交時報』（第六八六号、1933年）、112頁。
(185) 有賀長雄「有賀長雄帰国後之民国談」『時事新報』（1914年5月1日）。
(186) 前掲・穂積八束『修正増補憲法提要』、29頁。
(187) 前掲・穂積八束『修正増補憲法提要』、55頁。
(188) 羅家倫、黄季陸主編、秦孝儀、李雲漢增訂『国父年譜（下冊）』（中国国民党中央委員会、1994年）、996頁。
(189) 前掲・羅家倫、黄季陸主編、秦孝儀、李雲漢増訂『国父年譜（下冊）』、996－997頁。
(190) 肖效欽主編『中国国民党史』（安徽人民出版社、1989年）、94頁。
(191) 広東省社会科学院他編『孫中山全集（第五巻）』（中華書局、1983）、140頁。
(192) 前掲・肖效欽主編『中国国民党史』、97頁。
(193) 孫文「同盟会宣言」『孫中山全集（第一巻）』（中華書局、1981年）、288－289頁。
(194) 1923年の『中国国民党綱』ではそれをさらに解釈し、「民族主義は、中国現有の民族を以て大中華民族を構成し、民族的国家を実現する。民権主義は、直接民権の実現および男女平等の全民政治を図り、人民が選挙、創制、復決、罷免の権利を持つこと。民生主義は労資階級の不平等を避けるために、全人民に属し、政府がそれを経営管理する企業を創設して、国家により制定した土地法に基づいて地権を平均して、貨幣制度を革新すること」であると説明した。1924年に、共産党との提携を決定した孫文は、三民主義に対して最後の修正をし、それを「連露、連共、扶助工農」と解釈した。これがいわゆる「新三民主義」である。

（195）羅家倫、黄季陸主編、秦孝仪、李雲漢増訂『国父年譜（上冊）』（中国国民党中央委員会、1994年）、298頁。
（196）孫文『建国大綱』（大東書局、1929年）。本章に引用した日本語訳は、外務省調査部編『孫文全集　上』（原書房、1967年）、1109-1113頁を参照。
（197）前掲・孫文『建国大綱』、3頁。
（198）前掲・孫文『建国大綱』、4頁。
（199）前掲・孫文『建国大綱』、4頁。
（200）前掲・孫文『建国大綱』、10頁。
（201）前掲・孫文『建国大綱』、13頁。
（202）前掲・孫文『建国大綱』、14頁。
（203）1925年に孫文が逝去した。1927年に蔣介石と汪精衛がそれぞれに四・一二と七・一五政変を発動し、中国国民党と中国共産党の第一回目の協力は破裂となった。
（204）李松林他編『中国国民党大事記』（解放軍出版社、1988年）、180頁。
（205）前掲・夏新華他編『近代中国憲政歴程：史料薈萃』、803頁。
（206）前掲・夏新華他編『近代中国憲政歴程：史料薈萃』、804頁。
（207）前掲・夏新華他編『近代中国憲政歴程：史料薈萃』、830頁。
（208）周石強「両種憲政思想的対撞」（鄭州大学2011年度修士学位論文）、11頁。
（209）孫科「中国憲法的幾個問題」『民報（民国二三年国慶増刊）』（1934年10月10日）。
（210）社説「憲法第一条」『益世報（天津）』（1936年5月15日）も同じ主張を持っていた。
（211）林記東「関於三民主義共和国」『独立評論（北京）』（第四七号、1933年4月13日）、陸振玉「対於中華民国憲法草案之我見」『東方雜誌（上海）』（第三一巻第八号、1934年4月16日）、羅隆基「我們要什麼樣的憲政」『自由評論（北京）』（第一期、1935年11月22日）、呉昆吾「対於憲法草案初稿之意見」『自由評論（北京）』（第二四期、1936年5月25日）も同じ主張を持っていた。
（212）尹思魯「三民主義共和国」『自由評論（北京）』（第二四期、1936年5月26日）も同じ主張を持っていた。
（213）允恭「読了憲法草案以後」『東方雜誌（上海）』（第三一巻八号、1934年4月16日）。諸青來「憲法草案初稿質疑」『自由評論（北京）』（第二四期、1936年）も同じ主張を持っていた。
（214）呉頌皐「読了所謂民族之擁護与民族之培養以後」『時代公論（南京）』（第六五-六六号、1933年6月30日）、陳如玄「対

於憲法初稿分編評議」『時代公論（南京）』（第六五－六六号、１９３３年6月30日）も同じ主張を持っていた。

(215) 孫増修著、呉芷芳校『中国憲法問題』（商務印書館、１９３６年）、51－52頁。

(216) 前掲・孫増修著、呉芷芳校『中国憲法問題』、53頁。

(217) 前掲・孫増修著、呉芷芳校『中国憲法問題』、54頁。

(218) 社説「討論憲草時應有的基本共識」『申報』（１９４６年1月24日）。

第三章　近代中国憲法学の変遷と明治憲法学

第一節　はじめに

立法が発達することにより、法は一つの複雑で包括的な全体を形作る。これに伴い、エンゲルスは、「新しい社会的分業が現れ、職業的な法学者の身分が形成され」[1]ると述べている。彼によれば、法学の成立もそれに伴って現れると言う。憲法学の分野においても、憲法の制定とその解釈に伴い、憲法思想が徐々に盛んとなり、憲法学も次第に形成される。一般的に、憲法学は、体系的に法文の内容を説明する学問であると、考えられている。例えば、幕末と明治初期には、数多くの憲法思想が知れ渡り、知識人たちは理論面においても政治の場で意見を戦わせた[2]が、「日本憲法学の始祖」[3]として世に認められているのは、明治憲法に体系的な説明を加えた穂積八束である。その理由について、鈴木安蔵は、穂積の学説体系は「日本憲法制定者たち自身の意図するところを、最も純粋に・最も徹底的に・理論化せる最初の体系である点において、特殊の歴史的重要性を有」[4]するためであるとしている。

前章で述べたように、近代中国、特に清国末期の憲法制定過程において、成文憲法としての『大清帝国憲法』は草案の段階で破棄された。その後の各勢力は憲法を政治闘争の道具に貶め、種々の憲法は走馬灯のように現れ消えていった。このような状況においては、既成憲法をめぐる憲法解釈などを行うすべはまったくなかった。

しかし、これは近代中国は自らの憲法学を産まなかったことを意味するものではない。「ブルジョアジー民主制度と法治原則をベースにして確立された」近代西洋憲法学と異なり、近代中国憲法学は「中国の伝統文化と西洋文化との激しい争いの中に形成し発展した」[5]のである。予備立憲運動時に、明治憲法学が中国に移入され、『予備立憲上諭』や『欽定憲法大綱』など憲法の準則を規定する綱領的な文書が公布されると、当時の中国の知識人たちは明治憲法学の基本原理に基づき、清国政府の統治の実際状況と結びつけて、一連の憲法学の著作を著した。共和制に移行した中華民国初期においても、君主制を中核とする憲法学の著作が書かれた。それらの著作は、清国末期と中華民国初期の憲法学の礎を打ち立て、その内容は、極めて独創性に富んだものであったが、袁世凱が亡くなった後、近代中国の憲法学の論著は憲法の一般原理の紹介に流れ、中国独自の特徴をやがて失っていた。１９４７年に『中華民国憲法』が公布された後、同憲法を逐条解釈する憲法学の著作が登場した。しかし、解放戦争（第二次国内革命戦争）の拡大と国民党政権の台湾敗走に伴い、中国大陸における『中華民国憲法』の命脈は長くはなかった。この憲法を巡る憲法解釈学も線香花火のように、中国の舞台から消え去っていった。

ここで注目すべきは、近代中国憲法学の定義とその時期的区分について、中国の学術界においてはまだ一致した結論に達していないことである。管見の限り、周葉中の『憲法（第二版）』[6]と「マルクス理論の研究と構築に重点を置く教科書」である『憲法学』[7]のみが、近代中国における憲法学の誕生と発展について多少なりとも言及している著作である。

前者は、今日に至るまでの中国憲法学を四つの時期に区分する。第一期は、憲法や議会などに関する中国人の理解が「直観から理性に進んだ」十九世紀末から二〇世紀初頭の辛亥革命まで、第二期は、憲法理論に関する知識が体系化された形成期（１９１１年－１９３０年）で、第三期は、憲法学教育が発展し、五権憲法を中心とする憲法研究が深まった発展期（１９３０年－１９４９年）である。そして、第四期は１９４９年以降の、マルクス主義および中国共産党の指導の下にある「新中国憲法学期」（中華人民共和国が成立後に迎えた、唯物論的方法を用いて研究を行う新しい憲法学の発展期を示す用語）である。

一方、後者によると、辛亥革命以前の憲法学は、「西洋諸国の憲法の紹介と、西洋の憲法を模倣した憲法の構想を若干提示している」が、辛亥革命以降の中国の憲法学は孫文の五権憲法思想から多大な影響を受け、「実用主義的な傾向が明らかであり、理論面においても体系面においても立憲主義の本質を捉えず、憲法学の学問的価値と理論的様式が重視されていないので、さらに洗練されるべき」[8]であると認識され、近代中国の憲法学に対して積極的な評価を留保している。

このほか、焦洪昌が編集した『憲法学（第二版）』[9]と『憲法学（第六版）』[10]、胡錦光らの『中国憲法（第四版）』[11]、楊向東が編集した『憲法学（第三版）』[12]、余軍が編集した『憲法学』[13]、劉茂林の『中国憲法導論』[14]、張千帆の『憲法学講義』[15]などの教科書は、中国の憲法制定の諸段階に言及しているが、憲法学の発展には触れていない。なお、董和平の『憲法学（第四版）』[16]は近代中国の憲法制定史をまとめ、マルクス主義の基本原理をベースにして、近代西洋憲法学を①政治憲法学期（二〇世紀まで）、②社会憲法学期（二〇世紀１９２０年代から１９４０年代）、③イデオロギー憲法学期（二〇世紀１９５０年代から１９８０年代）、④多元的憲法学期（二〇世紀１９９０年代以降）の四つの時期に区分して紹介している。

一方、秦前紅の『新憲法学』[17]、朱福恵が編集した『憲法学原理』[18]は、中国の憲法制定や憲法学の時期区分を検討せず、近代ヨーロッパ憲法の基本原理に沿って議論を行っている。韓大元が編集した『憲法（第七版）』[19]は憲法の一般原理を述べた上で、現行中国憲法が定めた政治制度を中心に議論を展開したが、中国の歴史における憲法学の変遷については触れていない。また、芦部信喜の『憲法学』から強い影響を受けた林来梵の『憲法学講義』[20]とその改訂版としての『憲法学講義（第三版）』[21]は、日本と欧米の憲法学の原理を融合させたが、中国憲法学の変遷過程には言及していない。

このように、現代の中国の学術界において、憲法学自体の沿革は重要視されておらず、中国憲法学自体に対する歴史的関心も不足している。筆者は、一部の学者が政治変遷を基準として憲法学を区分する方法は、以下の理由で適当ではないと考えている。

先ず、通説が憲法規範の創設と憲法学の形成とを同一視することに対し、筆者は反対する。周知の通り、憲法思想と憲法解釈学とは同一ではない。憲法の制定は規範文書の作成であるので、政治や法律の制度形成的範疇に属するが、憲法思想は、政治または法律に関わる断想も当然に含み得るので、広義の思想史の範疇に属し、またそれ自体として体系性を目指すものでもない。一方で、憲法学の誕生は憲法規範の制定を前提としているが、憲法学は憲法の条文から相対的に独立して成立するだけではなく、憲法が実定法として施行されている間には、「歴史的状況に応じて、憲法の解釈にも幾多の変遷」[22]が生じ、憲法の改正を促す場合もある。そのため、憲法学を憲法や憲法思想から区別して、研究上一つの独立した対象として位置づける必要があろう。

そして筆者は、近代期中国における最も注目すべき憲法制定期とは、なによりも清国末期から袁世凱政権期までと考えている。というのも、袁世凱以降の中国における憲法制定は、各政権による「政治利益の為の権力闘争」[23]の場とされ、また「政治分贓（政治上の不当な権利や利益を分けること）」[24]の道具とみなされることが多いからである。これに対し、清末民初期の憲法制定では、憲法に関する議論が極めて盛んに展開され、明治憲法学が素材として用いられながら、西洋や日本の憲法理論を参照して、中国独自の憲法理論が確かに作られようとした。その過程は、極めて創造性に富んだ立法的模索の期間であったと、筆者は考える。だが、袁世凱死後、孫文の五権憲法理論の解釈をはじめ様々な憲法理論が作られたが、それらはもとより体系化された憲法学説といったものではなく、１９２８年に南京国民政府による全国統一から１９４６年に解放戦争の開始まで、中華民国は形式上の憲法さえもなかった。１９４７年に『中華民国憲法』が公布され、近代中国憲法学はようやく新しい局面を迎えたが、国民党政権の敗走に伴い、政党の政治信条としての主義と憲法上の国体、政体との関わりは現代中国の（中国共産党政権下の）憲法学における重要な課題となっていくのである。

本章は、湯寿潜の『憲法古義』、王鴻年の『憲法法理要義』、保廷樑の『大清憲法論』、中国第一歴史古文書館に所蔵している『清政府擬定憲法草稿』、張伯烈の『仮定中国憲法草案』、馬吉符の『憲法管見』、羅志淵の『中国憲法釈論』の七つの憲法学著作を主な研究対象にして、近代中国憲法学の誕生およびその発展の全体像を浮かび上がらせた上で、それぞれの理論的な特徴を導き出してみたい。

第二節 「近代中国憲法学」の草創期——予備立憲運動以前の憲法学の著作

日清戦争以降、中国の知識人たちは、科学技術だけではなく、日本や西洋の政治制度にも関心を持ち始め、それに伴い、日本の憲法・憲政に学ぼうとする動きが現れた。『予備立憲上諭』を公表する1906年までの時期は、「近代中国憲法学」の草創期であると、筆者は考える。

この時期の代表的な憲法論者は湯寿潜と王鴻年であり、湯は西洋と日本の憲法および憲政との比較を通じて、古代中国にも既に憲法と憲政が存在したことを唱え、その所論は彼の著作『憲法古義』に窺うことができる。これに対して王は、穂積八束の天皇主権説と統治主・客体論を手本として、欧米諸国の憲法と比較し、草創期の「近代中国憲法学」の代表的な著作である『憲法法理要義』を著した。先ず、予備立憲が開始される以前のこの二人の憲法論者の著作を分析したい。

(一) 湯寿潜の『憲法古義』

1 湯寿潜(1856年-1917年)と『憲法古義』の基本構造

湯寿潜[25]は清末民初期の啓蒙思想家で、立憲派の代表的な人物である。彼は鄭観應の『盛世危言』が出版される四年前、即ち1890年に『危言』を著して、「清国政府の時弊を全面的に指摘して、体系的な変法維新の主張を提言した」[26]。しかし現代中国の法制史学者、王人博によれば、湯が『危言』を執筆した際には、「中国の儒教の伝統は、中国が西洋憲政制度を体験し、それを考察するための最も重要な文化的資源であった。西洋の憲政制度と憲政文化は中国伝統文化の眼鏡を通じて認識された。西洋の議会制度も、西洋文化から分離され、嚙み砕いて、中国の文化に適合する形で受け入れられた」[27]。王人博のこの指摘は、湯の『憲法古義』（以下、『古義』）にも明確にあてはまる。

今日、湯が1901年に書いた『憲法古義』（全三巻）は「中国初の憲法学の著作」であり、「近代中国人が西洋の立憲民主政治を価値基準として中国政治史・文化史を研究した初の著作」[28]であると評価されている。しかし、湯本人は、「私は中国の伝統教育を受けた者で、東西洋諸国へ行く事はなかった。各国事情も中国語の翻訳を通じて上辺しか知らない」と語っている[29]。『古義』も例に漏れず、湯が代表した草創期の憲法学者たちが「日本式君主立憲モデルを参考する時に立憲の源を探求し、極力君権を維持すると同時に民権を広めて民主を唱えることと、彼らが「西学中源」を探求すると同時に中西融合の方法で伝統を創り、更に中国と西洋の形而上学の伝統を貫通する文化思想が反映」されることになったのである[30]。

湯のこの著作は、いわゆる近代的な憲法学の著作とは言えないが、時代の変化に直面した時、歴代の中国の知識人はよく「古典籍を釈明して新しい変化に順応すること」[31]を目指した。湯のような早期の中国憲法論者による中国の古典籍に基づく西洋憲政要素の探求は、近代中国憲法学の構築においても有意義であったと考えられる。そこで、『古義』の構成を確認するため、**表３－１**を作成した。

同表で用いられる用語はすべて原典に即した表現である。また、表内「明治憲法の条文との対応」の欄は、前述した明治憲法との関係性を考察するという目的を踏まえ、筆者が補ったものである。

表 3-1 『憲法古義』構成一覧と明治憲法との対応

憲法古義の構成			明治憲法の条文との対応
巻一元首之権利	君位継承		第二条（皇位ハ皇室典範ノ定ムル所ニ依リ皇男子孫之ヲ継承ス）
	神聖不可侵犯		第三条（天皇ハ神聖ニシテ侵スヘカラス）
	無責任		
	召集議會且命開会停会閉会及解散之権		第七条（天皇ハ帝国議会ヲ召集シ其ノ開会閉会停会及衆議院ノ解散ヲ命ス）
	提議法案裁可法案公布之権		第六条（天皇ハ法律ヲ裁可シ其ノ公布及執行ヲ命ス）
	宣戰講和締結條約之権		第十三条（天皇ハ戦ヲ宣シ和ヲ講シ及諸般ノ条約ヲ締結ス）
	統帥海陸軍之権		第十一（天皇ハ陸海軍ヲ統帥ス）、十二条（天皇ハ陸海軍ノ編制及常備兵額ヲ定ム）
	任官免官之権		第十条（天皇ハ行政各部ノ官制及文武官ノ俸給ヲ定メ及文武官ヲ任免ス但シ此ノ憲法又ハ他ノ法律ニ特例ヲ掲ケタルモノハ各々其ノ条項ニ依ル）
	爵賞之権		第十五条（天皇ハ爵位勲章及其ノ他ノ栄典ヲ授与ス）
	恩赦之権		第十六条（天皇ハ大赦特赦減刑及復権ヲ命ス）
巻二議院之権利	立法権		
	監財権		
	議員資格		
	代表全国		
	上院	美国之聯邦院制	
		法国之元老院制	
		上議院之権限	
		上議院議員之資格	
	行政	行政大臣	
		參列議席	
		大臣任責之主義	
	法院	法院之独立	
		法官之選任	
		終身官	
		陪審官	
巻三国民之権利	言論自由		第二十九条（日本臣民ハ法律ノ範囲内ニ於テ言論著作印行集会及結社ノ自由ヲ有ス）
	出板自由		
	集會自由		
	遷徙自由		第二十二条（日本臣民ハ法律ノ範囲内ニ於テ居住及移転ノ自由ヲ有ス）
	尊信自由		第二十八条（日本臣民ハ安寧秩序ヲ妨ケス及臣民タルノ義務ニ背カサル限ニ於テ信教ノ自由ヲ有ス）
	産業自由		
	家宅自主		第二十五条（日本臣民ハ法律ニ定メタル場合ヲ除ク外其ノ許諾ナクシテ住所ニ侵入セラレ及捜索セラルヽコトナシ）
	本身自主		第二十四条（日本臣民ハ法律ニ定メタル裁判官ノ裁判ヲ受クルノ権ヲ奪ハルヽコトナシ）
	書函秘密権		第二十六条（日本臣民ハ法律ニ定メタル場合ヲ除ク外信書ノ秘密ヲ侵サルヽコトナシ）
	赴訴権		第二十四条（日本臣民ハ法律ニ定メタル裁判官ノ裁判ヲ受クルノ権ヲ奪ハルルコトナシ）
	鳴願権		第三十条（日本臣民ハ相当ノ敬礼ヲ守リ別ニ定ムル所ノ規程ニ従ヒ請願ヲ為スコトヲ得）
	服官権		第十九条（日本臣民ハ法律命令ノ定ムル所ノ資格ニ応シ均ク文武官ニ任セラレ及其ノ他ノ公務ニ就クコトヲ得）
	参政権		
	賦税義務		第二十一条（日本臣民ハ法律ノ定ムル所ニ従ヒ納税ノ義務ヲ有ス）
	服兵役務		第二十条（日本臣民ハ法律ノ定ムル所ニ従ヒ兵役ノ義務ヲ有ス）

出典：『憲法古義（全三巻）』と『大日本帝国憲法』（東京新報社、1889 年）を基に筆者作成。

2 『憲法古義』の分析

これまでの中国の歴史学研究[32]、憲政思想史研究[33]においては、『古義』は清国政府の「偽の立憲」を批判し、民間立憲派の「真の立憲」に賛同する内容であるとされてきた。しかしながら、「偽の立憲」と「真の立憲」の区別は相対的なものであり、今までの議論の枠組みは再検討される必要があろう。この問題意識を踏まえつつ、『古義』の特徴を分析することとしたい。

第一に、『古義』の目的と基本的立場について検討しよう。

まさに序言で述べるように、湯は「西洋人が無数の生霊の血を絞ってはじめて、数十条の憲法を得た。日本がそれを模倣して、よい成果を収めている[34]」ことに鑑みて、同書で「東西両国（西洋と日本）の憲法が定めた諸権利を挙げ、それぞれ中国の古典籍に遡って説明[35]」し、「憲法は深い淵に沈んでいる真珠であり、それを汲み上げれば、中国固有のものを中国の民衆に認識させることができ（中略）同時に中国が奮い立って西洋列強に追いつくための一助となる[36]」として、その目的を示している。湯が指摘したように、『尚書・説命』では、既に「時憲[37]」、「成憲[38]」の言葉があり、これは「中国の古典籍における憲法という言葉の初出」であり、「憲法を次の世代に伝えること」である。そして杜豫が『周礼・朝士』を注釈する際に、「憲謂幡書以明之（憲は、古典籍に遡ってそれを明らかにするものである）」という言葉を残し、「憲政の辞[39]」はここから生まれたと、湯は唱える。東周王朝に入って、斉国の管仲は『管子・立政』で「正月の一日、百官が朝廷に集まった。君主が命令を出して、憲を国に公布した。憲が既に公布されたので、あえて行わない者がいれば、赦免できない死刑が課せられる[40]」と記した。湯は「斉国は明らかに憲法を定めた」と認識したが、「残念ながら斉国は諸侯国だった。もし周王朝がこれを行えば、周王朝は必ず八百年以上存続できるだろう[41]」と言う。管仲の記載について、湯はさらに、「法は一国の総意で定められたものなので、君臣、上下はともに法によって制限される（中略）故に法が尊重されれば主権も尊重され、主権が尊重されれば主権を操る人も尊重される」[42]と唱え、「憲法というものは、民権を守るものであり君権の後ろ盾である」[43]と認識した。しかも、『墨子・非命』は「国家から百姓に公布された先代の君主の法令は、憲である」[44]と指摘しているため、湯は「憲法は、一国の臣民がともに敬われるもので、決して臣民を弾圧するための厳しい法ではない」[45]と考えた。ただし、湯によると、君主は常にその統治の名分によって民衆を凌いだので、「強い者はその権力を権利に変じ、弱い者はその従順を義務に変えた（中略）君主権力の勢いは、ますます盛んになっていた」[46]。これが中国の民権が奮い立たず、憲法が成立しない根源であると、湯は述べている。それ故に中国は「百年に亘って斬られない統治がなく、数十年に亘って乱れない省がない」[47]状況に陥ったという。このように湯は近代憲法の基本原理に基づき、中国の古典籍を参照しながら、『古義』を著している。

第二に、立法権、行政権と司法権の所在について検討してみよう。

『古義』の構造から見ると、第一巻と第三巻にある元首の権利と臣民の権利に関する内容は、明治憲法の君上大権と臣民の権利義務に関する規定を模倣していることが明らかである。第二巻にある議院の「権利（原文のママ——筆者）」は主に欧米諸国の議院制度を批判的に継受した上で議論を行っているが、日本由来の大臣責任主義に触れ、立法と行政と司法の関係について自身の見解を示している。しかし、湯は、近代国家の要素である君主と国民との関わりを、元首としての君主が握る権力と、権力の作用形式としての立法、行政、司法との関係を明確に理解できていなかった。では、『古義』が描いた立法権、行政権、司法権とはどのようなものであったのか。

湯は『墨子・法儀』にある「立法の際に、多数の民衆が定めたものを法とすべきであり、少数の者が定めたものは法としない」という言葉を引用して、「君主は多数の民衆の意思に従い、有利な事業を興し、弊害を取り除くべき」[48]だと記している。近代の西洋諸国では立法権は議会に付与されているが、イギリスの貴族院議員は「国王の命令または世襲で決まったので、一般民衆の利益を代表でき」[49]ず、アメリカの連邦議会は「各邦国を一つにさせ、議員はそれぞれの邦国の利益を代表するので、差別が必ず生ずる」[50]と、湯は考えたが、フランスの元老院は「上院と称するが、実際は民衆によって選出されたので、両院の議論を経たものは問題がない」[51]との認識を示した。

湯は議院の権限には、立法、行政、司法の三つが含まれると考えた。第二巻の「議院の権利」において、湯は「重要な事情を解決する時、国が民衆の意思を広く尋ね、そして民衆も積極的に意見を述べるので、商王朝と周王朝のこのやり方は、民衆が立法権を操った証拠である」[52]と指摘している。中古の時代では、立法権は「官（政府）ではなく民にある」が、「行政権と分立」[53]していた。唐王朝の初期になって、立法権は中書省、尚書省、門下省の三つの省によって担当されることになった。「中書省は議案を出すことを担い、門下省は審議を担当し、尚書省はそれを実行した」[54]が、唐王朝の中期以降、中書省と門下省は一つの省に統合され、立法権を握ることとなった。それに対して尚書省は行政権を司ることになった。この時、「立法権は民衆に操られないが、行政と明確に区別されたので、一人の命令を法律とすることは決してなかった」[55]という。

行政権について、湯は「立法の権は分割できず、行政の職は区分できない」[56]と認識した。湯のこの認識は、彼の持論である大臣責任主義をベースにしたものである。すなわち、「法律で君主を裁こうとしても、君主の尊厳を傷つける恐れがあるので、その責任を大臣に負担させなければならない」のである。具体的には、「大臣は君主の代表なので、君主が過ちを犯したら、大臣に処罰が課せられるのである。大臣に処罰を課すことは、すなわち君主に制限を加えることになる」[57]が、その理由は、「民衆のために君主を設けた」[58]からである。さらに言えば、湯は大臣が君主の代わりに責任を担う構想を打ち出したが、その根本的出発点は「民本主義」的な思想にあり、明治憲法のように「君上大権」を原点として国務大臣の輔弼の性質やその範囲を解釈するものではなかった。草創期の憲法論者が中国伝統の「仁政」思想に基づき、日本からの憲法思想を継受する試みがここに看て取れる。

司法権については、湯は『尚書・立政』の「庶言・庶獄・庶愼」[59]を挙げ、これは「賢明な君主は司法を干渉しないこと」[60]であると述べた。かつ、「法は全国で遵守されるので、君主であってもそれに反することができない」[61]ので、これは明らかに「司法の権は君主ではなく法院（裁判所）に操られること」[62]を証明したものであると、湯は言う。一方、湯によると、秦王朝と漢王朝では、御史大夫が「事件を審議し、殿の中に座って法に反するものを察」[63]し、それ以降、職名が何度変わったが、御史大夫らの行為の本質は「高等司法」[64]であるという。湯の認識によると、西洋諸国では、「上院が高等法院＝高等裁判所とされる」が、「西洋諸国の上院の職権は古代中国の御史、司隷校尉と同じ」である。それ故に、「上下両院はともに立法権を有するが、高等司法権は上院だけに属する」[65]のである。しかし、法院と高等司法権との関わりについて、『古義』では説明されていない。湯は、三権分立における立法と司法の関係、そして議会と法院との関係を正確に認識できていなかったと、筆者は考える。

第三に、国民の権利について分析する。

湯は『古義』の第三巻で十五カ条の国民の権利を列挙したが、基本的に明治憲法の条文を参照した。ただし、赴訴権と参政権に関する解釈については、注意を要する。

赴訴権とは、一般民衆が地方政府を越えて直接中央国家機関に陳状し、訴え、国家に正義を主張する権利である。湯が指摘したように、『周礼』では「（君主が）政治権力を握る時に、大寝門の外に鼓を立て、民衆の打鼓を待つ。鼓の音を聞けば、速やかに民衆の陳情を受ける」[66]という記録があり、これは「周王朝においては、誰でも赴訴権を持っていること」[67]を明示している。唐王朝の麟徳年間（麟徳元年＝６６４年）以来、「侍郎、御史がそれぞれ朝廷の官吏として、給事中と中書舎人らとともに、冤罪の訴訟を受けるので、唐王朝の民衆も赴訴権を持つこと」[68]が分かる。近世以降、刑部と大理寺など一般民衆の訴訟を管理する機関が設けられたが、「皆条文を設けて民衆が地方を越えて訴訟することを禁止している」[69]ので、赴訴権は保障されなかった。これに鑑みて、湯は

『古義』で、「憲法が民衆の赴訴権を許すべきだ」[70]と指摘した。

また、湯によると、参政権とは「選出される資格と他の人を選出する資格」[71]であり、これは所謂「代議制」である。しかも、「憲政がなければ代議がなく、代議がなければ憲政がない。（代議制を通して）民衆が政権を守り、国が君主の王権を守る」[72]のである。古代中国では、「人々は誰でも同郷の者を選出する権利を有し、誰でも同郷の者に選出される権利を有する」[73]が、「当時のいわゆる参政は、ただ行政権を行使し、立法権を持たなかった」[74]という。

湯は近代中国の初の憲法学者であるとされ、彼の『憲法古義』は、「中国古典典籍注釈版の大日本帝国憲法義解」[75]であるとされたり、前述のように「近代中国初の憲法学の著作」と評価されたりはしたが、彼の立法、行政、司法などに対する認識を見ると、彼は欧米さらに日本の憲法を正確に理解していたわけではなく、政治改革のために自らが『危言』で唱えた議院の設立を中心とする主張を、憲法論的外形の下に表現したに過ぎなかった。だが、草創期の近代中国の憲法論者としての湯が『古義』で表した思考様式と理論的主張は一定の意義がある。前述のように、湯は、古来中国は既に西洋のルネサンス以来の憲政概念を有していて、ただそれを記した成文憲法がなかったに過ぎないと、唱えた。更に湯は、『商君書・修権篇』の「法という物は君臣共に操り、権という物は君主独りが操る」を引用して、「君主は国家の主体ではなく、国家の主権を操る者と見做せば、ブルンチュリ（Johann Kaspar Bluntschli、1808年－1881年）の国家法人説と一致する」[76]と述べ、国家法人説は中国古来の概念と同旨であると、論じている。この他、湯は古典籍の記録を多く引用して、古代中国の民衆はすでに近代西洋国家の国民が持つ権力を有していたことを証明しようとした。無論、このような論証には無理があるが、そもそも「憲法」などの用語は、明治初期の思想家たちが欧文を訳した際に漢文典籍の中から探して新しい意味を付与した借用翻訳語であった。このことに鑑みると、古代中国には西洋近代的な意味の憲法典や民衆の権利を定める法典こそなかったが、前述の通り、「君権を制限して民権を保護する」思想が存した事実は、大いに注目に値すると言えるのではないだろうか。

湯は、明治憲法の中核概念とも言える「統治権」には注目しなかったが、近代中国憲法学の草創期における開拓者としての彼の地位と、彼の著作がもたらした近現代中国憲法学構築への示唆の重要性に疑いの余地はない。特に、現代の中国において構築された憲法学において、中国伝統の「憲法学的要素」をどのように現代化すべきかという課題の重要性は、ここで強調しておきたい。

（二）王鴻年の『憲法法理要義』

1　王鴻年（1870年-1946年）と『憲法法理要義』の基本構造

清国期から中華民国期にかけての著名な法学者、外交官である王鴻年（字は世珣、号は魯璠）は、1870年に浙江省の温州で生まれ、1889年に科挙試験に合格して「秀才」の称号を得た後、1897年に湖北武備学堂に入学した。彼は1898年9月に大使館の国費留学生として東京帝国大学法科大学に学び、1904年に卒業して帰国した。翌年、清国政府は科挙制を廃止し、7月に帰国した留学生に向けた初の人材選抜試験を行った。王は、1907年に行われた第二回試験に合格し、「法政科挙人」という称号を得て、京師大学堂訳学館に勤めた。同年、彼は、政治考察大臣と共に再び日本を視察した。中華民国期に入り、王は政治、外交界で活躍するとともに、外交部僉事（1912年）、在朝鮮総領事（1919年）、在日本国全権公使（1920年）、在ソビエト極東代表（1922年-24年）、外交部ロシア語法政専門学校学長（1926年）、在日本国横浜総領事（1934年）などを歴任し、1946年に逝去した。彼は『国際公法総綱』、『日本陸軍軍制提要』、『国際中立法則提綱』、

『内閣制度芻議』、『戦時現行国際法規』、『日本教育制度之沿革』、『局外中立国法案』、『中国政治沿革史』、『地方自治制度』などの著作を著したが、本項で検討する王の『憲法法理要義』[77]（以下、『要義』）は、東京帝国大学法科大学留学中の1902年に著されたもので、その時の法科大学長であった穂積八束の講義を聴講し、「その要旨を摘録し、諸学説を引用して、欧米諸国の憲法と比較しながら、一巻の著書にまとめた」[78]ものである。

王によれば、モンテスキューの三権分立理論とルソーの社会契約理論が浸透しつつあった時代に、穂積八束の学説は、君主主権学説を堅持して、それらの弊害を論難した点で、マキャヴェッリ、ホッブズ、ボダンと共に、「社会の分裂を救い、中央に権力を集中させる」[79]ものであったという。王はまた、穂積らの学説は「忠君愛国の大意を維持し、人心を奮い立たせ、政略の秘密や人心の細かさを明らかにした」[80]と評価している。

確かに、周知の通り、マキャヴェッリが政治と道徳の基準を区分してから、ボダンの主権理論を経てホッブズの契約理論の構築に至り、西洋における国民国家の理論基盤が形成された。同時に、君主たちが外部、特にローマ教会の国内政治に対する干渉を防ぎ止める過程で直面していたのは、国民国家の政治上・法律上、更に道徳上の正当性をどのように確立すべきかという問題であった。これに対して、十九世紀後半期の日本と中国が直面していたのは、如何にして民族独立と国家富強を実現し、西洋諸国の従属的地位から抜け出すかという問題であった。その手段の一つとして、井上毅と伊藤博文らは西洋から伝来した「主権」にイデオロギー的要素を加えて、明治憲法上に「統治権」という概念を作ったのである。その後に誕生した明治期の憲法学に見られる、穂積八束が唱えた天皇主権説は、「建国ノ歴史」と「万世一系ノ皇位」に基づく統治主権を強めることを主眼に置いていた[81]。それに鑑みて、王は、穂積をマキャヴェッリ、ボダン、ホッブズ等と同列に論じ、「日本に師事して君主立憲政体を確立し大権統一主義を明確にし、自主的な権利を回復し国家富強の目的を達すれば、恥を雪ぐことが必ずできる」[82]と主張した。これらの目的を実現する手段として、王はさらに憲法は「国家主権の所在を明らかにし、

表 3-2 『憲法法理要義』の構成

上巻		
第一編 序言	第一章	法之観念
	第二章	公法及私法
	第三章	人格及権利
第二編 総論	第一章	国家之観念
	第二章	国家法
	第三章	国家之主権
	第四章	国体
	第五章	政体
	第六章	憲法与君主之關係
	第七章	国法之法源
第三編 統治之主体	第一章	国家之統治権
	第二章	君主
	第三章	皇位継承
	第四章	摂政
第四編 統治之客体	第一章	総論
	第二章	領土
	第三章	臣民

下巻		
第五編 統治之機関	第一章	機関之性質
	第二章	議会
	第三章	政府
	第四章	国務大臣
	第五章	樞密顧問
	第六章	裁判所
第六編 統治之作用	第一章	統治権
	第二章	君主憲法上之大権
	第三章	立法権
	第四章	法律
	第五章	命令
	第六章	国際條約
	第七章	預算
	第八章	司法権
	第九章	行政権

『憲法法理要義』の目次を基に筆者作成。

主権の作用を決め、不易の国家政体を確立するもの」[83]であると述べ、特に主権は「最高無制限の国家権力で国民全体が服従すべきもの」であり、また、「(主権は)一人によって握られれば(中略)政党紛争の弊害が生じ、立憲君主政体が成り立つ」として、日本を手本とする清国の憲法成立、さらに立憲君主制の確立に対する期待を示したのである。

『要義』は上下二巻に分かれており、その構成を明らかにするために、筆者は目次を表3－2で表した。

2 『憲法法理要義』の特色

王の『要義』の最大の特色は、穂積八束の憲法学に準拠すると同時に、欧米の憲法学を批判的に参照していることである。そこで、穂積八束の天皇主権論を踏まえながら、『要義』における主権、統治権に関する王の理論を見ると、以下の三つの特徴が挙げられる。

第一に、主権は歴史に基づく国体にあるとする点である。『要義』によると、各国の歴史はそれぞれ異なるが故に、国家の主権およびその作用も各国の固有のものであり、「外国の国体及び自国と全く異なる歴史をもって自国の国法を解説してはならない」[84]と考えた。王がここで使う「国体」は彼の師である穂積八束が唱えた「国体」であり、国学における概念とは異なる。つまり、「国体は、主権の本体であり、主権は、国家法則の源」[85]である。そして、「まず主権があって、その後国法が生まれる」[86]のである。また、「日本は君主主権を国体」とし、これは日本の歴史にある国民の信仰によって維持され、建国の大法則となる」ため、天皇の国家に対する統治は「法律の名義ではなく実質上の権力で実行」することであり、「君主と主権は分割できない一つの政体」[87]である。この認識を基盤として、王は更に、天皇は国体と主権の本体を同時に担っているが、全ての法律は主権から出るのであり、法律をもって主権の所在を規定するのではないと唱えた。すなわち穂積八束が言ったように、「主権ハ無限」であり、「法上ノ動作ニ付キ其ノ権能ニ絶対ノ限定アルコト」[88]はなく、「法令ノ出ツル所ニシテ法令ニ由リテ成立スル」[89]訳ではないのである。王はそれを「国体は主権の本体であり、主権は国家の法律の淵源である」[90]と概括する。

第二の特徴は、統治権主体・客体論を堅持し、統治権は国家と併存し、大権は憲法より生じたとする点である。この統治権主体・客体論は、穂積八束憲法学の最も重要な部分の一つである。穂積八束は、明治憲法第一条の解釈について、「本条ノ主意ハ国体ヲ定ムルニ在リ、国体ヲ定ムルトハ統治権ノ主体ト客体ヲサダムルト云フコトナリ」[91]と述べている。穂積は「統御ノ主体ハ万世一系ノ天皇ニ在リ、而シテ統治ノ客体ハ大日本帝国ニ在リ」[92]、また「国土及国民ハ帝国ヲ構成スルノ元質ニシテ（中略）国土及国民ハ統治ノ客体ヲ成ス者ナリ」[93]といい、明治憲法における統治権の主体・客体の所在を明らかにした。穂積八束に師事し、穂積に深く傾倒した王は、穂積の学説に倣い「君主は統治権の主体であり、領土と臣民は統治権の客体である。統治権の作用は憲法によって定められる」[94]と『要義』で主張し、さらに、統治権のある範囲は統治機関によって行使されるべきなのか、あるいは君主の親裁によって行使されるべきなのかは、憲法をその判断基準とすべきであるという。よって、王の理解に従うならば、統治権は大権とは異なり、国家と共存していて、憲法に由来するものではなく、憲法の改正に左右されるものではないことになる。

第三の特徴として、モンテスキューの三権分立を批判して、主権の不可分を唱えたことが挙げられる。王によると、立憲政体の要は「三権分立の精神と、国民によって選出された国家が立法に関与すること」[95]にある。しかし、「近世の学者たちは、誰でもモンテスキューの三権分立論の誤謬を知っている」、「蓋し国家の主権は唯一不可分で」あるが、モンテスキューの学説は「国権を立法、司法、行政に分けて、それぞれに独立させ」るものであり[96]、もしこのような三権分立を主張すれば、国家は統一できないという。王はまた、「英国は三権分立を実現できなかった。即ち、英国の三権分立は形だけに過ぎず、実際に、君主と国会は一つになっている」と断じた。なお、彼は「英国の君主は、内閣の輔弼を経ないと、何の政治事務も処理できない。内閣も君主に対して何らの責任を負わない」が故に、イギリス議会政治の本質は「多数政党の専制」であると、イギリスの政治を批判して、「民主国の民衆は政治の弊害に反感を持っていて、逆に君主国の良い所を唱える人が少なくない」と論じている。一方、王はイギリスの制度に対して、「（日本憲法は）三権分立の学説を取ったが、国権は君主に総攬して、各国の長所と短所を参酌して、長所を取り入れ短所を補うことができた」と評価し、「国務大臣が君主を輔弼してその責任を負い、官吏の任免は全て君主大権に握られ、国会は干渉できない。故に、日本の政体は、君主立憲政体の最も完備なものである」[97]と結論付けている。

ここから、王の主権および統治権に対する理解と、三権分立に対する批判、更に大権に対する憲法学的な解釈は、基本的に彼の師である穂積八束の憲法学体系に沿っていたといえよう。その後、王は政治考察大臣達寿の書記官として、大臣らとともに日本を視察して、後の清国政府による日本をモデルとした立憲君主制の実現と『欽定憲法大綱』の公表などに、貢献した。王の『要義』の出版は湯の『古義』より一年遅いが、王の著作は、近代中国において明治期の憲法学を継受した初の体系的な著作であると言えよう。

第三節　留日学生における憲法学研究の集大成——保廷樑と『大清憲法論』

1906年に公布された『予備立憲上諭』を境として、近代中国憲法学は発展および形成期に入った。法政大学の清国留学生保廷樑が著した『大清憲法論』（以下、『憲法論』）は近代中国憲法学を代表する著作である。保が『憲法論』で新しく創った「国権憲法学」は、明治日本と西洋諸国の憲法および憲法学に対する単純な模倣を乗り越え、自国の学者の手によって作られる中国の憲法学の嚆矢となった。本節では、保の『憲法論』を手がかりとして憲法学的解読を行いたい。

（一）保廷樑（1874年-1947年）と『大清憲法論』登場の背景

保廷樑の字は樹勲であり、号は康一である。1874年に中国の雲南省に回族の子として生まれた、「近代回族新文化運動の二代目の知識人」[98]であり、同時に彼は画家としても知られている。1904年、彼は蔡鍔らと共に日本の法政大学に留学して法律学と政治学を学んだ。翌年に中国国民党の前身で、反清政治団体の中国同盟会に入会した。1907年、在日本国清国公使楊樞の支援の下に、彼は日本の大学に留学した計三六名の回族学生を十四省から募り、「近代中国回族文化啓蒙運動の最初の旗印を立て」[99]た「留東清真教育会」を発足させ、

表3-3 『大清憲法論』の構成

篇	構成
第一篇 国権総論	国家原理
	国権原理
	憲法概要
第二篇 国権主体	主体説之區別
	君主非機關説
	君主之特権
	皇位繼承
第三篇 国権機関	総論
	摂政
	帝国議會
	内閣
	法院
	審計院
	督察院
	弼徳院
第四篇 国権作用	作用之原理
	立法
	司法
	行政
第五篇 国権基礎	基礎之意義
	臣民
	領土

出典：『大清憲法論』を基に筆者作成。

同会の会長に就任した。翌年には、機関紙『醒回篇』(100)が発刊され、彼は総編集長を務めている。1909年、法政大学卒業後に帰国して、辛亥革命に参加し、雲南軍都督府法制局参事として活躍した後、会澤府と東川府の府長や雲南省高等裁判所所長、財政庁庁長等を歴任し、1947年に雲南易門で逝去した。彼の墓は雲南省昆明市の馬頭山にある。

興味深いことに、彼は既に孫文が率いていた革命団体の同盟会へ1905年に入会したにもかかわらず、1910年、日本滞在中に東京で君主立憲制を基軸とする『憲法論』(101)を出版している。革命団体の一員としての彼が書いたこの著作は、欧米諸国の三権分立や人民主権の憲法学理論ではなく、明治憲法学を批判的に受容した上で、自らの国権憲法学体系を創り出したものである。

この『憲法論』には二つの版がある。第一版は宣統二年（1910年）十一月に発行されたもので、東京の秀光社により印刷され、中国各地の書店で販売された。第二版は宣統三年（1911年）三月に発行された版で、東京公木社により印刷され、上海の江左書林と模範書局より発売された。本節は第二版に依拠して議論を展開する。

保の憲法学を体系的に把握するため、『憲法論』の構成は表3-3としてまとめた。「国権の原理が不明ならば根本は必ず間違える」故に、第一篇に国権総論が置かれている。また、「国権は広大な物であるから必ずあるものに属すべき」故に、第二篇で国権主体が議論される。そして、「君主が国権を総攬し

図３－１　国権理論体系図

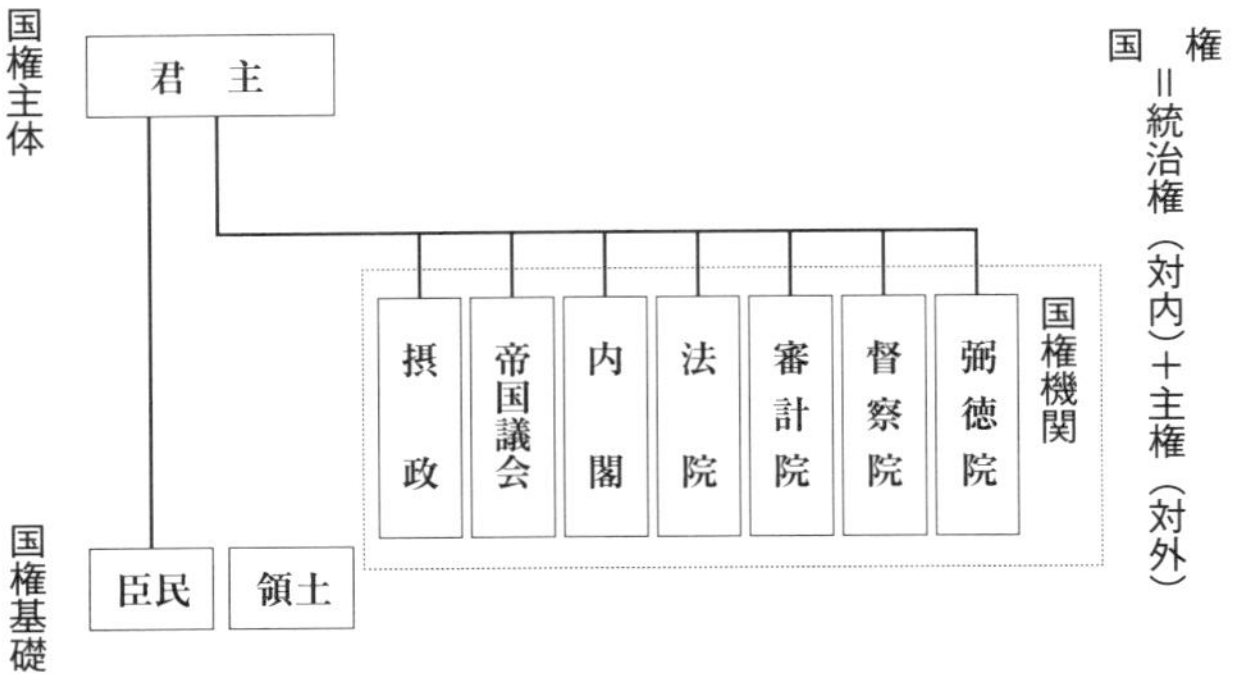

出典：『大清憲法論』を基に筆者作成。

て、諸機関を置いて、政治事務を処理する」故に、第三篇は国権機関が説明されている。更に、「三大要綱（立法、行政、司法）の権限は分明であり、各種の措置を経て国家の目的に達する」が故に、第四篇は国権作用を論じる。最後に、「国は土地と人民によって存続し続けている」ために、第五篇は国権の基礎がまとめられた。

（二）国権憲法学の基本的理論構造

これまで、『憲法論』に触れる先行研究は、ほとんどなかったが、保の憲法学を理解するためには、極めて重要な素材になると考えられる。そこで、本節では保の国権総論と国権主体を中心に、保が提唱した国権憲法学の基本的な構造を明らかにしたい。

図３－１は保の国権理論の体系を筆者なりに図式化したものである。保の憲法理論の中に、国権は「主権と統治権の全体」であり、憲法は「国権を表す綱領」[102]という説明がある。そもそも、保によれば、国権は国家の成立を源とし、国家成立は更に「形質（形式）」と「精神」の二つの意義を持つ。まず、国家成立に関して、「形質」とは「神聖勇敢な者がいて、人民を統一し、土地を略定し、官吏を設立して法律を作った」ので、「外患が生ずれば防ぎ、弊害があれば防ぎ備える」

ことができる。「精神」とは「権力」であり、実体を持たない。保は更に、自らの知覚運動を使って事情を判断するのは個人的な力であり、人々の知覚運動を使って事情を判断するのは天下の権力、つまり国家権力であると説明した。その中に、国民の力と個人の力を結びつけて公の力を形成するのが君主である。君主は土地の境を明確にし、立法行政を確立する為に国家権力を行使し、それによって国家が成立する。権力が君主に集中するという本質は、「民衆の精神はすべて君主の精を貫いて、君主の精神は同時に、民衆が互いに相手の精神を畏敬させる」ことである。そのような前提のもと、「権力は君主に集中し、君主の自由な操縦に従って、国家を成立させるのは公権と呼ばれ、民衆の自身の生活の為の、自由や意識や行為は私権と認識された」。さらに、公権は国家に属するために、国家権力とも呼ばれ、私権は民衆に帰属するので、民権とも呼ばれる。

そして、国権にも二つの本質的な意味がある。一つは本体であり、もう一つは効用である。前者は「国家の公共的事務に焦点を絞っている」ため、公的権力を表す。後者は「対内と対外の頂点にある」[103]ため、最高の権力と最大の効用を表す。本体があって初めて効用が生まれ、効用があって初めて本体が存続できる。よって、どれほどの強国であっても、最高権力は稀に抑制されるが、それでもやはり国家である以上、一部分の対外活動の自由が制約されるに過ぎない。換言するならば、一国の対外権は永久に抑制された状態が永久に続くわけでなく、国権の本体があればこそ国家が存在するのであり、抑制された状況は一時的な事態に過ぎない。保は更に、もし一国が「意気込んで向上を求め、その弱点を克服すれば、諸制限から脱却し、対外の最高権を伸張して、列強諸国と並べて更に列強諸国と同じレベルになる事ができないとは決して言えない」と唱えた。清国の富強を図ることに対する保の期待は紙上に現れている。

また、主権と統治権の関係については、前者は対外的な最高権力であり、後者は対内的な最高権力であると説明している。両者は共に国権本体に属しているが、そのために従来の学界は両概念を混同して混乱を引き起こしたと、保は述べている[104]。主権は国がその独立を表明するときに使う概念だが、統治権は一国の臣民と領土が同じ国権の支配下にあり、国権の命令に従うことを意味する。従って、国家と臣民の間に主権は使われず、国家と国家の間に統治権を使うことはできない。その結果、主権と統治権に万能性且つ無制限性を認める間違った学説が生まれた。本来、「権力に対する制限」というのは自己の権力の無制限を意味するのではなく、自己の権力は他国の権力によって制限されないことを意味し、一国は対外的に国際法によって制限され、対内的に法律を制定して臣民と国権の活動を制限する源には国権主体（＝君主）の承諾がある。よって、両者を混同すれば、後顧の憂いが絶えない。

以上の論点から、保はモンテスキューの国権を三つの部分に分ける学説に批判を加えた。すなわち「国権の主体は分けられるが、その効用は分けられない」[105]。つまり、三権分立の本旨は国権の全ての事務を三つの機関に委ね、三つの機関が国権主体（即ち君主）に属すべきことにある。モンテスキューが唱えた三権分立によれば三つの権力が互いに干渉しないことで、統一する国権が分裂されることになってしまう。さらに、モンテスキューの行政権は主に対外関係において用いられる定義なので、対内的な意味に欠ける。

そのうえで、保は国権主体＝君主を、主権と統治権を総攬するものであると定義した。近代期の日本と中国では、多くの学者が私権の範囲内の主体論を以て君主を統治権の主体、臣民を統治権の客体と見なしているが、この考え方は、「主体客体は平等相対の用語であり、上下優劣の意義を持たない」という命題を無視している。もし、臣民を客体と見なせば、「臣民を君主と対立させる」[106]ような荒唐無稽な結果になる。同時に国権主体理論に基づくならば、君位継承は国権主体の継続である。自然人には生死があるが、国権主体は「一日さえも消滅しない」。故に、「先帝が逝去する時に、皇太子は途切れなく当然に国権主体になる」。一部の学者は帝位につく儀式を皇位継承の要件の一つと見なしたが、それは「根本を捨てて末を追う事で、国権主体の本旨を失っている」と、保は批評した。

最後に、この保の国権総論と国権主体の原理に基づき、彼が定義した国権機関、国権作用と国権基礎が、それぞれ国権主体といかなる関係のもとで捉えられているのかを明らかにしたい。

国権機関については、保は次の五点を指摘している。[107] 第一に、国権機関は民衆の精神において存在する。第二に、国権機関は権力によって消滅する。第三に、国権機関は知覚を有し活動できる。第四に、国権機関は公法上の人格を有する自然人からなる。そして第五に、国権機関は公法上の人格によって組織され、自然人の意思や体力等によって作用を発揮する。例えば清国の国民が学部（清国の文部省）の命令を遵守したが、国民が遵守したのは学部にある人の命令ではなく、学部庁舎の命令でもない。学部が学部と見なされるのは、民衆の精神上に学部という機関があるためである。他の機関も全く同じである。また、機関も一つの有機体であるために、必ず先に知覚（状況の把握や計画の立案等）があって、その後に行動（職員の派遣・執行）がある。また、公法上の人格組織は公法人であり、即ち「国権機関」である。一方、私法上の人格組織は私法人であり、「普通機関」である。私法上の人格は出生によって与えられるのに対して、公法上の人格は国権主体によって与えられるものであるから、換言するならば、公法上の人格は公法によって擬制されたものと説明できる。保によると、例えば日本の大蔵大臣は公法上の人格であるが、大蔵大臣を務めた桂太郎は自然人である。大蔵大臣としての桂太郎は、国権主体としての天皇から権限を受けて、国権機関としての大蔵省を率いて職責を遂行するということになる。

国権作用については、「国は先に主体があって、その後に機関がある。機関があって初めて、作用がある」[108]と保は述べている。つまり、国権作用は国家権力を運用する手段である。君主は国家権力を行使する権力によって敬われるべきであり、国家機関は国家権力を行使する権力を以て存続し続ける。君主が尊重されれば根本が強くなり、機関が存続すれば政治命令が順調に遂行される。その中で、君主の直接作用（君主による行為）と機関の間接作用（君主が機関を通じて行う行為）は広義の国権作用になり、君主と各機関の各自の作用は狭義の国権作用になる。この他にも、国権作用の目的は「国勢を強めて、民衆の幸福を増進する」[109]ことにあり、国権の目的を実現する為に、憲法で国権作用を明確に規定して、立法、司法、行政のそれぞれの範囲を明らかにすべきであるという。

また、国権基礎は、君主の権力とは臣民と領土の集合を意味するという保の概念である。すなわち、「国権にとって臣民と領土は、水と源泉のような関係である」[110]。君主が臣民と領土にある固有の権力を集中してそれを運用するが故に、君主は国権主体であり、臣民と領土は国権の基礎となる。そのうえで、憲法は国権によって成立し、国権は領土と臣民を基礎とするので、「基礎は憲法を以て強固になり、憲法は基礎を以て発達する」。つまり、「憲法は国権主体および機関を規定したが、国権主体および諸機関が設置された理由は、領土と臣民が存在する」[111]からなのである。

（三）　国権憲法学の特徴

先の国権憲法学の構成からは、その特徴が次のように明らかになろう。

第一に、国家有機体説を礎とした国権統一の主張の下に、統治権主体・客体論に反対している。保によると、土地と人民と国権主体（すなわち君主）はともに国家を構成している。君主は国家の外に在らず、土地と人民も君主の統治目的物ではない。保は、穂積らが唱えた、君主を統治権の主体とし、人民を統治権の客体とする考えは、「意識しないままに国家を併存している主客二部に分け」ることであると批判的に捉えるのである。これに対して、筧克彦や美濃部達吉らが唱えた「国家法人説」は「深い忠君愛国の意を有する故に、清国の実情に応じてそれを上手く導ければ、必ず清国国民の思想に多大で有益な教えを与える」と、保は評価している。

第二に、主権と統治権は国権の対外と対内の表現であり、両者は混同できない旨を主張した。明治日本の憲法学では、主権と統治権はほぼ同義であった。統治権は学理の他に、国民の精神を統合するイデオロギーの面も含まれていた。しかし、保の学説においては、主権と統治権はそれぞれに対外と対内の最高権となり、両概念の分離が実現している。保はさらにフランス革命を例として、両者を混同する弊害を説明した。十六世紀のローマカトリック教会の内乱に伴って、キリスト教会は次第に国王の権力に服従し始めて、列国も次第にローマから独立したが、諸国の中には未だ諸侯と国王との対立が残っていた。その際に、ボダンは主権が自治権を有する諸侯ではなく国王にあると主張したが、諸侯は主権を持っていない国内の自治団体なので、諸侯が僭越したのは主権ではなく統治権である。その後、ルソーもまた国民主権説を唱えて、フランスの思想界に大混乱を起こしたが、その混乱の根本的な原因は、国権を構成する対外的な主権と対内的な統治権を混同した点にあると保は言う。

第三に、君主は国権主体であり、国権機関ではないという主張である。これは保の独創的な見解であると考えられよう。周知の通り、美濃部達吉の天皇機関説によると、統治権は法人としての国家に属し、天皇はそのような国家の最高機関すなわち主権者として、国家の最高意思決定権を行使するのである。しかし保は、天皇機関説によれば国権の一部を執行する共和国の大統領の地位を説明できるが、君主については妥当しないと言う。君主は国権作用によって設置された国権機関ではなく、固有権力を持つ国権主体であるとしたうえで、国家成立の要素ではない大統領とは異なり、君主は国家が成立する要素の一つとして、機関ではなく国権主体として見なされるべきであるとした。

第四に、国権主体と国権機関、国権作用、国権基礎との弁証法的な関係を明らかにした。この点は、前節で見た通りである。

第五に、保は議論の中で、日本憲法が定めた制度の不完全性を批判している。内閣を巡る議論はその一つの代表である。

保から見ると、各国は全て内閣を憲法上の機関と見なしているが、「唯日本は憲法で内閣を組織する国務大臣だけを規定し、内閣制度にまで及んでいない」[112]のである。この点について当時日本の憲法学は「それぞれの大臣が独立の個体として天皇を輔弼するのは原則であり、内閣全員による合議は例外である。そのため日本は内閣を憲法上の機関として認められず、それに関わる事項は官制問題に属すべきである」[113]と解釈していたが、このことは逆に日本の内閣制度の不完全性を表していると、保は批判した。

また、明治憲法学が内閣と政府の関係を解釈していないことについて、保はさらに批判を加えている。[114]例えば清水澄のいう「政府は勅命を奉って天皇大権の作用を執行する国務大臣である」という意見に対して、保は自らの国権理論を掲げ、「国務大臣は、内閣を組織する公法人格である。政府は、国権の機関である。国務大臣を政府と看做すのは、公法人格を国権機関と認める事と同じである。公法人格は機関ではないだけでなく、機関の中にある公法人格を無理に政府と看做すのは誤謬であると言えよう」と、反論を行った。その他、副島義一が述べた「一人の国務大臣は政府と称する事ができ、数人の国務大臣も政府と称することができる」という意見に対しては、保は「これは国務大臣を間違って政府と看做す誤説である。副島の説に従えば、一国の中に数人の国務大臣がいれば、その国は数個の政府があるのではないだろうか」と、副島を論駁している。このように清水、副島らの論を批判した上で、保は「内閣と政府はともに中央の最高国権機関である」と解し、「唯性質、組織、権限上にそれぞれに相違点を持っている」と述べ、「内閣は政府ではないし、政府も内閣を含まない。歴史沿革上の理由と実務上の便利のため、両機関が同時に存在しても互いに矛盾しない」とした。つまり、①内閣は憲法上の機関に属し、その権限は全て憲法によって定まるが、政府の方は異なる。②政府は主に公の立法、司法、行政などの事項を処理するが、内閣は主に君主を輔弼し、機密事項を処理する場合が多い。③内閣は公法人格（＝国務大臣）から成る合議制を用いる国権機関であるのに対して、政府は各行政機関によって組織された集合体としての国権機関である。④内閣は総理大臣を指導者とするが、政府の中にある諸機関は平等な地位を占める。⑤連帯と副署は国務大臣としての職責だが、政府各機関はそれぞれに独立した責任を負い、連帯と副署の義務は負わない、というのである。

第六に、憲法学の理論と憲政制度の整備との結びつきは『憲法論』の顕著な特徴である。『憲法論』が著された当時、清国政府は公式に憲法典を公布しなかったため、制度上の設計はほとんど行われていなかった。それに鑑みて、保は自ら憲法学で一般問題を解明すると同時に、当時における中国の実際の状況を熟慮した上で憲政制度の整備が直面していた問題について踏み込んで解明した。例えば、被選挙権に関わる規定は「我が国が持つ昔からの地方籍（＝本籍）を基準とすべき」[115]とした点である。また選挙区の画定を論ずる時に、保は当時中国の教育がまだ普及していない現実を見て、欧米諸国が執行していた人口比例を基準にせず、「各省の（高等教育に）進学の額と水路で（中央政府に）輸送する食糧の数を参酌して選挙区と議員数の多寡を決めるべき」[116]だと論じたことも挙げられる。保の選挙権と選挙区に関するこれらの主張には、当時だけでなく今日の中国の憲政制度の整備についても啓発的な意義があるであろう。

（四）保廷樑の憲法学者育成論

これら六つの特徴の他に、保は初めて彼の憲法学体系に憲法学者の育成に関する一節を書いている。後継者の育成は理論の存続にとって極めて重要である。本節の最後に、保廷樑自身の研究歴と彼が唱えた法学者としての基本的な素養を明らかにしておこう。

保は『憲法論』の序文で、日本に来て既に七年になるとし、来日したばかりの頃、「講師が是とするものを是とし、講師が非とするものを非とする状態で、初めは自分の見解を全く持たなかった」[117]と言っている。勉強が進むにつれて、「同じ分野の学問を学ぶ時に、見解が異なる論著を参照して、相互の論を読み合わせて、初めて疑問を持つことができた。しかし、分かりにくい内容がある時に、日本人学者による解説を読んでも理解できない。そのため、相変わらず著者の見解を中心に学んだ」[118]。その後、更に深く掘り下げて勉強していくにつれ、彼はついに「法の条文は定まっているが、法の解釈は定まっていない。定まっていないものによって定まったものを扱うのは、際限ないこと」[119]を悟ったようである。保は、「法律の本は大量にあるが、主義によってそれぞれの理論、体系の違いにより詳しさの程度は異なり、宗派（＝学派）によってそれぞれの規定が守られ、異なる見識は自由に取り入れたり捨てたりできる。その中に、法理を詳細に書いて事実を省略する本、事実に合致し法理に背く本、解釈に偏って議論が全くない本、論駁に夢中になってその本旨がない本もある。それだけではなく、多くの資料から広く引用してぺちゃくちゃとしゃべる学者がおり、新しい主張を唱え異なる意見を表明することを以て満足する学者もおり、内容が雑然としている。それらを読めば読むほど、更に戸惑い、五里霧中で東西が分からないように、まるで洋々たる大海を泳いでその行きつくところを知らないようなものだ」[120]との考えを抱くに至ったという。彼の根本にある思想は、「法は一国の私であるのに対して理は世界中にある公であるゆえに、もし自らの学説の中に柱がなければ必ず他の学説に縛られて、非常に困却する窮地に陥る」[121]からだと保自身は述べている。

保は韓昌黎の言葉、「草や木の根が茂れば、その実は必ず多く大きくなる。動物の体の内にある油が十分ならば、その皮は必ず艶を出す。自ら仁義を実行する人ならば、その人の言葉は必ず正しくて素直である」[122]を引用して、「道は本体であり、法は作用である。従って、仁義を捨てて道を語るのは不可である。仁義の心なしに法を語れば、残酷なものになり、その害毒が世の中に及ばないものはない」[123]と言う。憲法および法律を研究する学者は、「いかなる時でも昔の先哲が著した経典を恭しく学んで、真剣に参照しなければならない」[124]のである。もし法律学者がこの水準を自己に要求すれば、「先哲の経典が分かれば、根は自然に繁茂し、養分としての油も自然に肥える。そのため、これに依り立法すれば、必ず善の法になる。これに依り、法を司るならば、法は必ず公平になる。これに依り法学を研究すれば、必ず古典籍からの語句や典故を自らの依拠とし、豊かな諸子百家の言葉を引用して自説を完備する。従ってその人の学術理論は華と実を兼ね備える」と、保は確信する。

要するに、保は東洋式の憲法学者を育成するためには、「先哲の経典を熟読して、文学の芸術に精通してこそ、法律に秀でた人材を育成することができる」[125]との信念に立つことを強調していると言うことができる。それにより憲法学者はもとより、およそ法学者は、必ず東洋の伝統典籍と西洋の法律理論を同時に身につけて、東洋社会の歴史と現実に立脚した上で、「国情を察してその需要に応じ、条文を掲げて自らの主張を証明」して、初めて歴史的に検証される憲法理論書を著すことができる、と保は述べている。[126]

第四節　憲法草案に見る憲法学（二）
——第一歴史古文書館所蔵『清政府擬定憲法草稿』

保のような自ら憲法理論を構築する知識人の他に、『予備立憲上諭』と『欽定憲法大綱』を参照して憲法草案を起草する学者もいた。中国第一歴史古文書館に所蔵されている民間の知識人によって起草された『清政府擬定憲法草稿』と、日本に留学した張伯烈によって起草され、各条文に解釈が付されている『仮定中国憲法草案』がその代表である。本節は、前者について分析したい。

（一）『清政府擬定憲法草稿』の構成とそれを巡る論争

本節が検討する『清政府擬定憲法草稿』（以下、『草稿』）は中国第一歴史古文書館の資政院文書の第三号として所蔵されている。『草稿』は楷書体で書かれ、九一頁に亘るが、タイトルと作者名は記載されていない。鄭里が[127]1979年にこの『草稿』について言及しているが、1999年まで、『草稿』は注目されていなかった。兪江によると、『草稿』は、「世間が探している『李汪憲草（清国政府の憲法協纂大臣である李家駒と汪栄宝が起草した欽定憲法草案――筆者）』ではない」[128]が、「明らかに中国人によって起草された」[129]ものであるという。また、『草稿』は、「二十世紀初頭の中国の法学界がその時までに蓄積した西洋の憲法学と政治学の理論を総括した著作として、内容は憲法学のすべての分野に及んだ。そして『草稿』は憲法の条文を主体とし、「総論」と「法理」で解釈を加え、早期の中国憲法学の体系を形成させた」[130]と、兪は考えた。しかし、2013年に、遅雲飛は、『草稿』は「溥倫、載澤、李家駒、陳邦瑞、汪栄宝らによって起草された憲法草案」[131]、すなわち清国政府が主導した欽定憲法草案であるとする見解を発表した。これに対しては、彭剣が2015年の論文で、草稿の体裁は欽定憲法草案とまったく異なるため、遅があげた「最も重要な根拠が成立しない」[132]として批判し、崔学森は先行研究を参考とした上で、『草稿』は「ある民間知識人が三年を費やして起草したもので、清国政府の憲法起草に資するため、1908年に光緒帝、西太后が亡くなった後に清国政府に進呈されたものである」[133]と、結論を下している。

『草稿』は全八章で構成され、全六六カ条である。各条の後ろに詳細な法理説明が付加された。また、法理説明の他に、一部の条文にも「案（原文の注釈として書いた私見）」が加えられた。法理説明と案の中には、他国憲法の関係条文との対比がある。表3－4は『草稿』の構成である。

表３-４　『清政府擬定憲法草稿』の構成

総　論			第五章	立法権	第 56 ～ 58 条
第一章	帝国領地	第 1 ～ 2 条	第六章	大臣	第 59 ～ 61 条
第二章	皇帝大権	第 3 ～ 14 条	第七章	司法権	第 62 ～ 65 条
第三章	臣民权利義務	第 15 ～ 34 条	第八章	財政	第 66 条
第四章	帝国議会	第 35 ～ 55 条			

出典：『清政府擬定憲法草稿』を基に筆者作成。

（二）『清政府擬定憲法草稿』の分析

まず、憲法の形式と精神について検討したい。

『草稿』の総論によると、憲法の目的は「国家統治の原則を定める」ことにある。ヨーロッパ諸国において、憲法制定の精神は「一国の政体を永久に確定し、憲法の範囲内で国権を運用し、国家機関の意志で憲法に反し得ない」ことである。そして日本は、「ヨーロッパのこの立憲政体の精神に基づき、従来の政体を変更」するため、明治憲法を制定したが、中国の憲法制定は「君主政治から立憲政治への進歩」なので、「形式的には日本を模倣し、精神上においてはヨーロッパを模倣すべき」だと、『草稿』は論じた。

第二に、統治大権と皇帝の地位について分析する。

専制政体を立憲政体に変える過程において、「統治主体を固めるため」、『草稿』の第二章で皇帝の大権が定められた。第二章の第三条は、「皇帝は一国の至尊であり、憲法の規定により、統治の大権を得る」ことを定めているが、その説明には、「君主は統治の主体であり、帝国を統治する権力の所在である」とあり、同条に解釈を加えている。『草稿』によると、ヨーロッパ諸国は主に共和国体なので、君主は国の最高機関に過ぎなかった。この場合、君主の権力は固有の権力ではなく、国家を代表して行使する権力である。これに対して日本は純然な君主国体である以上、統治権は君主の固有権なので、君主は「憲法の条規により自らその権力を行う」ことになるのである。『草稿』はさらに、「日本憲法の第一条は君主が主権の主体であることを掲げているので、全ての統治権は君主一人によって総攬される」と説明し、たとえ君主が統治権の一部を大臣に委ねても、決して君主が統治権を放棄したとは言えないとする見解を示した。『草稿』は、明治憲法の前文に掲げられる「茲ニ大憲ヲ制定シ朕カ率由スル所ヲ示シ朕カ後嗣及臣民及臣民ノ子孫タル者ヲシテ永遠ニ循行スル」とは、「君主が大権を総攬する真髄」を明らかに示したとし、「中国の国体は日本と同じ」で、君主の統治大権について「日本を手本とすべき」であるとする。

皇帝の地位について、『草稿』の第四条では、ヨーロッパ諸国と日本はともに「君主ハ神聖ニシテ侵スヘカラス」と定めたが、ヨーロッパ諸国においては、「君主は一切の責任を負わず、責任をすべて大臣に負わせる」が、日本では、「君主がすべての責任を担い、責任を全て大臣には負わせない」と、述べられている。『草稿』から見ると、日本の憲法学者は「君主を国家を統治する人とするので、君主は法律で大臣を処罰できるが、大臣らは決して君主に罰を科す権限がない」のである。しかも、『草稿』は、「君主の尊厳を保つことは、政治上に国家の基礎を固めることである」ので、「中国の国体は日本と同じ」である以上、皇帝の地位について日本を模倣の対象とすべきとした。

このほか、君主は国家の主体として統治大権を総攬するので、摂政が設けられる時、その地位と権限は「君主の名義で君主の大権を行使し、君主の能力を補う」ことである。よって、摂政は君主の意志で設けられるのではなく、「憲法の条文に従って設置されるべき」であるという。ただし、摂政は君主の統治大権の一部を代行するため、君主自身の意思表示でなければ修正できない憲法や皇室典範などの改正については提案できないともいう。

第三に、統治大権の行使についてである。

『草稿』によると、皇帝自身は、立法大権（第六条）、行政大権（第七条）、議会を招集する権（第八条）、陸海軍を統率する権（第九条）などの権力を有する。ただし、統治大権の行使は、帝国議会、大臣、裁判所などの機関の協力を得る必要がある。

皇帝は帝国議会の協賛を得て立法大権を行使するが、帝国議会は貴族院と衆議院から構成される（第三五条）。その中に、貴族院は、皇族、元老、知識人、商売人らにより組織され（第三六条）、衆議院は法律が定めた選挙区から選出される（第三七条）。また、両議院の議員を兼任できない（第三八条）。『草稿』は、日本とは「政治制度が異なるので、国会の組織も異なる」と述べ、もし主権が国民に属すれば国会は国民の代表であり、もし主権が君主に帰属すれば国会は立法に関与する機関であると、指摘した。よって、中国においては、「立法権は君主の大権であり、議会が勝手に行使できない」が、「君主の立法権の行使に関与するのは、議会が持つ実質上の権限である」と、『草稿』は論じた。

皇帝の行政大権は、大臣の任免と緊急命令の発令によって現れる。『草稿』の第五九条によると、内閣大臣、軍機大臣、八部大臣（部は日本の省に相当する中央国家機関）はともに国務に協力する責任を負うが、皇帝を輔弼するのは内閣軍機大臣のみである。すべての法律、勅令、国務に関する詔勅には、軍機大臣が副署しなければならない。『草稿』の解説によると、大臣は国の元首を輔弼する機関であり、君主を輔弼して、君主大権の行使に協力する責任を負っている。大臣が負うこのような政治上の責任は、すなわち「憲法の条文に従ってその責務を果たす責任」であるという。これは当時の日本で盛んであった「大臣責任論」と同工異曲であった。

司法大権は『草稿』で、「司法独立の大権」とも称され、「司法官が皇帝の代わりに、独立の法院を通して」行使する大権である（第六二条）。同条の解説によると、国権は立法、行政、司法の三つの部分に分けられ、同時に国会、政府、裁判所の三つの統治機関が設けられることは、「立憲政体の特質」である。その内、裁判所は君主の代わりに司法大権を行使し、決して立法と行政など権力に従属しないことは憲法上の原則である。判事、検事が司法官として裁判所で君主の代わりに司法権を行使する。また、司法制度の基盤を固め、司法審判の独立を保つため、司法官を慎重に選任しなければならないという。また、『草稿』の第六三条は、当時日本の制度を参照しながら、司法官選任の方法を論じている。

最後に、統治客体と臣民の権利義務について分析してみる。

君主を統治主体とし、領土と臣民を統治客体とする統治主体・客体論は、明治憲法学の一つの特徴である。『草稿』は明治憲法学のこの解釈をそのまま継受し、君主を統治の主体とし（第三条の法理説明）、国土と臣民を統治の客体とした（第一条と第十五条の説明）。具体的に言うと、自国領内にいる民衆に対して、国家は完全な国権を行使できるが、「このような国権の作用は領土主権と称」される。『草稿』は「我が領土内にいる外国人が皆我が国権に服従せず、我が国の利益を多く横領している」ことに鑑みて、「領土主権」を取り戻すため、第一章で帝国領地を明示した。

もう一つの統治客体である臣民について、『草稿』は、立憲君主国の臣民は統治の客体として、「統治権に絶対的に無限に服従する」が、「君主に絶対的に無限に服従することは国権に服従することである」と述べている。このような服従は命令または法律から生まれたものではなく、「国家を人類の生存のための要件と見なしたので、当然に国権に服従すべき」であるという。このほか、客体である臣民が持つ憲法上の権利と義務について、『草稿』は、「これは臣民の間に存在する権利と義務ではなく、国家に対して権利を有し、国家に対して義務を負担する」のである。しかも、憲法が定めた臣民の平等は、財産や身体における平等ではなく、法律上の平等である。これこそ、「臣民を国権に絶対で無制限に服従させることができ、国権もその威力で貧富や体力の不平等を抑制し、不平等を平等にさせる」ことができると述べている。『草稿』は第三章で多くの臣民の権利と義務を定めたが、信仰の自由や兵役義務など一般的なものの他に、当時の中国の情勢と結びつけて、「孔子教を国教とする義務（第二四条）」、「児童の教育を重視する義務（第二七条）」、「女性の人格を尊重する義務（第二八条）」、「女性を纏足させない義務（第三〇条）」、「アヘンを永久に吸わない義務（第三三条）」、「奴隷の使用を自粛する義務（第三四条）」などを規定した。これは当時の中国の時代的特徴がよく表れていると言えるだろう。

『草稿』は明治憲法の精神と明治憲法学の要諦を全面的に継受した私人憲法草案であり、同時に近代的憲法の諸原理を中国に移入させるための比較的成功した試みであったと言える。『草稿』からは、当時の知識人が中国が直面していた問題に関心を持ち、明治憲法学を模倣していたことが窺え、「救亡図存（国の滅亡を救い生存をはかる）」という近代中国憲法学独自の特徴を見出すことができる。

第五節　憲法草案に見る憲法学（二）——張伯烈と『仮定中国憲法草案』

本節は、張伯烈の草案および学理解釈の中に現れた彼の憲法学理論を整理して、その理論的特徴を明らかにしたい。

（一）張伯烈（1886年-1934年）と『仮定中国憲法草案』の構成

張伯烈[13]は1886年に生まれ、1904年に日本に赴いて法律を研究し（学んだ機関、学校等は不明である）、東京で湖北地方自治研究会を創設した。1907年に帰国後に、粵漢川鉄道会社の総経理を務めていたが、翌年再び訪日して法律と政治を学んだ。1909年に帰国し、留日学生代表として清国政府に鉄道権益に関する請

表3-5 『草案』の各章構成

第一章	皇帝与人民之關系	第1～3条
第二章	皇帝大権	第4～19条
第三章	摂攝政与監国	第20～23条
第四章	国民権利義務	第24～40条
第五章	国会	第41～63条
第六章	相国及各部主任大臣与寺官	第64～67条
第七章	司法	第68～72条
第八章	会計	第73～82条
第九章	通則	第83～85条
	宜整潔容服以表大同	附條1
	宜変通礼節以免繁文	附條2

出典：『仮定中国憲法草案』を基に筆者作成。

願を行い、翌年、河南省提学使に昇任。1911年に辛亥革命に参加して、南京臨時参議院議員に当選した。1917年以降は護法軍政府秘書や衆議院議員等を歴任して、1923年より天津で弁護士として活躍したが、1934年に病没している。

彼の『仮定中国憲法草案』（以下、『草案』）[135]は1909年元旦に起草された。当時、彼は東京で法学と政治学を勉強していた。貧窮し衰微する状態を克服するために中国は「速やかな立憲政治の実現に向かわればならない」[136]が、清国朝廷は「あれこれ気兼ねして、泰然自若に実行できない」状態であり、立憲派は「欲望があって、朝廷の先に憲法成立の事を実行でき」ず、革命派は「急進で、立憲の緩急を把握できない」[137]レベルであったから、張は中国社会に対する責任感を抱くようになる。「戦々恐々として中国の憲法草案を立案し」[138]て、「局中者の参考に資する」[139]べく『草案』を完成させたと述べている。

管見の限りでは、『草案』について言及した先行研究は極めて少なく、「近代中国における住宅の不可侵権について」[140]と題する論文の中に、僅かに一言で張草案の不可侵権に関する規定が簡単に触れられているにとどまる。本節は、表3-5としてまとめた『草案』の構成を手掛かりとしつつ、『草案』の条文およびそれぞれの法理の説明を通じて張の憲法学理論体系を整理して、その幾つかの特徴を明らかにしたい。なお、図３－２は筆者が作った『草案』における大権、主権、統治権の間の関係図である。

図３-２　『草案』の大権、統治権構造

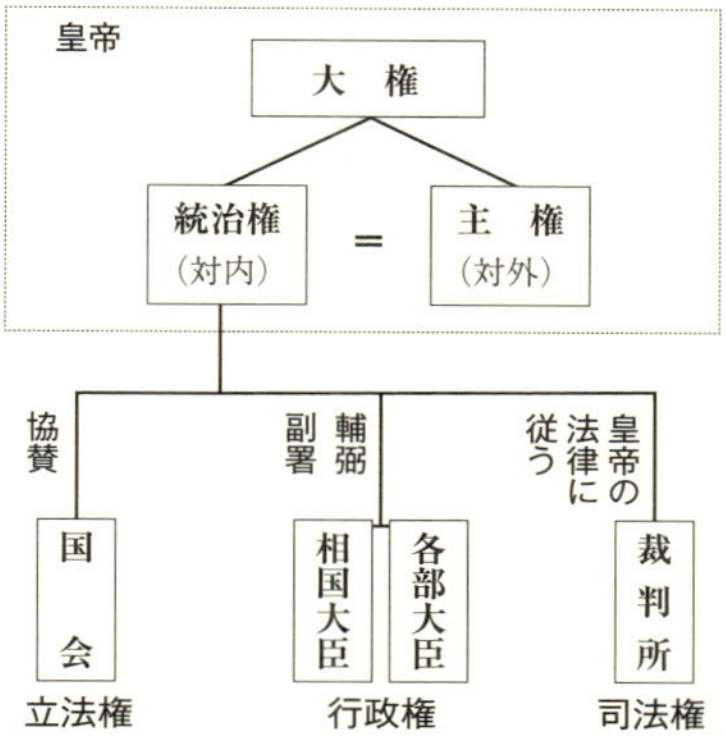

出典：『仮定中国憲法草案』を基に筆者作成。

（二）『仮定中国憲法草案』の背景たる憲法学体系

第一に、大権、主権、統治権について検討していきたい。

張はまず、「統治権即ち主権」[141]について、主権は対外的、統治権は対内的な性質を持つとした上で、両者はともに大権に属すると位置づけた。また、国家有機体説に基づき、日本の大権は形式的に天皇に帰属するが、実際は君民共有（君主が議会の協賛を受ける）であるという見解を示した上で、中国の皇帝は統治権を行使すべきだが、統治権は必ず憲法によって定められることを要し、さもなくば、統治権ではなく専制権になる虞があると考えた。しかし、張から見ると、清国の『欽定憲法大綱』（以下、「大綱」）には、統治権が全国民の意思に基づいた統治権であるか個人専制の統治権であるかについての説明はなかった（なお、摂政が「皇帝の名を以て大権を行使」できるが、その地位は「皇帝の下、百官の上」にあり、「摂政期間中に憲法を変更できない」[142]とされている）。

第二に、皇帝大権と国民の権利義務についてである。張の『草案』の第二章と第四章はそれぞれ、十六カ条に亘る皇帝大権と十七カ条に及ぶ国民の権利義務を列挙した。表3－6で示したように、明治憲法の第一章と第四章に規定された天皇大権、臣民権利義務から多大な影響を受けたものであった。ただし、張は国務大臣の副署や議会の協賛など形を通じて皇帝大権の行使に制限を加えている（例えば第五条、第七条、第八条、第十四条、第十六条）。また一方で、『欽定憲法大綱』に対する多くの批判も行っている。例えば法律の公布施行は議院による議決を経たものなので、裁可も当然であろう。憲法が君主による裁可を定めるのは君主の大権を尊重するためである。『大綱』はこの法理に反して、欽定の形で法律を公布することを定めており、議会の協賛を考慮していない。張によると、こうした『大綱』の中にある法理違反の規定は、他にも多々あるという。なお、張は中国の国情に照らして皇帝大権と国民の権利義務の内容に補足も加えている。特に、第十九条で「皇帝は祀りや典礼を主宰し礼楽を修正する権がある」と定め、国体に関わる「名分」を憲法の形で定着させた。また、当時中国の貨幣はまだ統一されていない状況に鑑みて、第十八条で貨幣鋳造の権力を皇帝に帰した。なお、国民権利義務の章の第二五条では、「中国人民は民族にも関わらず同じ権利と義務を有する」ことを規定し、当時、激しく対立していた満洲族と他民族とを調和する意欲を示している。

第三に、国会に関する張の理論を明らかにしたい。

国会は「立法権を有して皇帝を協賛する」機関である。[143] 中国には歴史上「階級の差別と貴賤の分別」[144] がないことに鑑み、張は、貴族院と平民院ではなく、上議院と下議院の設置を主張した。張によれば、上議院は欽選議員と各省の間接選挙で選出された代議士で構成され、下議院は各省の間接選挙によって選出された代議士で構成される。国会の開会、閉会、停会、議案審理等に関する諸規定およびその法理は、ほぼ明治憲法第三章と同じであった。

第四に、相国大臣（＝国務に関わる諸大臣の筆頭）および各部主任大臣と官官についてである。

表3-6 『草案』が掲げた皇帝大権と国民権利義務の明治憲法との比較

仮定中国憲法草案		明治憲法
第二章　皇帝大権		第一章　天皇
第四条	皇帝は国の元首として憲法に従って万機を「総握（＝掌握）」して統治権を行う。	天皇ハ国ノ元首ニシテ統治権ヲ総攬シ此ノ憲法ノ条規ニ依リ之ヲ行フ（第四条）
第五条	皇位は近親の男系子孫から選んだ賢い者によって継承される。ただし、国会の協賛を得るべし。	皇位ハ皇室典範ノ定ムル所ニ依リ皇男子孫之ヲ継承ス（第二条）
第六条	皇帝は立法権を掌握し、国会の協賛を得て全ての法律を裁可して、勅令を以てそれを公布する。	天皇ハ帝国議会ノ協賛ヲ以テ立法権ヲ行フ（第五条） 天皇ハ法律ヲ裁可シ其ノ公布及執行ヲ命ス（第六条）
第七条	皇帝は毎年定期的に国会を招集し、開会、閉会、停会、解散の権限を持つ。ただし国会を解散する時に必ず相国大臣の同意を得るべし。	天皇ハ帝国議会ヲ召集シ其ノ開会閉会停会及衆議院ノ解散ヲ命ス（第七条）
第八条	国会閉会期間中に皇帝は公共の安全を保ち災害を避けるために緊急命令で法律に代える事ができる。ただし相国大臣の副署を得るべし。	天皇ハ公共ノ安全ヲ保持シ又ハ其ノ災厄ヲ避クル為緊急ノ必要ニ由リ帝国議会閉会ノ場合ニ於テ法律ニ代ルヘキ勅令ヲ発ス（第八条）
第九条	前条の緊急命令は次期国会に提出すべし。もし可決されなかったならば命令は無効となる。	此ノ勅令ハ次ノ会期ニ於テ帝国議会ニ提出スヘシ若議会ニ於テ承諾セサルトキハ政府ハ将来ニ向テ其ノ効力ヲ失フコトヲ公布スヘシ（第八条二項）
第十条	皇帝は国家の発達を図り、臣民の幸福を増進し、法律を執行するなどのために、直接に命令を発し、または大臣を通じて命令を発する事ができるが、命令で法律に代えることはできない。	天皇ハ法律ヲ執行スル為ニ又ハ公共ノ安寧秩序ヲ保持シ及臣民ノ幸福ヲ増進スル為ニ必要ナル命令ヲ発シ又ハ発セシム但シ命令ヲ以テ法律ヲ変更スルコトヲ得ス（第九条）
第十一条	皇帝は戦時において戒厳命令を発することができるが、戒厳の内容は法律によって定めるべし。	天皇ハ戒厳ヲ宣告ス（第十四条） 戒厳ノ要件及効力ハ法律ヲ以テ之ヲ定ム（第十四条二項）
第十二条	皇帝は官位を設け俸給を定めることができる。ただし国会の協賛を得るべし。	天皇ハ行政各部ノ官制及文武官ノ俸給ヲ定メ及文武官ヲ任免ス但シ此ノ憲法又ハ他ノ法律ニ特例ヲ掲ケタルモノハ各々其ノ条項ニ依ル（第十条）
第十三条	皇帝は憲法及び他の法律に依って文武官吏を進退する権を有する。	
第十四条	皇帝は爵位、勲章および全ての栄典を授与する権を有する。ただし国費に関わるものは国会の協賛を得るべし。	天皇ハ爵位勲章及其ノ他ノ栄典ヲ授与ス（第十五条）
第十五条	皇帝は大赦、特赦、刑罰を減免する権を有する。	天皇ハ大赦特赦減刑及復権ヲ命ス（第十六条）

出典：『仮定中国憲法草案』に掲げた関連条文と『大日本帝国憲法』（東京新報社、1889年）を基に筆者作成

相国大臣と各部の主任大臣は明治日本の国務大臣と同じように、「皇帝を輔弼して政治事務を担当する」機関であり、「全ての法律と国務勅令は必ず相国大臣と各部大臣の捺印を得なければならない」[145]。ただし、日本と異なっているのは、張の草案は相国大臣が「不適切だと判断する際に捺印を拒否する権限」[146]と「皇族が相国大臣を担任できない」[147]旨を規定した点である。ここには、西洋式の三権分立ではなく、大臣による輔弼の形で皇帝の権力を厳しく制限しようとする張の意欲がはっきりと現れている。さらに張は、歴史上の政治的な教訓を記しており、宦官は「宮中事務に専務し国事に干渉できない事」[148]を『草案』に明示的に規定した。

第五に、司法に関する主張は以下の通りであった。

司法権は「皇帝の裁可に依って裁判所が行う」[149]ということである。先の第一から第四に触れた所とは異なり、司法に関する部分では、張は明治憲法学とは全く違う法理解釈を用いた。その理由は、司法権は国権の一つであり、かつ法律は既に議院によって議決されたものであると、張が主張したことにある。すなわち、皇帝はまず国民の同意を得て、その後に司法権を裁判所に委ねるのである。このような裁判所は、イギリスでは、「憲法の法廷」と称される（明治憲法の法理からは、司法権は天皇の名の下に置かれることとなる）。こうして、裁判所の性質は皇帝が自らの権力を守るための裁判所になった。この場合、君主大権を守る見地から見ると、君主は法律案を裁可しない自由があるはずである。従って、イギリスでは、このような裁判所は「法律の法廷」と言うが、「日本の裁判所はほぼ「法律の法廷」に属すべき」[150]であるという。司法権について、「憲法の法廷」を主張する張は、明治憲法学と異なる法理解釈を採用するのである。

（三）『仮定中国憲法草案』の特徴

張の『草案』はある程度、明治憲法学を継受した上で新しい制度を創り出しただけではなく、以下に記すように、「大綱」に対する批判を踏まえて、彼なりの工夫を加えた部分も見受けられた。

第一に、「清国」ではなく「中国」と称して、『大綱』が唱えた「万世一系、永永尊戴」に対して論駁をしている部分である。『大綱』第一条は、明治憲法を模倣して、「万世一系の大清皇帝が大清帝国を統治す、永永に尊戴されるべし」と規定したが、張によると、「万世一系」は日本特有のものなので、清国がそれを借りて皇位を規定するのは「三代上下の皇帝がその地位を失う」だけでなく、「朝廷を尊重しているように見えるが逆に朝廷を蔑ろにする」[151]結果となり、これを「纘先王緒、垂子孫統（先代の皇帝の統治を引き継いた皇帝の子孫が国を統治するという意味）」に変えるべきであると述べた。そして、清国は一時期の国名で、「中国」という用語は昔から変わらず用いているので、国家名称は清国でなく中国にすべきである。但し、国際条約を締結する際には、清国建国以来「大清国」を使っているので、国際上の便宜の為に、中国ではなく清国を用いるべきだとした。

第二に、『草案』は、「皇帝は天の如く、臣民は皇帝に対して罪を犯さず」と規定している部分である。明治憲法を模倣した『大綱』が規定する「君上は神聖にして侵すべからず」[152]を『草案』は踏襲していない。張は、明治憲法第三条の解説において、末岡精一の言葉を引用して、天皇の神聖不可侵は日本固有の神の統治の事実に合致するものであるが、欧州諸国の歴史の中では神聖は特に意味はなく、不可侵は君主無責任と君主の尊厳の保護を意味するとしている。張によると、中国の場合、皇帝を称揚する際に、主に『尚書・大禹謨』にある「乃聖乃神乃文乃武」の言葉が使用されるのであるから、もし「神と聖」で君主を称揚すれば、「文もなく武もない」として君主を貶しめる虞がある。そして、「侵」も君主を敵と見なす意味を含むので、この言葉を憲法に載せることは君主自らを貶めることを意味するという。張は中国伝統の言語的脈絡に沿って「天」を君主の代わりとすることが最も良いと主張したのである。

第三に、「摂政」の他に、権限および地位が「摂政」にほぼ相当する「監国」が『草案』には設けられている部分である。明治憲法の法理に従って、「摂政」は君主が未成年の時、または久しく故障がある時に皇族会議と枢密顧問の合議によって設置される機関として『草案』では位置づけられているが、所謂「君主が無能力且つ有故障」の時には摂政を置くべきだが、監国は「君主が有能力かつ故障がある」時に設置されるべきである、と張は言う。また、摂政は「皇族及び大臣によって推挙され」、「君主の命令に服従する必要がない」のに対して、監国は「君主の意思によって自由に設置され」、「君主の命令に従って行動」[153]する。それだけではなく、摂政は「一人に限って」、「在職中に責任を負わないが、退職の時に責任を負」うが、監国は「数人設置しても構わ」ず、「在職中であっても責任を負う」[154]べきであるとされた。そもそも、「監国」とは、中国で長い歴史を有し、ほとんどの皇太子が監国を務めた。更に、この『草案』を起草した際に、清国朝廷で一名の「監国摂政王」が在職中であったこともあり、張においては中国特有の歴史や伝統を十分に配慮するために、規定を設けたのだろうと、筆者は考える。

第四に、『草案』本文の他に「憲法に属しないが性質が公法に属する」[155]二つの条文を附則の形で設けた部分である。その一つ目は、「大同（国家も階級もなく、人々が平等で自由な理想社会）を現れるために服を清潔する」ことであり、その二つ目は、「礼節を変通して繁文を免れる事」である。前者の目的は「弁髪を切って服装を変え」て、容貌と服装を世界各国と一致させる所にある。張は、「日本の明治維新が始まった時、髪と服を変える命令を下して（中略）三十年で勢力を東亜に広め、威光を世界に広めた。その中でも、髪と服の様式の変更は重要な措置であった」[156]等、日本の事例を引用して自説を主張した。そして、後者の目的は「跪拝の礼（ひざまずいて頭を地につける礼）」の廃止を求めている。その理由は、中国と西洋の礼節が同一ではないからである。もし西洋人が中国で中国伝統の「跪拝の礼」をしなければ、中国は「主権を失って、国体を喪失する」[157]ため、張は「跪拝の礼」を

「脱帽鞠躬の礼（帽子を脱いでお辞儀をする事）」に変えるべきであると唱えた。張による『草案』の最後のこの二つの附則は、気風を正して、憲政実行の準備をする為の具体的な措置であった。理論的には憲法に追加すべき性質の事柄ではないが、張は旧慣を捨て新しい慣習を打ち立てて、中国がいち早く国際社会に受け入れられることを願っていたと考えられる。

第六節　辛亥革命以降の君主制憲法草案――馬吉符と『憲法管見』

辛亥革命により、1912年元旦に共和制の中華民国が発足した。中華民国初期に、中国の民間においては数えきれないほどの憲法草案が作られた。前述した張の『草案』に見られた学理解釈が、そうした多くの民間草案では考慮、踏襲されてはおらず、そこに近代中国憲法学の痕跡を考察することの難しさがあるといわざるを得ない。しかし、本節では、馬吉符が書いた憲法草案を中心とする著作――『憲法管見』（以下、『管見』）[158]は近代中国憲法学の系譜上に位置付けられるものとして見なすこととしたい。その理由は主に以下の二つである。

第一に、馬の草案は君主制に立脚するもので、中華民国の発足後から袁世凱の帝位に就く前までに書かれたものであること、かつ『管見』の第一発見者である崔学森の考証[159]によると、『管見』の起草は、楊度らの籌安会[160]および袁の帝政実行と密接な関係を有していることがその理由である。つまり、馬の『管見』は国体が共和制に変わった後、共和制草案が数多く作られる中で珍しい君主制草案であったということだけでなく、『管見』からは袁世凱の帝政実行以降の憲法構想およびその憲法学を窺うことができるのである。よって、『管見』は他の草案には見られない歴史的意義を有していると考えられる。

第二に、『管見』は中華民国期に書かれたものだが、その基本構成は依然として明治憲法に拠っていたものの、それにとどまらない内容を見出すことができることである。崔はそれが袁の復辟（＝帝制復活）の為のものであり、憲政の潮流に背く反動的な性質のものであると、『管見』を厳しく批判した。[161] しかし、憲法制定史と憲法学説史の視座から『管見』の背後に隠れている明治憲法とは異なる憲法法理を詳細に分析する必要があると、筆者は考える。よって、以下、本節では明治憲法学との比較を通じて、同時に君主制と共和制の制度的な特徴を持つ『管見』を考察し、起草者である馬における憲法的思考を明らかにしたい。

（一）馬吉符（1876年-1919年）と『憲法管見』の構成

馬吉符は、1876年に安徽省懐寧に生まれた。安慶鳳鳴書院で教育を受けた彼は独学で英語と日本語を学んだ。十五歳で貢生（明・清期に、地方の学校から選ばれ国子監に進学する学生）となり、二五歳の時に四川省の提督としての馬維騏の下で勤め始めた。翌年、彼は馬提督の推薦を得て、清国政府駐チベット大臣の所に勤め始めた。馬はチベットに在任中、「積極的にチベットの政治・経済社会を発展させる一方、国際法を用いてイギリスやロシアなどの列強諸国と外交闘争を行い、チベットの主権を守るために重大な貢献を果たし」[162]、民国のもとでは、蒙蔵局僉事などの職を歴任して、1919年に亡くなっている。

『管見』を書く際に馬はまず、「君主と民主は、固より善し悪しがない。一国の国情に適合することは一番重要なことである」[163]と唱えた。同時に、彼はまた欧米の学説に没頭する知識人たちに「国際の情勢を知らず、国内の実情も」知らず、まさに「足を削って靴に合わせる」ようであり、「自殺行為に相当する」[164]と批判した。馬によると、清国政府は「偽立憲」のせいで人民の支持を失い、革命を引き起こした。ただ当時の情勢に迫られ、国体

表3-7 『管見』の章構成

憲法管見			明治憲法	
第一章	総綱	第1～2条		
第二章	大皇帝	第3～17条	第一章	天皇
第三章	帝国臣民	第18～32条	第二章	臣民権利義務
第四章	帝国議会（立法院、参政院）	第33～50条	第三章	帝国議会
第五章	行政	第51～55条	第四章	国務大臣及枢密顧問
第六章	司法	第56～60条	第五章	司法
第七章	会計	第61～70条	第六章	会計
第八章	付則	第72条	第七章	補則

出典：『憲法管見』と『大日本帝国憲法』（東京新報社、1889年）を基に筆者作成。

は共和と宣言された。しかし、中華民国が成立してから四年以来の状況に鑑みて、「暴徒は全国において混乱を起こし、外交は厳しい情勢に陥っている。所謂共和の恩恵を受けた民は一人もなかった」[165]ので、この調子でいけば、「中国は古代インドとエジプトのように、百科事典に載せられる一つの名詞になる恐れがある」[166]。故に、馬は「国はそれぞれの国性（国の本質）と国情（国の状況）があり、国性と国情の間にその国の精神が宿る」[167]と唱えた。このように、馬は民国初年の混乱な状況に焦点を合わせて、「中国の歴史及び民衆の慣習から中国の立国精神を求め」[168]た結果、「（中国では）君主制を実行しないと立憲できない」[169]という結論を出した上で、さらに一歩進んで帝政を主張し、「独逸と日本の憲法から多くの啓発を受けて」、「中国固有の精神に依り、各国の憲法を参照した上で」[170]、『管見』という憲法草案を作成したと述べている。表3-7、表3-8は明治憲法と範した『管見』の章構成と、統治権に関する明治憲法条文との対比を示したものである。

表3-7を見ると、『管見』は章構成において明治憲法を模倣しているが、具体的な条文と憲法法理体系の構築は明治憲法および明治憲法学とは明らかに別物である。そこで、次節では、憲法学の視座で『管見』に現れた憲法理論体系を分析する。その際、『管見』の主権と統治権との関係を示した図3-3を踏まえつつ、検討を試みることとした。

表3-8　憲法管見と明治憲法の条文比較

憲法管見	明治憲法
帝国は万世不易の大皇帝により統治する（第一条）	大日本帝国ハ万世一系ノ天皇之ヲ統治ス（第一条）
大皇帝は国の元首として憲法に依り統治権を総攬する（第三条）	天皇ハ国ノ元首ニシテ統治権ヲ総攬シ此ノ憲法ノ条規ニ依リ之ヲ行フ（第四条）
皇帝が未成年の時にまたは他の必要がある場合に摂政を置く（第五条）	摂政ヲ置クハ皇室典範ノ定ムル所ニ依ル 摂政ハ天皇ノ名ニ於テ大権ヲ行フ（第十七条）
大皇帝は帝国議会を招集して（中略）立法院を解散する際に参政院の同意を得るべき（第六条）	天皇ハ帝国議会ヲ召集シ其ノ開会閉会停会及衆議院ノ解散ヲ命ス（第七条）
大皇帝は皇室典章を作る。帝国議会の関与はいらない。ただし皇室典章は憲法に抵触できない（第十六条）	皇室典範ノ改正ハ帝国議会ノ議ヲ経ルヲ要セス 皇室典範ヲ以テ此ノ憲法ノ条規ヲ変更スルコトヲ得ス（第七十四条）
大皇帝は議会の協賛をもって立法権を行う（第三十三条）	天皇ハ帝国議会ノ協賛ヲ以テ立法権ヲ行フ（第五条）
大皇帝は参政院の同意を得たら、立法院が議決した法律案を公布しないことが出来る（第四十条）	凡テ法律ハ帝国議会ノ協賛ヲ経ルヲ要ス（第三十七条）
行政は大皇帝が特任する国務卿により協賛する。全て法律勅令及び国務に関する詔は国務卿の副署を要する（第五十一条）	国務各大臣ハ天皇ヲ輔弼シ其ノ責ニ任ス 凡テ法律勅令其ノ他国務ニ関ル詔勅ハ国務大臣ノ副署ヲ要ス（第五十五条）
司法は大皇帝が任命した法官が組織した法院（裁判所）により行う（第五十六条）	司法権ハ天皇ノ名ニ於テ法律ニ依リ裁判所之ヲ行フ（第五十七条）
法院は法令に従って訴訟を審理する ただし重要な案件は大皇帝の決定に任せる（第五十七条）	
（会計について）以下の事項は大皇帝の許可なしに改正できない：①国家義務に属するもの②法律が定めたもの③条約実行の為のもの④陸海軍の編制の為のもの（第六十八条）	憲法上ノ大権ニ基ツケル既定ノ歳出及法律ノ結果ニ由リ又ハ法律上政府ノ義務ニ属スル歳出ハ政府ノ同意ナクシテ帝国議会之ヲ廃除シ又ハ削減スルコトヲ得ス（第六十七条）
大皇帝または立法院三分の二以上の議員が本憲法を修正する提議をした場合には、議会議員五分の四以上の出席及び出席議員の四分の三以上の賛成を得た上で修正案を大皇帝に上奏し、国民会議を招集して修正案を審議する（第七十二条）	将来此ノ憲法ノ条項ヲ改正スルノ必要アルトキハ勅命ヲ以テ議案ヲ帝国議会ノ議ニ付スヘシ 此ノ場合ニ於テ両議院ハ各々其ノ総員三分ノ二以上出席スルニ非サレハ議事ヲ開クコトヲ得ス出席議員三分ノ二以上ノ多数ヲ得ルニ非サレハ改正ノ議決ヲ為スコトヲ得ス（第七十三条）

出典：『憲法管見』に掲げた関連条文と『大日本帝国憲法』（東京新報社、1889年）を基に筆者作成。

図3-3 『管見』における主権と統治権の関係

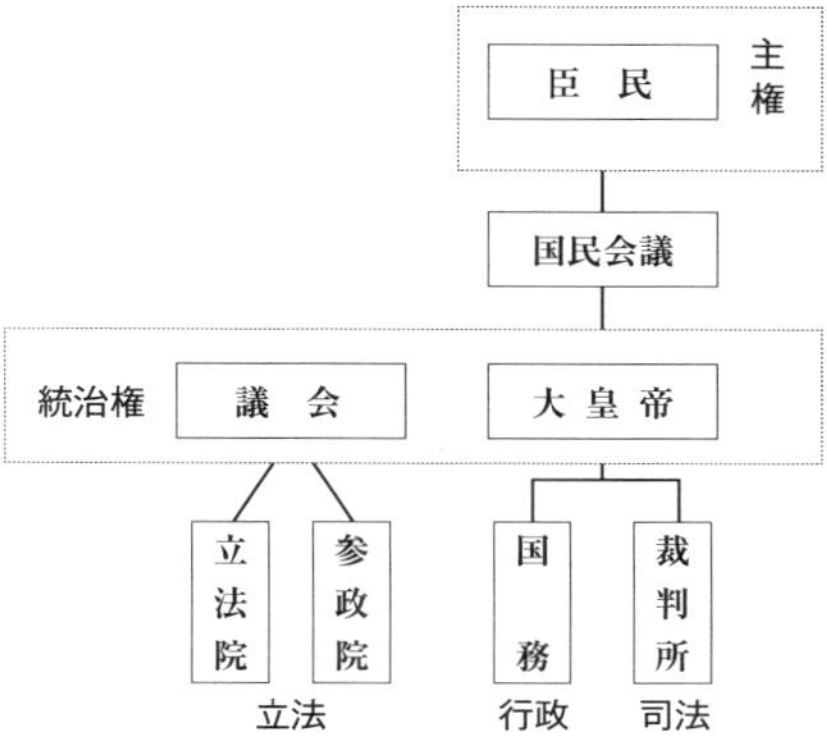

出典：『憲法管見』を基に筆者作成。

(二) 『憲法管見』の分析

第一に、統治権と皇帝権力について、『管見』は君主制憲法草案であると前述したが、より厳密に言えば、実のところ、純粋な君主専制ではない。それは君主制と共和制を融合する体制であったと考えられる。『管見』の統治権および皇帝権力に関する規定からその特徴を窺うことができる。『管見』は民国期に書かれたが、『中華民国約法』とは異なり、主権を規定せず、一部の統治権を国家元首としての大皇帝に帰属させた。かつ明治憲法のような「天皇大権」は『管見』にはない。結論を先取りすると、『管見』にある明治憲法と全く異なる一連の条文は、皇帝権力に対する制限と見なすべきであると、筆者は考える。すなわち、君主制憲法草案ではあるが、皇帝が掌握するのは統治権の「全部」ではなく「大部分」である。以下、この結論を、立法権、行政権、司法権、憲法改正権から考察する。

第二に、立法権について、議会は立法院と参政院から成る。大皇帝も議会の「協賛」を得て立法権を行うが、明治憲法と違って、大皇帝は議会全体を解散することができない。ただし、参政院の同意によって立法院だけを解散できる。また、参政院の同意を得ないと、立法院が議決した法律案を不公布にすることができない（第四〇条）。この規定に従って、法律案は、名目上は大皇帝の裁可によって公布されるが、実際には大皇帝が不裁可する余地はあまりない。よって、『管見』の立法権は明治憲法にある天皇大権の一部分ではなく、皇帝権力と対抗し得る統治権の一部分として『管見』上に位置付けられたといえよう。また、立法院が解散中に参政院は開院できない（第四三条）ことを考慮すれば、名目上大皇帝は議会とともに立法権を有するが、実際の立法過程の中で主導的な役割を果たすのは議会であると推測できる。大皇帝は単に手続き上の裁可および公布を行うに過ぎない。

第三に、行政権は、明治憲法と同じく、皇帝が任命した国務卿（国務大臣）が協賛し（第五一条）、具体的な実行は各部大臣が法律により行う（第五二条）。国務卿および各部大臣が法律に反する際には、行政裁判所に相当する「粛政庁」と「平政院」が調査および審理を担当する（第五四条）。これらの国務卿に関する規定は形式的には大皇帝の権力を制限するものであるが、国務卿は大皇帝によって任命されるため、強い制限ではない。国務卿は単に皇帝の代わりに行政上の責任を負うに過ぎない。この他、会計については、明治憲法では政府の同意を得ないと改正できない予算を規定していたが、『管見』では全て大皇帝の許可がなければ改正できないとされ（第六八条）、大皇帝の権力を強化している。

第四に、司法権については、司法権独立の原則を採用しなかった。明治憲法では「司法権ハ天皇ノ名ニ於テ法律ニ依リ裁判所之ヲ行フ」のに対して、『管見』では「司法は大皇帝が任命した法官が組織した法院により行い（第五十六条）」、かつ「重要な案件は大皇帝の決定に任せる（第五十七条）」ものとされた。つまり、『管見』は司法権を全て大皇帝に与えている。『管見』によると、司法権は行政権と共に大皇帝の統治権に属することになる。

第五に、憲法制定および改正権については、明治憲法が採る立憲君主制では、憲法は君主によって定められ、憲法改正の際には君主が改正案を提出して議会が審議を行うことが想定されよう。しかし、『管見』の規定によると、大皇帝だけでなく立法院の三分の二以上の議員も憲法修正案を出すことができる。議会が修正案を可決した後、大皇帝は更に「国民議会」を招集して憲法改正を行う。従って、『管見』における憲法改正権は国民に相当する臣民全体にある。言い換えれば、憲法制定権は主権者によって行使されるので、『管見』では、主権は臣民全体が持ち、大皇帝は議会と共に統治権を行使するにとどまるのである。

以上の分析を纏めると、馬は民国初期に袁世凱の為に「国民主権の君主制憲法構想」を作り出した。清国末期の憲法学の論著と比べると、『管見』の構成は明治憲法の影響を受けているが、主権を分立して、大皇帝＝国家元首の権力に制限を加える共和制の色彩が強い。それだけでなく、馬は統治権を二つに分けて、半分を行政権と司法権の形で皇帝に付与し、残す半分を立法権として国民に帰属させようとした。この馬の構想は、民国以降の知識人が民国初期の混乱に鑑みて、弱い共和政治を一変させ、憲法を中央集権の要と見なして、植民地化の危機を脱するために、中国伝統の君主制度に基づきつつ共和制憲法および憲法学を継受し、新たな君主制を創出しようと試みた一例なのではないだろうか。

第七節　１９４７年の憲法解釈学における国体、政体と主義
——羅志淵の『中国憲法釈論』

『中華民国憲法』が１９４７年に公布された後、近代中国の憲法学はついに自国の憲法の解釈を行う時代に入った。この時期、明治憲法とその憲法学から直接受けた影響は決して多くはないが、それでも明治憲法学から継受した「国体」と「政体」は重要な役割を果たした。特に、国体、政体、そして政党の政治信条である三民主義をめぐって解釈を行うときには、旧来の国体論と政体論をある程度発展させたもののようにこれを位置付けた。

本節では、羅志淵が著した『中国憲法釈論』を中心に、『中華民国憲法』が公布された後の憲法解釈学の内容とその特徴について検討を加えたい。

（一）羅志淵（１９０４年‐１９７４年）と『中国憲法釈論』の背景

羅志淵の字は孟浩であり、１９０４年に広東省興寧県の農家に生まれた。幼少期に、耕地を権力者に奪われたため、県城（県政府が置かれる町）に移住した。羅は師と友人の支援を得て、１９２８年に南京に赴き、第二期生として国民党中央党務学校に入学した。翌年、制度の改正に伴い、党務学校は中央政治学校大学部となるが、羅は同大学部の行政系に入り、法律と政治を学んだ。１９３２年1月28日に淞滬抗戦（第一次上海事変）が勃発し、羅は学校の指示を受けて、実家に戻った。故郷の興寧に帰った後、羅は『興寧時事日報』を創刊し、抗日思想の宣伝に尽力した。「上海停戦協定」が5月に締結された後、羅は学校に戻り、１９３３年に卒業したが、その後、江蘇省民政庁に派遣され、『保甲月刊』の編集を担当し、同年に顔慶珠と結婚した。江蘇に滞在していた期間、羅は碭山県、興化県、南彙県などに派遣されて、行政の現場で経験を積み、その影響から、行政に関する理論と実践的知識が深まったのであろう。１９３６年には広東に戻り、広東市政府に勤めるが、その後貴州で、中央通信社貴州支社の編集員となり、１９３７年、貴州省民政庁に入った羅は、１９３９年、中央政治学校に転任し、地方行政制度、行政管理、中国憲法などの授業を担当し、「憲政上の諸問題に対する認識は、日々深化」[171]していった。日中戦争が１９４５年に終わった翌年、南京に帰り、１９４７年に立法院専門委員を兼任する。解放戦争の中、国民党政権が台湾に敗走した際、羅は国民政府とともに台湾に赴いたが、１９５４年に、中央政治学校は国立政治大学の名で台湾省の台北市で再建されると、すぐに学校に戻り、政治学系の主任となっている。

表３－９　羅志淵『中国憲法釈論』の構成

前言	
第一章	総綱
第二章	人民権利義務
第三章	国民大会
第四章	総統
第五章	行政
第六章	立法
第七章	司法
第八章	考試
第九章	監察
第十章	中央与地方之権限
第十一章	地方制度
第十二章	選挙罷免創制復決
第十三章	基本国策
第十四章	憲法之施行及修改

出典：『中国憲法釈論』を基に筆者作成。

その後、羅は１９６０年に同大学の教務長となり、１９６４年に法学部長に昇進しているが、１９７４年に病気で退職し、同年の10月８日に逝去した。

羅は『中国地方行政制度』[172]、『中国憲政発展史』[173]、『中国憲法の理論体系』[174]、『アメリカの国会』[175]、『地方自治原理』[176]、『日本国会制度』[177]、『責任内閣制度論』[178]、『各国地方政府』[179]、『イギリス政府と政治』[180]、『中国憲法史』[181]、『憲法論叢』[182]、『中国憲法と政府』[183]など二九冊の著作を著している。

本節で検討する『中国憲法釈論』（以下、『釈論』）は１９４７年に著された。その前年１９４６年12月25日に、『中華民国憲法』は国民大会で可決され、１９４７年１月１日に国民政府により公布され、同年の12月25日に施行予定とされた。同じ１９４７年には、『国民大会組織法』、『国民大会代表選挙法』、『総統副総統選挙罷免法』、『立法院立法委員選挙罷免法』、『監察院監察委員選挙罷免法』、『行政院組織法』、『立法院組織法』、『司法院組織法』、『考試院組織法』、『監察院組織法』など憲法施行のための一連の法律も公布されている。こうした状況から、当時中国の憲法学界にとって、すでに公布された『中華民国憲法』などの法律を解釈し説明することは急務であった。特に、考選委員会は「憲法案は公式に公布されたので、本年より、各試験で憲法理論を試験する時には、同憲法を取り扱うようにすべき」旨を、考試院に申し出て、考試院は１９４７年３月１日に同提案を承認した。これによって、『中華民国憲法』は憲法学界の新しい研究対象となり、羅はこれを逐条解説する『釈論』を著したのである。これは既成憲法に対する逐条解釈であり、『釈論』の構成は表３－９のように、『中華民国憲法』の構成と全く同じである。

（二）『中国憲法釈論』における国体、政体、主義

１９４７年に公布された『中華民国憲法』は孫文の五権憲法をベースにして、主権を国民全体に与え（第二条）、国民大会が全国民の代表として政権を担い（第二五条）、国民大会で選出された総統が国家の元首として中華民国を代表（第三五条）するが、中華民国の最高行政、立法、司法機関はそれぞれ行政院（第五三条）、立法院（第六二条）、司法院（第七七条）、考試院（第八三条）であると規定した。着目すべき点は、同憲法には正文のほか、六六文字の前言（＝前文）が付され、前言と第一条でそれぞれ中国国民党の政治信条である「孫中山先生が遺した中華民国の創立に関する教示」と「三民主義」を定めたことである。また、第二条では中華民国の主権の所在を明示している。[184]

羅は、中華民国憲法を分析するときには、まず国体と政体の意味を明確に説明すべきであると、『釈論』で述べている。羅によると、プラトンとアリストテレスの著作においては、よく「国家と政府を同一視し、国体（Forms of State）と政体（Forms of government）を混同」[185]する傾向が見られた。ルソーが社会契約論を唱えてから、国家と政府は次第に区分されていったが、その後、「近代の学者がそれを発展させ、国体と政府との区分が生じた」[186]のである。実際、国体と政体を分ける学説が多いが、「主権の所在によって国体を定め、主権が制限されるかどうかによって政体を定める」[187]のが通説である。羅は通説を採ったが、憲法上の主権については、「①主権の所属と②主権の行使の二つの意味を持つ」[188]と指摘した。中華民国憲法の第二条は主権が国民全体に属することを定めたので、主権は政府機関ではなく国民が有することを明らかにしたが、政府機関の権力は、国民に付与されたも

のである。よって、中華民国においては、主権は国民全体に所在するが、主権を行使するのは政府機関であることになる。羅は、前者を国体の表現、後者を政体の特徴と見たのである。

羅によると、1912年の『中華民国臨時約法』が「中華民国は中華人民によって組織する（第一条）」と定めて以来、中華民国の各憲法は全て国体または政体を規定している。例えば1913年の『中華民国憲法草案（天壇憲草）』の第一条は「中華民国は常に統一民主国である」、1923年の『中華民国憲法（曹錕憲法）』の第一条は「中華民国は常に統一民主国である」、1931年の『中華民国訓政時期約法』の第三条は「中華民国は常に統一共和国である」と定めた。ただし、1947年の『中華民国憲法』は前記の諸憲法とは異なり、国体と政体の他に、第一条で中華民国は三民主義に基づく共和国であることを明示している。この点、「憲法で政党の政治信条としての主義を定めるのは、中国ではじめてである」[189]と、羅は述べている。

国民党が自党の政治信条を憲法に入れることに対して、当時の一部の知識人は反対した。この点について、羅は以下の三つの観点からこれらの主張に対する解釈を行っている。

第一に、憲法で三民主義を定めるのは立憲主義に相応しくないとする主張について、羅によると、このような主張は「近代立憲の趨勢が分からない結果」[190]であるという。例えば、スペインの1931年憲法の第一条は「スペインは労働者階級が自由と正義に基づいて組織した民主共和国である」、ソビエト連邦の1936年憲法の第一条は、「ソビエト社会主義共和国連邦は農工社会主義の国家である」と定めていた。両憲法はともに政治信条としての主義を明確に規定し、ソビエトは「直接に主義で国名を被った」。それ故に、羅は憲法で主義を定めることは「最近の憲法制定の趨勢」[191]であると考えた。

第二に、憲法で三民主義を定めることは信仰の自由を害するという主張に対しては、これらの知識人は「個人自由主義の学説に没頭するだけでなく、我が国を国難から救うという建国の要諦をまったく理解できていない。

しかも各国の憲法では同じような規定がたくさんあることを知らなかった」[192]のだと、羅は反駁している。具体的には、憲法で三民主義を定めることは、「中国は三民主義が立国の精神であることを簡単に変更できないこと」[193]を明らかにするものである。例えば、フランス憲法は「憲法上の共和政体の改正は議案にできない」ことを、1924年のトルコ憲法の第一〇二条は「民主共和国の国体を定めた第一条の内容は修正できない」ことを、ブラジル憲法の第十九条は「連邦共和政体を変更しまたは元老院における各邦代表の平等を廃止するという主張は、国民議会で議案として提出できない」ことを規定している。これらの条文から分かるように、「各国はそれぞれ独自の立国精神を持ち、しかも憲法で同精神の地位を保っている。いわゆる信仰の自由は、必ず立国精神の下で存在する。それこそ信仰自由を議論し得る。立国精神に反する言論の自由は、存在しないし、憲法によって保障されていない」[194]のである。アメリカで君主制を提唱できず、ソビエトで資本主義を主張できないように、中華民国は孫文が創立した三民主義の信仰者が創った国なので、三民主義は中華民国の根本的な立国精神なのである。憲法でこの精神を明らかにすることは、「各国の立法例にも見られる」[195]ため、「憲政を論ずる者は、必ず立国の精神に基づくべき」であり、立国精神を否定する主張は、「憲政ではなく革命の話」[196]となる。また、革命の理論については「別の次元の話題であるため、憲政の分野では検討し得ない」[197]とした。

これと関連して、憲法前言で記された「孫中山先生が残した中華民国の創立に関する教示」について、羅は『釈論』で次のような説明を行った。羅によると、憲法の前言では普通、①憲法制定の機関、②憲法制定作業で依拠した準則、③憲法制定の目的、④憲法制定の願望の四つの意味が含まれる。[198]『中華民国憲法』の前言で「最も有意義な」[199]部分は、「孫中山先生が残した中華民国の創立に関する教示」という言葉であると、羅は考えた。つまり、中華民国の建国は、「孫中山先生の主義を堅く守り通し、孫中山先生の計画に従い、如何なる挫折があっても主義を離れず、五十年に亘る百戦錬磨を経て、ついに中華民国の基盤を築き上げた」ので、憲法の前言で孫文の教示を規定することは、「栄えある我が国の建国の歴史を承認するのではなく、今後の我々の努力の方針をも示している」[200]。

第三に、三民主義の意味は雑然としていて統一できないという一部の知識人が唱えた主張に対して、羅は、三民主義に関する文献は確かに数えきれないほど多いが、「三民主義の基本的原理」は全く同じであり、それ故に、統一できないとは言えないと反論した。

以上の議論をまとめると、羅の憲法学から見れば、中華民国の憲法は三民主義を基にするのは「歴史上と理論上のあるべき姿」[201]である。ただし、三民主義の中にすでに「民治、民享の意味」を含むので、憲法でわざわざ「民有、民治、民享」という限定を加えるのは「ややくどい」[202]と羅は考えたのである。

1947年の『中華民国憲法』とその憲法解釈において、明治憲法とその憲法学からの直接的な影響は少ないが、清国末期以来、明治日本から継受した国体論と政体論は生き続けた。それだけではなく、国体と政体の他に、『中華民国憲法』は孫文の三民主義を憲法の前言と条文で定めた。そして、同憲法とその憲法解釈学も、憲法で政治信条としての三民主義を定める必要性を説いた。このような「主義で国体を縛る」憲法とその解釈は、近代以来の国体論を発展させただけではなく、政権を握る政党が憲法と憲法解釈学を通して、自身の政治信条を国の政治と経済の方向に結びつける先例を打ち立てており、今日の中国憲法学においても参考とされている。

第八節　おわりに

清国末期の政治改革、特に予備立憲運動以来、成文憲法が制定されなかった中で、近代中国の知識人たちは明治憲法とその憲法学を手本とし、主権、統治権の所在を主な手がかりとして、一連の憲法学の著作を著し、近代中国憲法学の基礎を形作った。本章はこれらの著作に対する分析を通して、近代中国憲法学の全景を描き出し、その背景にある明治憲法学的な要素と、近代中国の憲法学が明治憲法学の継受の下に形成された様子を明らかにし、袁世凱の策士たちが、袁が帝位に就く為に起草した、君主専制と共和制の特徴を兼ね備えた憲法草案やその学理形成に影響を及ぼした明治憲法的要素も明らかにした。また、１９４７年の『中華民国憲法』の下にある国体、政体、三民主義の間の繋がりを解明し、近代中国憲法学の明治憲法学を継受する過程を明らかにできたと考えている。

（1）エンゲルス「住宅問題」『マルクスエンゲルス全集（第一八巻）』（大月書店、１９６７年）、２７４頁。
（2）西洋憲法思想の移入から日本憲法学の形成に至るまでの歴史過程については、前掲・長谷川正安『日本憲法学の系譜』、29－１４１頁を参照されたい。
（3）鈴木安蔵『憲法の歴史的研究』（大畑書店、１９３３年）、３９６頁。
（4）前掲・鈴木安蔵『憲法の歴史的研究』、３９６頁。
（5）憲法学編写組編『憲法学』（高等教育出版社、２０１１年）、８頁。
（6）周葉中『憲法（第二版）』（高等教育出版社、２００５年）。
（7）前掲・憲法学編写組編『憲法学』。
（8）前掲・憲法学編写組編『憲法学』、８－９頁。
（9）焦洪昌編集『憲法学（第二版）』（中国人民大学出版社、２０１４年）。
（10）焦洪昌編集『憲法学（第六版）』（北京大学出版社、２０２０年）。
（11）胡錦光、韓大元編集『中国憲法（第四版）』（法律出版社、２０１８年）。
（12）楊向東編集『憲法学（第三版）』（中国政法大学出版社、２０１８年）。
（13）余軍編集『憲法学』（法律出版社、２０１６年）。
（14）劉茂林『中国憲法導論（第二版）』（北京大学出版社、２０２０年）。
（15）張千帆『憲法学講義』（北京大学出版社、２０１１年）。
（16）董和平『憲法学（第四版）』（法律出版社、２０１８年）。
（17）秦前紅『新憲法学』（武漢大学出版社、２０１５年）。
（18）朱福恵編集『憲法学原理』（廈門大学出版社、２０１５年）。
（19）韓大元、李元起編集『憲法（第七版）』（中国人民大学出版社、２０１５年）。
（20）林来梵『憲法学講義』（法律出版社、２０１１年）。
（21）林来梵『憲法学講義（第三版）』（清華大学出版社、２０１８年）。
（22）家永三郎『日本近代憲法思想史研究』（岩波書店、１９６７年）、１２５頁。
（23）夏新華「譲歴史告訴未来」『近代中国憲政歴程：史料荟萃』（中国政法大学出版社、２００４年）、15頁。
（24）前掲・夏新華「譲歴史告訴未来」、16頁。
（25）孫祥偉「東南精英群体的代表人物―湯寿潜研究」（上海大学博士学位論文、２０１０年）は湯に対する研究の中で最も包括的な著作である。湯自身に関する研究については、本節では詳述しない。
(26) 邵勇「従危言看湯寿潜早期憲政思想」『漸江工業大学学報（哲学社会科学版）』（第六巻第一期、2007年）。また、『危言』という著作は主に、民間人による経済・経営の拡大と中央政府で議院を設立することを主張した。
(27) 王人博『近代中国的憲政思潮』（法律出版社、2003年）、46頁。
(28) 都樾「湯寿潜佚著憲法古義考証」『江蘇教育学院学報』（第二期、2007年）、62頁。
(29) 湯寿潜「湯遺学使遊歴粤省演説詞」『湯寿潜史料専輯』（蕭山市政治協商會議文史委員會、1993年）、585頁。
(30) 前掲・都樾「湯寿潜佚著憲法古義考證」、62頁。
(31) 葛兆光『中国思想史（第二巻）』（復旦大学出版社、2019年）、421頁。
(32) 例えば邵勇「湯寿潜憲政思想論析」『中北大学学報（社会科学版）』（第二七巻第四期、2011年）、邵勇「湯寿潜憲法古義憲政思想論析」里贊編『近代法評論（第二巻）』（法律出版社、2009年）等。
(33) 例えば劉練軍「附會的立憲認知：湯寿潜憲法古義評述」『紀念辛亥革命百週年學術研討會論文集』（法律出版社、2012年）、劉練軍「湯寿潜立憲思想之當代省思」『法学』（第五期、2011年）等。
(34) 湯寿潜『憲法古義』（点石斎書局、1901年）、序言、2頁。
(35) 前掲・湯寿潜『憲法古義』、序言、2頁。
(36) 前掲・湯寿潜『憲法古義』、序言、2頁。
(37) 『尚書』の原文は、「惟天聰明、惟聖時憲、惟臣欽若、惟民従乂。天之聰明、無所不聞、無所不見、無他、公而已矣。人君法天之聰明、一出於公、則臣敬順而民亦従治矣」である。その意味は、「惟れ天は聴明にして、惟れ聖時れ憲るときは、惟れ臣欽み若い、惟れ民従い乂まる。天の聴明、聞かざる所無く、見ざる所無きは、他無し、公なるのみ。人君天の聴明に法りて、一に公に出づるときは、則ち臣敬み順いて民も亦従いて治まるなり」である。
(38) 『尚書』の原文は、「監于先王成憲、其永無愆。憲、法。愆、過也。言徳雖造於罔覺、而法必監于先王。先王成法者、子孫之所當守者也。孟子言、遵先王之法、而過者未之有也。亦此意」である。その意味は、「先王の成憲を監みて、其れ永く愆つこと無し。憲は、法。愆は、過つなり。言うこころは、徳覺ゆること罔きに造ると雖も、而れども法は必ず先王を監みる。先王の成法は、子孫の當に守るべき所の者なり。孟子言く、先王の法に遵いて、過てる者未だ之れ有らず、と。亦此の意なり」である。
(39) 前掲・湯寿潜『憲法古義』、序言、1頁。
(40) 中国語原文は、「正月之朔、百官在朝、君乃出令、布憲於国。憲既布、有不行憲者、罪死不赦」である。

(41) 前掲・湯寿潜『憲法古義』、序言、1頁。
(42) 前掲・湯寿潜『憲法古義』、序言、1頁。
(43) 前掲・湯寿潜『憲法古義』、序言、1頁。
(44) 中国語原文は「先王之書、所以出国家、布百姓者、憲也」である。
(45) 前掲・湯寿潜『憲法古義』、序言、1頁。
(46) 前掲・湯寿潜『憲法古義』、序言、1－2頁。
(47) 前掲・湯寿潜『憲法古義』、序言、2頁。
(48) 前掲・湯寿潜『憲法古義』、巻二、3頁。
(49) 前掲・湯寿潜『憲法古義』、巻二、3頁。
(50) 前掲・湯寿潜『憲法古義』、巻二、3頁。
(51) 前掲・湯寿潜『憲法古義』、巻二、4頁。
(52) 前掲・湯寿潜『憲法古義』、巻二、1頁。
(53) 前掲・湯寿潜『憲法古義』、巻二、1頁。
(54) 前掲・湯寿潜『憲法古義』、巻二、1頁。
(55) 前掲・湯寿潜『憲法古義』、巻二、1頁。
(56) 前掲・湯寿潜『憲法古義』、巻二、5頁。
(57) 前掲・湯寿潜『憲法古義』、巻二、6頁。
(58) 前掲・湯寿潜『憲法古義』、巻二、6頁。
(59) 中国語原文は、「立政言罔攸兼于庶言・庶獄・庶慎、則文王又若無所事事者」である。その意味は、「立政に庶言・庶獄・庶慎を兼ねたる攸罔しと言うときは、則ち文王も又事を事とする所無き者の若し」である。
(60) 前掲・湯寿潜『憲法古義』、巻二、7頁。
(61) 前掲・湯寿潜『憲法古義』、巻二、7頁。
(62) 前掲・湯寿潜『憲法古義』、巻二、7頁。
(63) 前掲・湯寿潜『憲法古義』、巻二、4頁。
(64) 前掲・湯寿潜『憲法古義』、巻二、4頁。
(65) 前掲・湯寿潜『憲法古義』、巻二、4頁。

(66) 中国語原文は「建路鼓於大門之外、而掌其政、以待達窮者与遽令。聞鼓声、則逆御僕、逆庶子」である。
(67) 前掲・湯寿潜『憲法古義』、巻三、6頁。
(68) 前掲・湯寿潜『憲法古義』、巻三、6頁。
(69) 前掲・湯寿潜『憲法古義』、巻三、6頁。
(70) 前掲・湯寿潜『憲法古義』、巻三、6頁。
(71) 前掲・湯寿潜『憲法古義』、巻三、7頁。
(72) 前掲・湯寿潜『憲法古義』、巻三、7頁。
(73) 前掲・湯寿潜『憲法古義』、巻三、8頁。
(74) 前掲・湯寿潜『憲法古義』、巻三、8頁。
(75) 前掲・劉練軍「附會的立憲認知：湯寿潜憲法古義評述」、83頁。
(76) 前掲・湯寿潜『憲法古義』、序言、1頁。
(77) 王鴻年『憲法法理要義』(王惕斎、1902年)。
(78) 前掲・王鴻年『憲法法理要義』、叙言、1頁。
(79) 前掲・王鴻年『憲法法理要義』、叙言、1頁。
(80) 前掲・王鴻年『憲法法理要義』、叙言、2頁。
(81) 穂積八束『修正増補憲法提要』(有斐閣、1935年)、106頁。
(82) 前掲・王鴻年『憲法法理要義』、叙言、2−3頁。
(83) 前掲・王鴻年『憲法法理要義』、1頁。
(84) 前掲・王鴻年『憲法法理要義』、9頁。
(85) 前掲・王鴻年『憲法法理要義』、10頁。
(86) 前掲・王鴻年『憲法法理要義』、10頁。
(87) 前掲・王鴻年『憲法法理要義』、10頁。
(88) 長尾龍一編『穂積八束集』(信山社、2010年)、49頁。
(89) 前掲・長尾龍一編『穂積八束集』、83頁。
(90) 前掲・王鴻年『憲法法理要義』、10頁。
(91) 穂積八束「帝国憲法ノ法理」上杉慎吉編『穂積八束先生論文集』(有斐閣、1913年)、19頁。

(92) 前掲・穂積八束「帝国憲法ノ法理」、19頁。
(93) 前掲・穂積八束『修正増補憲法提要』、165頁。
(94) 前掲・王鴻年『憲法法理要義』、17頁。
(95) 前掲・王鴻年『憲法法理要義』、15頁。
(96) 前掲・王鴻年『憲法法理要義』、15頁。
(97) 前掲・王鴻年『憲法法理要義』、15頁。
(98) 蘇涛「馬堅：歴史啓蒙者的長影」(http://www.chinaislam.net.cn/cms/zt/mhtml/czjs/201811/24-12798.html)。
(99) 姚繼徳『雲南伊斯蘭教史』(雲南大学出版社、2006年)、125頁。
(100) 当時に刊行された機関紙は『醒回篇・伊斯蘭』(寧夏人民出版社、1992年)に収録されている。
(101) 保廷樑『大清憲法論』(上海江左書林、1910年)。
(102) 前掲・保廷樑『大清憲法論』、緒論、1頁。
(103) 前掲・保廷樑『大清憲法論』、11頁。
(104) 前掲・保廷樑『大清憲法論』、14頁。
(105) 前掲・保廷樑『大清憲法論』、21頁。
(106) 前掲・保廷樑『大清憲法論』、54頁。
(107) 前掲・保廷樑『大清憲法論』、87-92頁。
(108) 前掲・保廷樑『大清憲法論』、323頁。
(109) 前掲・保廷樑『大清憲法論』、324頁。
(110) 前掲・保廷樑『大清憲法論』、450頁。
(111) 前掲・保廷樑『大清憲法論』、450-451頁。
(112) 前掲・保廷樑『大清憲法論』、263頁。
(113) 前掲・保廷樑『大清憲法論』、263頁。
(114) 前掲・保廷樑『大清憲法論』、269-273頁。
(115) 前掲・保廷樑『大清憲法論』、183-184頁。
(116) 前掲・保廷樑『大清憲法論』、200頁。
(117) 前掲・保廷樑『大清憲法論』、自叙、7頁。

(118) 前掲・保廷樑『大清憲法論』、自叙、7頁。
(119) 前掲・保廷樑『大清憲法論』、自叙、8頁。
(120) 前掲・保廷樑『大清憲法論』、自叙、8頁。
(121) 前掲・保廷樑『大清憲法論』、自叙、8頁。
(122) 前掲・保廷樑『大清憲法論』、自叙、9頁。
(123) 前掲・保廷樑『大清憲法論』、自叙、9頁。
(124) 前掲・保廷樑『大清憲法論』、自叙、9頁。
(125) 前掲・保廷樑『大清憲法論』、自叙、11頁。
(126) 換言すれば、保の国権憲法学は、近代中国の明治憲法とその憲法学の継受過程において多大な影響力を持っていたといえる。また、明治憲法学で統一できなかった主権と統治権の関係性について、保は明確な解釈を打ち出した。保は清国政府に反する同盟会に参加したが、清国公使である楊枢と親交するなど、清国政府に親しい憲法学者として、立憲君主制を通して国の富強を図る構想を『憲法論』の中に表している。彼はまた、後世の法学者たちに、「中国の古典籍をよく理解した上で法律を研究する」という人材育成の指針も示している。理論水準にしても人格素養にしても、保を近代中国の憲法学者の範と見なしてよいと、筆者は考える。
(127) 鄭里「清代中央軍政機関的檔案」『故宮博物院院刊』(第四期、1979年)、80頁。
(128) 兪江「両種清末憲法草案稿本的発現及其初歩研究」『歴史檔案』(第六期、1999年)、93頁。
(129) 前掲・兪江「両種清末憲法草案稿本的発現及其初歩研究」、93頁。
(130) 前掲・兪江「両種清末憲法草案稿本的発現及其初歩研究」、96頁。
(131) 遅雲飛『清末予備立憲研究』(中国社会科学出版社、2013年)、303頁。
(132) 彭剣「乙全本不是李汪憲草」『史学集刊』(第六期、2015年)、77頁。
(133) 崔学森「中国第一歴史檔案館蔵「大清帝国憲法法典」考論」『歴史檔案』(第二期、2019年)、111頁。
(134) 張に関する先行研究は、主に彼の政治運動の経歴に集中している。例えば、陳鈞「論清末湖北的保路闘争」『湖北大学学報』(第五期、1986年)、胡縄武「民元南京參議院風波」『近代史研究』(第五期、1989年)などである。
(135) 張伯烈『仮定中国憲法草案』(独叢別墅、1910年)。
(136) 前掲・張伯烈『仮定中国憲法草案』、序文、9頁。
(137) 前掲・張伯烈『仮定中国憲法草案』、序文、9頁。

(138) 前掲・張伯烈『仮定中国憲法草案』、序文、10頁。
(139) 前掲・張伯烈『仮定中国憲法草案』、序文、12頁。
(140) 張群「中国近代的住宅不可侵犯権」『中国政法大学学報』(第四期、2008年)。
(141) 前掲・張伯烈『仮定中国憲法草案』、6頁。
(142) 前掲・張伯烈『仮定中国憲法草案』、21頁。
(143) 前掲・張伯烈『仮定中国憲法草案』、10頁。
(144) 前掲・張伯烈『仮定中国憲法草案』、35-36頁。
(145) 前掲・張伯烈『仮定中国憲法草案』、52頁。
(146) 前掲・張伯烈『仮定中国憲法草案』、52頁。
(147) 前掲・張伯烈『仮定中国憲法草案』、54頁。
(148) 前掲・張伯烈『仮定中国憲法草案』、55頁。
(149) 前掲・張伯烈『仮定中国憲法草案』、57頁。
(150) 前掲・張伯烈『仮定中国憲法草案』、57頁。
(151) 前掲・張伯烈『仮定中国憲法草案』、2-3頁。
(152) 前掲・張伯烈『仮定中国憲法草案』、3-4頁。
(153) 前掲・張伯烈『仮定中国憲法草案』、22頁。
(154) 前掲・張伯烈『仮定中国憲法草案』、22頁。
(155) 前掲・張伯烈『仮定中国憲法草案』、69頁。
(156) 前掲・張伯烈『仮定中国憲法草案』、71頁。
(157) 前掲・張伯烈『仮定中国憲法草案』、74頁。
(158) 馬吉符『憲法管見』(同益印書局、1915年)。呉海鷹編集『回族典蔵全書(政史類一一九冊)』(甘粛文化出版社、2008年)に収録している。
(159) 崔学森「共和国中的君憲方案」山梨学院大学『或問』(第三三期、2017年)、25-33頁。
(160) 籌安会は楊度など六人の知識人が1915年に発足した政治団体である。彼らは当時の中華民国大総統袁世凱の帝位に就くことを支持し、帝政実行と君主立憲を主張した。
(161) 前掲・崔学森「共和国中的君憲方案」、33頁。

(162) 前掲・崔学森「共和国中的君憲方案」、27頁。

(163) 呉海鷹編集『回族典蔵全書（政史類一一九冊）』（甘粛文化出版社、２００８年）、４１５頁。

(164) 前掲・呉海鷹編集『回族典蔵全書（政史類一一九冊）』、４１５頁。

(165) 前掲・呉海鷹編集『回族典蔵全書（政史類一一九冊）』、４１６頁。

(166) 前掲・呉海鷹編集『回族典蔵全書（政史類一一九冊）』、４１６頁。

(167) 前掲・呉海鷹編集『回族典蔵全書（政史類一一九冊）』、４１７頁。

(168) 前掲・呉海鷹編集『回族典蔵全書（政史類一一九冊）』、４１７頁。

(169) 前掲・呉海鷹編集『回族典蔵全書（政史類一一九冊）』、４１７頁。この言葉の出典は袁世凱の策士である楊度が書いた「君憲救国論」である。

(170) 前掲・呉海鷹編集『回族典蔵全書（政史類一一九冊）』、４１８頁。

(171) 羅志淵先生記念集編集委員会編集『羅志淵先生記念集』（台北、１９７５年）、1頁。

(172) 羅志淵『中国地方行政制度』（独立出版社、１９４４年）。

(173) 羅志淵『中国憲政発展史』（大東書局、１９４７年）。

(174) 羅志淵『中国憲法的理論体系』（中華文化出版事業委員会、１９５３年）。

(175) 羅志淵『美国的国会』（中央文物供應社、１９５３年）。

(176) 羅志淵『地方自治原理』（中央文物供應社、１９５４年）。

(177) 羅志淵『日本国会制度』（正中書局、１９５６年）。

(178) 羅志淵『論責任内閣制』（中華文化出版事業委員会、１９５８年）。

(179) 羅志淵『各国地方政府』（正中書局、１９５９年）。

(180) 羅志淵『英国政府及政治』（正中書局、１９６２年）。

(181) 羅志淵『中国憲法史』（商務印書館、１９６７年）。

(182) 羅志淵『憲法論叢』（商務印書館、１９６９年）。

(183) 羅志淵『中国憲法与政府』（国立編訳館、１９７４年）。

(184) 『中華民国憲法』の前言（前文）は、「中華民国国民大会受全体国民之付託、依拠孫中山先生創立中華民国之遺教、為鞏固国権、保障民権、奠定社会安寧、増進人民福利、制定本憲法、頒行全国、永失鹹遵」である。第一条は、「中華民国基於三民主義、為民有、民治、民享之民主共和国」である。第二条は、「中華民国之主権屬於国民全体」である。

(185) 羅志淵『中国憲法釈論』(政衡月刊社、1947年)、2頁。
(186) 前掲・羅志淵『中国憲法釈論』、2頁。
(187) 前掲・羅志淵『中国憲法釈論』、2頁。
(188) 前掲・羅志淵『中国憲法釈論』、7頁。
(189) 前掲・羅志淵『中国憲法釈論』、3頁。
(190) 前掲・羅志淵『中国憲法釈論』、3頁。
(191) 前掲・羅志淵『中国憲法釈論』、3頁。
(192) 前掲・羅志淵『中国憲法釈論』、3頁。
(193) 前掲・羅志淵『中国憲法釈論』、3頁。
(194) 前掲・羅志淵『中国憲法釈論』、3-4頁。
(195) 前掲・羅志淵『中国憲法釈論』、4頁。
(196) 前掲・羅志淵『中国憲法釈論』、4頁。
(197) 前掲・羅志淵『中国憲法釈論』、4頁。
(198) 前掲・羅志淵『中国憲法釈論』、前言、1頁。
(199) 前掲・羅志淵『中国憲法釈論』、前言、1頁。
(200) 前掲・羅志淵『中国憲法釈論』、前言、2頁。
(201) 前掲・羅志淵『中国憲法釈論』、4頁。
(202) 前掲・羅志淵『中国憲法釈論』、5頁。

第四章

近代中国の憲法学教育における日本的要素

第一節　はじめに

憲法学教育の整備は立憲政治のためには必要不可欠である。近代中国の憲法学教育は、広狭二義に分けられる。一つは、学校での憲法学授業の設置、憲法思想を広める刊行物の出版、憲法理論を研究する学会の創設などを指し（広義の憲法学教育）、もう一つは、学校内の憲法学授業を巡る学制の制定、教員の選任、教科書の編纂などを指す（狭義の憲法学教育）。本章では、後者について検討する。

近代中国においては、憲法制定とともに、憲法についての様々な教育も展開された。日本が近代中国の教育分野に与えた影響に関する研究(1)は数多く存在するが、憲法の教育に的を絞った研究はほとんど行われていない。近代中国においては、憲法典や憲法学の継受に加え、立憲政治の基盤とも言うべき憲法学教育においても、日本の国体観念と明治憲法で初めて概念化された統治権は重要な役割を果たした。

本章は、まず学制改革を背景として繰り広げられた近代中国の憲法をめぐる教育の輪郭を描き出す。次に日本の法学教育機関であった法政大学法政速成科、中国において編訳された日本人の著作により憲法に関わる教育が行われた機関(2)である北洋法政学堂、さらに中国において、日本人教員による授業が行われた京師法律学堂、そして「日本派」の中国人を中心として憲法についての教育も行った朝陽大学を例に挙げながら、それぞれの機関が持つ特徴を明らかにしつつ、近代中国の憲法学教育の変遷過程において日本が果たした役割を明らかにしたい。

第二節　学制改革の下で展開された近代中国の憲法学教育の全体像

近代中国に展開した憲法学教育は、近代西洋法思想の流入をきっかけとして確立された。本節では、西洋法教育の方法が如何に近代中国に継受されたのか、その全体像を論じる。

（一）　近代西洋法思想の流入と近代初期の学堂における法律教育

春秋戦国期まで、中国の統治者たちは「民が争う心を持つ恐れがあるので刑を記す法を作らない」[3]ことを意識し、「個別事件に合わせて臨時に処罰の方法とその程度を制定し、予め法を設けない」[4]こととした。この時期は、広く周知する法典もなく、法に関する教育もなかった。戦国期に入って、各諸侯国がそれぞれ成文法典を公布するようになると、法の教育は可能となった。当時、「官学（＝官立の学堂）」と「私学（＝私立の学堂）」が併存し、「授業の時間、さらに教学の内容や方法などは教師によって自由に決められ、統一された教科書もなかったため、異論があれば自由に論争でき、学徒の方にも自由が認められ、自由に教師を選べるだけではなく、門宗（＝学派）を改易することも認め」[5]られた。秦王朝が中国を統一した後、始皇帝は李斯の提案を聞き入れ、法家以外の説、さらに官・私両学を全て廃棄し、秦の律・詔・法令を中心に全国で法律教育を普及させた。[6]その後に登場した漢の世で、官・私両学が再び興り、儒学を中心とする官学と異なり、私学では「漢律を専門にして教え」[7]られ、これは「律学」として知られた。このような律学は「中国古代にある専門的な法学教育機関に置かれた独立した学科」[8]として、北宋王朝まで踏襲された。同時に注目すべきは、漢王朝から南北朝に至るまで、「引経決獄（儒教の経典を引用して刑罰を決めること）」と「以礼入法（罪を判断する時に法律だけでなく同時に礼教も配慮すること）」が採られていたが、法律教育と儒学理論は漢王朝の時代から次第に一体化されていった。その後、専門的に法律を教える「律学」が南宋王朝で撤廃されて以降、法学教育は、王朝によって重要視される程度は異なっていたが、①国子学で法律課程を設け律令を学ぶことと、②官・私学にも関わらず儒学典籍にある法律に関わる思想や原則を学ぶという二つのルートに沿って行われた。一方、法律に関する文献は、経・史・子・集から成る「四部之学」という中国の古典的な「分科」の中に分散していた。しかし、このような伝統的な学術分科の体系下における法学教育の形態は、アヘン戦争後の西洋法思想の伝播に伴い、次第に変わり始めた。[9][10][11][12]

アヘン戦争後、近代西洋の国際法が中国人の視野に入り始める。この時期、清国政府において洋務派と保守派が激しく対立していた。外交事務を処理するため、1860年に総理各国事務衙門の設立に続き、西洋語を学んで国際法の著作を翻訳する機関として京師同文館（1862年）、上海広方言館（1863年）、広東広方言館（1864年）がそれぞれ発足した。『万国公法』は京師同文館に勤めていた丁韙良によって中国語訳され、1864年に刊行されたものである。[13] 1867年夏、洋務派の勢力が優勢となり、彼らは国際法に精通した人材を養う目的で、12月に丁韙良に命じて同館で国際法の講義を始めさせた。1870年、丁韙良は外国語教育の他に、西洋式の学術分野に則して、数学、化学、天文学などの学科目を入れ、修業年限を八年と五年とする二つのカリキュラムを作り、[14] そのどちらにも万国公法の授業が設けられた。京師同文館自体は「伝統教育モデルから新式教育モデルへの転換点」[15]であるだけではなく、同館で開設された国際法の授業も「近代中国における新式法学教育の芽生え」[16]であると評されている。一方、同じ時期に、キリスト教の宣教師たちは中国で「教会学堂（教会が設立し運営する学堂を指す）」を設立し始めたが、講義の内容は主に宗教と自然科学に限られていた。しかし、これらの学堂は皆、「西洋式の分科原則に則して教学を構築した」[17]ため、これらの教会学堂を通して西洋の近代的学術分野の学科目はある程度近代中国に定着した。

西洋の科学技術と学術体系から影響を受けて、この時期に設立された多くの学堂は西洋式の「分科」をもとに科目を設け、教学を行っていた。しかし、教学の内容は軍事に携わる人材の育成、軍事技術や科学技術の学習に集約され、政治や法律については触れられないままであった。

このように、アヘン戦争以降、洋務運動の進展と教会学堂の設立に伴い、近代西洋の学術体系は中国に広まっていたが、またそれに伴い、中国伝統の学術体系としての「四部之学」はぐらつき始めていた。

（二）日清戦争以降日本式学制と新式分科の確立

日清戦争における北洋艦隊の壊滅は、洋務運動が失敗したことを世に告げた。清国では日本の軍事技術、近代的政治・法律制度に目を向け、それを学ぶ動きが起こった。梁啓超は、「日本の国律、民律、商律、刑律を説く本を全て訳し、その真髄を汲み取らねばならない」(18)と、主張した。この時期、日本人の学者が著した多くの法律学と政治学の著作が中国語に訳されるに伴い、新たな学堂において、法律学は新しい独立学科として設けられるようになった。近代法学教育の確立は新学制の改革と「新分科」の確立の二つのプロセスにより進められたのである。

1　日本式学制の確立

１８９８年に起こった戊戌の変法以降、清国の朝野は日本の教育制度の導入を模索し、教育視察のために日本を訪れた。彼らの視察報告には、「(日本は) 政治・教育を改め、学校を広く興し（中略）旧慣を一掃した。それにより（日本は）文明国に列し、アジア諸国の羨望の的となり、西洋列強に敬服された」[19]等の記述が見られる。同時に、梁啓超をはじめ立憲君主政体を樹立しようとした変法維新派たちも、「日本を媒介として西洋式の教育を導入し、日本の経験を参考として中国の教育改革を行うこと」[20]を、強く主張した。

戊戌の変法に失敗したが、庚子の国難に直面した清国政府は、1901年に再び新政という政治制度を全面的に改革する変法を断行した。新政実行のための人材を養うため、張之洞らは「江楚会奏変法三摺」を上奏して、文・武学堂の設立、科挙制度の改革、海外留学の奨励を求めた。

このような流れを背景として、1902年8月、教育を司る管学大臣張百熙の主導により、「辛丑学制」と呼ばれる『欽定学堂章程』が公布された。この章程は「諸外国、ことに日本の制度を参照して作成したもので、学校制度は初等教育機関としての蒙学堂（四年）、尋常小学堂（四年）、高等小学堂（四年）、中等教育機関としての中学堂（四年）、高等教育機関としての高等学堂または大学予備科、大学堂（いずれも三年）、大学院（無期限）の三段階八種類の学堂で構成されて」[21]いた。しかし、同学制は保守派の反対を招き、中止せざるを得なかった。1904年1月、張百熙は再び張之洞らと共同で「癸卯学制」と呼ばれる『奏定学堂章程』を定め、清国政府によって公布された。同章程の最大の特徴は、「当時の日本の制度を全面的に模倣して作られたこと」[22]である。翌年、中国で千年以上施行されてきた科挙制度が正式に廃止され、清国政府は学堂を中心に新式教育の整備を始めた。図4－1は癸卯学制が定めた教育制度と当時日本の教育制度を比較したものである。

新学制の制定から清国皇帝の退位に至るまで、近代中国の法学教育では基本的に「普通高等法学教育と已仕（既に官職に就いている人）成人法学教育の二つが融合したシステム」[23]が採用された。

普通高等法学教育について、1904年1月に公布された『奏定大学堂章程』[24]によると、大学堂は、経学科、政法科、文学科、格致科、農科、工科、商科の八つの学科に分けられた。その内の政法科には、政治門と法律門

図 4 - 1　二〇世紀初頭における日中両国の学制の比較

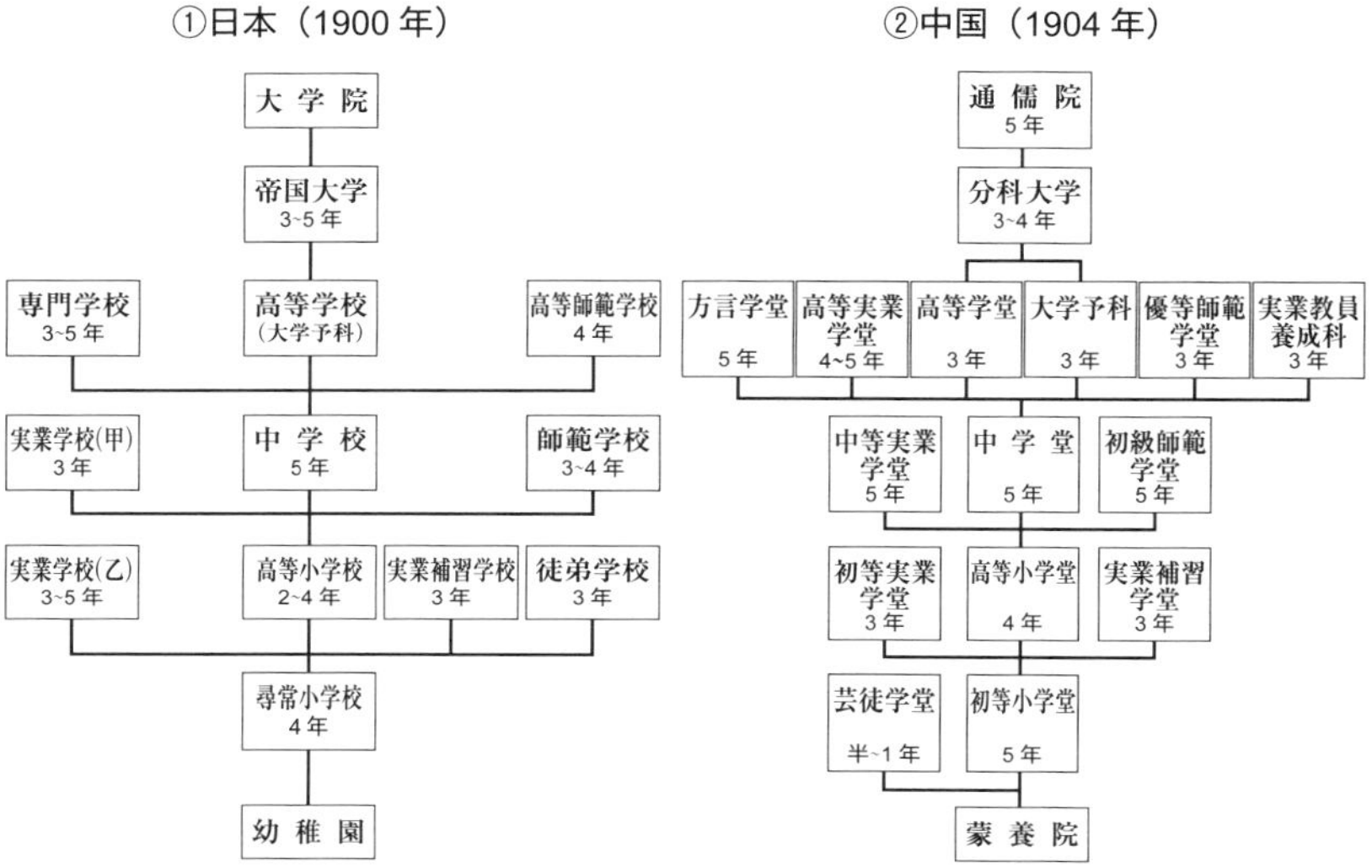

出典：阿部洋『中国の近代教育と明治日本』（龍渓書舎、2002 年）、34 頁。

が含まれる。法律門には主に法律原理学、大清律例要義、中国歴代刑法考、中国古今歴代刑法考、東西各国法制比較、各国憲法、各国民法および民事訴訟法、各国商法、交渉法、泰西各国法が設けられた。また、補助科目として、各国行政機関学、全国人民財用学、国家財政学がある。なお、同章程には、教科書として「外国の善い本を選んで講義[25]」するとあり、この時の中国では未だ教科書を自立して編纂する段階になかったことが示されている。

已仕成人法学教育は、主に各地に開設された法政専門学堂で行われた。この制度は瀋家本らが「法律学堂の設立に関する上奏書」で紹介した、「日本変法之初、設速成司法学校、令官紳毎日入学数時、専習欧米司法行政之学（日本は維新後に、速成司法学校を設け、官紳（＝在任・退任の官僚と地方の有力な地主）らを入学させ、専門的に欧米の司法と行政の学を習わせた）[26]」との認識を明らかに実践に移した結果といえよう。教育課程は「大学堂章程に掲げられた科目に照らし、各地の実際の状況に合わせて科目の増減をし、授業の時間数を加えた上で、三年で卒業となる。同時に速成科を設け、一年半以内に卒業させる」[27]形で進んだ。

2　新式分科の確定

新学制の確立と多くの専門学堂の開設に伴い、旧科挙制の下の「四部之学」は時代遅れとなり、新しい「分科」の設定の必要が迫られていた。

この時、日本語および西洋諸語で著された数多くの本が中国語訳されたことに伴い、西洋由来の学科の分類は日清戦争後の中国で速やかに広まり、学制改革のプロセスに現れた。

1901年、張之洞らは日本が1886年の「帝国大学令」で定めた文科、法科、医科、理科、工科と、1890年に設けた農科からなる「六科分立」および西洋諸国の学術分野を相互に参照し、経学（儒教の経典を学ぶこと）、史学、格致学（理学）、政治学、兵学、農学、工学からなる「七科分学」の案を出した。経学を冒頭に置く方法は張が唱えた「中学為体、西学為用」を反映していた。しかし、清国政府の命を受けて欽定学堂章程を定めた管学大臣張百熙は、張之洞とは異なり、日本に倣い政治科、文学科、格致科（理科）、農業科、工芸科、商務科、医術科から成る「七科分学」の案を作った。張百熙には、「明らかに近代西洋の分科を受け続き、伝統中国の経史学を近代分科のシステムに組み込む傾向」[28]があった。しかし、前述の通り、張百熙の案は、保守派の反対により廃案となった。

1903年に張百熙と張之洞がともに癸卯学制を立てた際に、両者は「日本の大学は唯文、法、医、格致、農、工合せて六つの学科を設け（中略）文科大学内での漢学科は更に経学、史学、文学の三つの専修に分けられた（中略）中国では経学と商科を独立学科として建て、それにより八つの分科とする」[29]と、分科案の趣旨を説いた。日本の六科を『奏定大学堂章程』が定めた「八科分学」と言われる中国式の新式分科に変えたのである。

中華民国時代に入った1913年に、民国教育部は『大学令』と『大学規程』を公布し、「八科分学」にある経学科を取り去って、大学分科を文科、理科、法科、商科、医科、工科からなる「七科」とし、法科のもとで更に法律学門、政治学門、経済学門の三つの門（＝専修）を設け、近代中国における「七科之学」が確立された。「四部之学」から「七科之学」への転換は、「伝統中国の学術が近代西洋の分科システムに溶け込んだだけではなく、伝統中国の知識体系も近代西洋の軌道に乗り始めることを意味し、『通』・『博』（すなわち、なるべく学際的に各分野の知識を得るジェネラリストの養成）を重要視していた昔の中国の「四部之学」が（一つの具体的な専門学に習熟したスペシャリストを創出する）七科の学への転換を成し遂げた」[30]のである。このプロセスを通じて、伝統中国の「刑名の学」[31]も近代法学に移り変わっていった。

（三）　新学制と新分科における憲法学教育

日本を参考とする新学制と新分科の確立に伴い、近代中国の憲法学教育も、二つの大きな変化を迎えた。一つは、中国人が日本人学者に師事することから離れ中国人の学者のもとで学ぶようになったことであり、もう一つは編訳された日本人の著作を教科書とすることから中国人の手により編纂された憲法学教科書が使用されるようになったことである。以下、この点について詳述する。

洋務運動の時期、中国人は主に渡米して科学技術を学んでいたが、日清戦争以降、制度変革に転じた中国は、「昨日までの敵であった日本にはじめて留学生を送」[32]り、日本留学のブームが興る。その後このブームは、中華民国初期まで続いた。統計によると、1898年から1911年に至るまでの間で、日本に留学した中国人留

表4-1　清国留学生法政速成科の担当講師（1904年）

氏名	取得学位	所属	担当授業
梅謙次郎	法学博士	東京帝国大学法科大学教授	法学通論及び民法
志田鉀太郎	法学博士	東京高等商業学校教授 東京帝国大学法科大学教授	商法
筧克彦	法学博士	東京帝国大学法科大学教授	国法学
清水澄	法学士（後に博士）	学習院教授、内務書記官	行政法
岡田朝太郎	法学博士	東京帝国大学法科大学教授	刑法
中村進午	法学博士	学習院教授 東京高等商業学校教授	国際公法
山田三良	法学博士	東京帝国大学法科大学教授	国際私法
岩田一郎	法学士	東京控訴院判事	裁判所構成法
板倉松太郎	法学士	大審院判事	民刑訴訟法
金井延	法学博士	東京帝国大学法科大学教授	経済学
岡実	法学士	農商務省参事官	財政学
小河滋次郎		監獄事務官	監獄学

出典：法政大学編『法政大学史資料集（第11集）』、91頁を基に筆者作成。

学生は五万人以上に達した。[33]

この時期の日本留学学生の内、法政科の割合は半分以上を占めている。[34]その主な要因には、①新政改革では多くの法学や政治学分野の人材が必要となり就職に有利であったこと、②日本留学への機運の高まり、③明治憲法を模倣した国家体制の構築が目指されたことの三点が挙げられる。[35]日本の大学は近代中国最初の法学者と政治学者を育てた。[36]例えば早稲田大学は清国留学生部を設け、法律と政治に関わる授業を講じ、法政大学は特に清国留学生法政速成科を開き、当時の著名な日本の法学者を招聘して講義を行った。その詳細が表4-1である。ここに挙げられる講師の多くが東京帝大で教鞭をとる法科大学教授であり、また司法部を初めとする各種の国家機関で働く官僚も名を連ねている。彼らから清国の留学生たちは最新の法学理論と実務経験とを直接に学ぶことができた。日本において体系的に憲法学を含む近代法学教育を受けた中国人留学生は、後に中国の憲法制定作業において目覚ましい業績を残す俊材となった。

日本に留学生を送るとともに、近代中国も日本人顧問を

表4-2　京師地域で雇われた日本人法学教習一覧

所属	氏名	経歴
京師大学堂師範館	巖谷孫蔵	法学博士、後に京都帝国大学法科大学教授
	杉栄三郎	法学士、後に日本帝室博物館館長
	法貴慶次郎	法学士、東京高等師範学校教授、後に東京市督学
	岡田朝太郎	法学博士、後に東京帝国大学法科大学教授
	織田萬	法学博士
京師法政学堂	巖谷孫蔵	同学堂総教習を務める
	杉栄三郎	同学堂副総教習を務める
	岡田朝太郎	法学博士、後に東京帝国大学法科大学教授
	小河滋次郎	法学博士
京師法律学堂	岡田朝太郎	同学堂総教習を務める
	松岡義正	法学博士、東京控訴院部長
	岩井尊文	法学士、海軍大主計
	志田鉀太郎	法学博士、後に明治大学教授
	小河滋次郎	法学博士
直隶法政学堂	甲斐一之	法学士、後に日本司法省参事官
	中津三省	法学士
	失板寛	法学士
	太田一平	法学士
北洋法政学堂	吉野作造	法学博士、後に東京帝国大学法科大学教授、同学堂総教習を務める
	今井嘉幸	法学博士、後に衆議員議員

出典：汪向栄『日本教習』、68～78頁を基に筆者作成。

招聘し、彼らは中国の近代化に重要な役割を果たした。最初に招聘されたのは1896年で広東東文学館に勤めた長谷川雄太郎であったが、彼らは新政開始後の1902年から急増し、1908年に頂点に達したが、辛亥革命後の1912年から激減した。[37] 特に、日露戦争後の1905年に、科挙制の廃止とともに各専門大学堂が設立された際に、留学生を派遣する代わりに、清国政府は多くの日本人を「教習」[38]として招聘していた。日本人教員の比率は、圧倒的に他国出身の教員より高かった。[39] 表4-2が示すように、法学教育も同様の傾向にあった。[40] 特に、清国政府の顧問として招聘され、清国の法典編纂事業に終始関わった岡田朝太郎、松岡義正、小河滋次郎、志田鉀太郎らの名前が見られることは注目し

表4－3　朝陽大学法学教員の出身校一覧

氏名	出身校	役職・担当科目など
江庸	早稲田大学	創立者、学長、理事
居正	法政大学	理事長、学部長
丁惟汾	法政大学	理事
黄群	早稲田大学	創立者
張知本	法政大学	学部長、理事
夏勤	東京帝国大学	教務長、学部長
程樹徳	法政大学	憲法、法制史
王建今	早稲田大学	刑法、行政法
陳瑾昆	東京帝国大学	刑法、刑事訴訟法
戴修瓚	中央大学	手形法、保険法
曾志時	明治大学	民法総則、債権
石志泉	東京帝国大学	民事訴訟法
餘棨昌	東京帝国大学	手形法、親族相続、物権
於光熙	明治大学	民事訴訟法、債権
李祖蔭	明治大学	民法
呂複	明治大学	憲法
李宜琛	早稲田大学	民法物権
趙琛	明治大学	刑法総則、分則
羅鼎	東京帝国大学	民法親族相続
閔剛候	九州帝国大学	法学通論
劉志揚	東京帝国大学	債権、物権
冀貢泉	明治大学	英美法
王覲	明治大学	学部長代行
黄右昌	法政大学	民法、ローマ法
王家駒	早稲田大学	商法、銀行法
朱深	東京帝国大学	監獄学
何基鴻	東京帝国大学	法院編制法
劉鴻漸	東京帝国大学	物権、相続
李景禧	東京帝国大学	校刊『法律評論』編集長
胡長清	明治大学	校刊『法律評論』編集長、民法

出典:『百年朝陽』(法律出版社、2015年)53～55頁を基に筆者作成。なお本表に挙がる私学の機関名は、各教員の終業年に関わらず現在の機関名で統一している。

てよい。近代中国の法典編纂過程に現れた数々の論争や、それらの論争に対する彼らの意見は、岡田らの講義を通して明瞭に伝えられた。

　中華民国期に入ると、日本人法学教員の代わりに、中国人法学者が現れ始めた。日本派法学教育の総本山と言われた朝陽大学（後に詳述）の教員を見ると、**表4－3**で明らかなように、日本の大学を卒業している教員の数が多い（また、英米諸国の大学出身の教員も十二人いるが、[41]これらの教員の紹介は省略する）。

　そこで、清末民初期の憲法学教育において使われていた教科書についてだが、当初は日本の憲法学者の著作を翻訳して用いていたが、やがて日本の憲法学者の著作に基づき中国において教科書を編集する段階に移り、最後には、明治憲法学の概念の下に中国は独自に教科書を編纂するまでになる。

中国における翻訳書は、「十六世紀初頭、主に宗教類に偏っていた」[42]が、アヘン戦争以降の翻訳書は、近代化に大きな役割を果たした。しかし、社会科学分野においては、日清戦争まで、日本人学者の著作物を翻訳した例は僅か一冊にとどまっていた[43]。だがその後、1895年から1919年（五四運動）までの間に、日本語からの翻訳書は「訳書総数の六割を占め（中略）その内社会科学類が中心であり、特に政治、経済、教育、法律、軍事と社会」[44]に関わる内容が非常に多くなった。しかも、日本人の著書の他に、英米学者による法学や政治学の著作も、その日本語版の中国語訳を通じて、中国に輸入された[45]。また、中国語訳された日本人学者による法律関係の著作は、1911年に清国が司法官試験を行った際にも、依然「法官必読」[46]として位置付けられた。

憲法分野も前述の通り、中国人が自力で憲法教科書を編纂できるまで、概ね中国語訳された日本人の著作が参照されていた。表4－4は中国語訳された日本人による憲法関連著作を出版年代順に並べたものである。

清国末期の憲法学教育において、表4－4で示したこれらの中国語訳された専門の著作は、極めて重要な役割を果たしている。これらの著作の翻訳は系統的にある一定の学説のみを対象としたわけではない。その内容や思想的基盤はそれぞれに異なっていた。この他、国定の憲法教科書は存在せず、一部の学堂は教科書の編纂と印刷に配慮した上で、「同志を糾合し、株を集めて印書局を設け（中略）講義を陸続と印刷して、安い価額で販売し」[47]た。1910年、清国政府の学部（＝文部省）が立憲計画に則して『国民必読課本』[48]を編纂し、その中で憲法・憲政・憲法学に関することを清国政府の立場から解釈したが、辛亥革命の勃発によって、同教科書は全国に配布されなかった。

中華民国期に入り、『大学令』（1912年）と『私立大学規程』（1914年）の公布をきっかけとして、国立北京大学や私立民国大学などが設立され、法政教育の一環としての憲法学教育が行われた。中国で自国の学者が憲

表4-4　中国語訳された日本人による憲法関連著作一覧

中国語書名	原著者	翻訳者	中国語版の出版社	出版年
国家学原理	高田早苗	稽鏡	訳書彙編発行所	1901 年
各国公民公私権考	井上馨	章宗祥	出洋学生編訳所（東京）	1901 年
日本帝国憲法義解	伊藤博文	沈紘	金栗齋（上海）	1901 年
日本皇室典範義解	伊藤博文	沈紘	金栗齋（上海）	1901 年
国法学	岩崎昌等	章宗祥	訳書彙編社（東京）	1901 年
萬国憲法比較	辰巳小二郎	戢翼翬	商務印書館（上海）	1902 年
憲法要義	高田早苗	稽鏡	文明書局（上海）	1902 年
英国憲法論	天野為之等	周逵	広智書局（上海）	1902 年
国憲泛論	小野梓	陳鵬	広智書局（上海）	1903 年
政体論	高田早苗	秦存仁	時中書社（武昌）	1903 年
憲政論	菊池学而	林棨	商務印書館（上海）	1903 年
日本帝国憲法論	田中次郎	範迪吉	会文学社（上海）	1903 年
国家政府界説	民友社	薩君陸	関学会（東京）	1903 年
歐美政体通覽	上野貞吉	巔涯生	商務印書館（上海）	1903 年
英国憲法史	松平康国	麥孟華	広智書局（上海）	1903 年
国法学	岩崎昌	範迪吉	会文学社（上海）	1903 年
国法学	筧克彦	陳武	湖北法政編輯社（東京）	1905 年
日本憲法義解	伊藤博文	佚名	商務印書館（上海）	1905 年
法律経済辞典	清水澄	張春濤ほか	群益書局（上海）	1905 年
中国語訳新法律辞典	三浦熙	徐用錫	京師訳学館（北京）	1905 年
比較国法学	未岡精一	商務印書館	商務印書館（上海）	1906 年
憲法	清水澄	盧弼ほか	政治経済社（東京）	1906 年
国法学	筧克彦	陳時夏	商務印書館（上海）	1907 年
国法学	筧克彦	熊範輿	丙午社	1907 年
日本憲法義解	伊藤博文	丁德威		1907 年
法律経済詞解	岸本辰雄	張恩枢		1907 年
日本憲法疏證	日本政府	載澤	政治官書局	1908 年
中国語訳日本法律経済辞典	田邊慶彌	王我臧	商務印書館（上海）	1909 年
憲法研究書	富岡康郎	吳興讓	商務印書館（上海）	1911 年
政教進化論	加藤弘之	楊廷棟	出洋学生編輯所（上海）	1911 年迄
国家学	有賀長雄	許直	湖南訳編社（東京）	1911 年迄
憲法論綱	法曹閣	陳文中	群益書局（上海）	1913 年
憲法学原理	美濃部達吉	歐宗佑ほか	商務印書館（上海）	1925 年

出典：譚汝謙編『中国訳日本書総合目録』を基に筆者作成。

法学の教鞭を執る時代が始まったのである。そして、次第に日本人学者の著作に取って代わり、中国人学者による憲法の講義が行われるようになった。

次節より、四つの例を挙げて、近代中国の憲法学教育における日本的要素が果たした役割を更に詳しく検討する。

第三節　日本留学の潮流と近代中国憲法学者の育成——法政大学法政速成科を中心に

（一）　法政大学法政速成科の設立

日本の近代教育制度は、「極めて僅かの年限の間に急速な発展をなし、国民生活の急激な近代的構成と共に進んで来た」[49]。「五カ条の御誓文」が頒布された翌年、1869年に、幕府時代に漢学教育を行っていた昌平学校は、法科、理科と文科を設けた大学南校に改められた[50]。その後、昌平学校は東京開成学校と改められ、東京大学法学部の前身となった[51]。

同時に、司法省も1871年に明法寮を開き、四年後に司法省法学校と改名した。同校は当初はフランス語によるフランス法教育を行う八年に及ぶ課程を備えたが、「司法事務日ニ月ニ繁劇ヲ加フ」ことに鑑み、司法人材の早期育成を目指して、1876年4月に速成科を設けた。この速成科の最初の学制は二年だったが、二期生以降は三年となった。「日本近代法の父」と言われるボアソナードも速成科の講師陣に列し、通訳を通してフランス法関係の授業を行っていた。しかし、1879年からは、磯部四郎のような留学から帰国した日本人が次第に教鞭を執るようになり、1887年末の速成科の終わりまで続いた。[52]司法省法学校が創始したこのような速成科教育は、「速成科の嚆矢」であって、[53]後に「中国において法律人材を育成するモデルとして清末民初期に大規模に法政教育に活用」[54]された。

1882年以降、「律型の新律綱領・改定律例は撤廃」[55]され、「西欧法的な様式を備えた」[56]旧刑法および治罪法の施行と代言人規則の改訂をきっかけとして、[57]日本の近代法教育は本格的に進められる。東京大学法学部のような官立法学校の他に、多くの私立法律学校も現れていた。その後、私立法律学校の管理を強くするため、明治政府は、『私立法律学校特別監督条規（1886年）』、『特別認可学校規則（1888年）』などの法令を公布したが、これらの法令により、入学の資格が規制され、当時、私立法律学校の財政運営の円滑化のための「入学は易しく卒業が難しく」という一般的方針が脅かされていった。[58]

現在の法政大学が設立されたのもこのような状況を背景としていた。その前身は、1889年の和仏法律学校であったが、これは、1881年に東京法学社から独立した東京法学校が、1886年に創立の「仏学会」を母体とした同じフランス系の東京仏学校と1889年に合併し、箕作麟祥を学長に迎えて開設されたものである。1898年の民法典の公布と同年に、和仏法律学校は財団法人となり、理事長兼学長である梅謙次郎の下で、学校の経営は安定化し、1903年には、文部省が公布した『専門学校令』に従って、「和仏法律学校法政大学」と改称した。[59]

1903年5月、清国福州師範学堂の教員林炳章は日本視察中に法政大学を訪れた。この時、梅謙次郎は林に「明治維新の初め、招聘した通儒（＝法律専門の外国の学者）に法政の学を教えられ、後に受講生たちが良い官吏となった」[60]ことを語っている。同時に梅は「来年本校で法政速成科を創って清国の来学者を集め、最も著名な講師によって政治上の一般的な見解を講義し、十ヶ月での卒業を目指すことを計画している。これは期間が短くて

表４-５　法政速成科第一班授業時間数

第一学期		第二学期	
学科	授業時間数（週）	学科	授業時間数（週）
法学通論及民法	10	商法	6
国法学	4	行政法	6
刑法	4	民刑訴訟法	6
国際公法	4	国際私法	2
裁判所構成法	1	財政学	4
経済学	2	監獄学	1
合計	25	総計	25

出典：『法政大学史資料集（第一一集）』（法政大学、1988年）、５頁を基に筆者作成。

効率が高い方法だ」[61]と、林に語った。１９０４年に、東京宏文学院[62]と東京法学院で学んだ范源濂と曹汝霖は中国の法政人材の不足に鑑みて、日本で法政速成科を設ける案を立てた。彼らは最初に「早稲田大学を訪ねたが、叶わなかった」[63]ため、梅に援助を請うた。先に述べたように、梅はこの前年に林炳章と会見し既に構想があったようで、「君たちの熱意に感動され、力になりたい。（速成科の）場所は本校構内にしても構わないが、日常の授業とぶつからないように時にやむをえずに夜間に授業を行う。講師の招聘と授業の内容は私が手配する。学費は高すぎても低すぎてもいけないが、月極で支払えば良い。翻訳は君たちに選んでもらいたいが、（修業のためには）学期は少なくとも一年を要する」[64]と、快諾した。

梅は直ちに小村寿太郎外務大臣と楊枢清国公使と連絡を取り、両者の賛同を得た上で、１９０４年４月26日に文部省に法政速成科の設立申請を提出した。僅か四日後に許可が下りて、５月７日、法政大学構内で第一班の開講式が行われた。

『法政大学史資料集』によると、速成科第一班（１９０４年５月－１９０５年６月）から最後の第五班（１９０６年10月－１９０８年４月）まで、総計一二一五人[65]が速成科から卒業した。これらの卒業生は、中国に戻り近代的な法学教育と法整備作業の中核を担い、近代中国に大きな足跡を残した。[66]

表４－５は第一班、表４－６は第二班の速成科の授業時間数である。

表4-6　法政速成科第二班授業時間数

第一学期		第二学期		第三学期	
学科	時間数（週）	学科	時間数（週）	学科	時間数（週）
法学通論及民法	5	民法	4	民法	5
国法学	5	行政法	6	商法	6
刑法	3	刑法	3	国際私法	3
経済学	4	国際公法	4	民事訴訟法	4
西洋史	5	裁判所構成法及民事訴訟法	3	財政学	4
政治地理	2	政治学	4	員警監獄学	2
合計	24	合計	24	合計	24

出典：『法政大学史資料集（第一一集）』（法政大学、1988年）、7頁を基に筆者作成。

また、表4－7と表4－8は、増加した留学生数に応じて調整された法律学部と政治学部の授業時間数である。「速成科」とはいえ、法学通論から各法分野に亘る科目設置とそこに選任された担当教員の顔ぶれは、当時の日本の帝国大学と大差がなく、体系的な法学教育が施されたことを、表4－5～表4－8から窺い知ることができる。法政速成科のこのような教育は、中国にとっての最初の近代法人材を育んだのである。

（二）法政速成科の憲法学の教員

ところで、法政速成科内で憲法関係の講義を担当したのは筧克彦と清水澄であった。筧は『国法学』と題して講義を行ったが、その緒論と第一章の一部が、早稲田大学で学んだ周宏業と方翮によって中国語訳され、『法政速成科講義録』の第一号と第六号に掲載された。清水は『憲法』を講義したが、これは法政大学で学んだ俞亮公によって全文が中国語訳され、同『講義録』の第四一号から四六号に掲載されている。[67]

筧は1872年、筑摩県諏訪郡上諏訪（現長野県諏訪市）に諏訪藩士筧朴郎の長男として生まれ、1897年に東京帝国大学を首席で卒業した。1898年から6年間、筧はドイツに赴き、歴史学派のギールケ（Otto von Gierke、1841年－1921年）、歴史神学者のハルナック（Karl Gustav

表4-7　法政速成科第五班法律学部授業時間数

第一学期		第二学期	
学科	授業時間数（週）	学科	授業時間数（週）
法学通論	2	民法	2
民法	7	商法	5
憲法泛論	4	行政法	5
刑法	4	国際私法	2
国際公法	4	裁判所構成法及民事訴訟法	5
経済学原論	3	破産法	2
		刑事訴訟法	2
		監獄学	1
合計	24	合計	24

出典：『法政大学史資料集（第十一集）』（法政大学、1988年）、9頁を基に筆者作成。

表4-8　法政速成科第五班政治学部授業時間数

第一学期		第二学期	
学科	授業時間数（週）	学科	授業時間数（週）
法学通論	2	民法	2
民法	7	比較憲法	2
憲法泛論	4	行政法	5
国際公法	4	地方制度	1
経済学原論	3	刑法	4
近世政治史	3	政治学	3
政治地理	1	応用経済学	3
		財政学	3
		員警学（＝警察学）	1
合計	24	合計	24

出典：『法政大学史資料集（第十一集）』（法政大学、1988年）、9頁を基に筆者作成。

Adolf Harnack、1851年－1930年）と、精神史学者ディルタイ（Wilhelm Christian Ludwig Dilthey、1833年－1911年）に師事し、法理学と国体論の理論的基礎を築き、1903年の帰国と同時に、東京帝国大学法科大学教授に任じられ、他大学でも行政法と憲法を講じた。[68]

筧は「竹見生」のペーンネームで『清国立憲問題』に中国の憲法制定について論評を発表している。筧は、立憲政治について次のように述べている、

憲法たる文字を紙に書いたものや、印刷したる文字などは、有っても無くても構はない。要は其の内容に於て、政府及び国民が、憲法政治の精神を自覚し、之を遵奉すれば宜いのだ。政府及び国民が、憲政の精神を自覚するに足る丈けの智識を備へて居れば、乃ち之を実施しても、差支の無い基礎が出来るのである。此の基礎則ち土台なしに、憲法政治を実施しても、形式の上では憲法政治ぢゃが（原文のママ）、真個の憲法政治ではない。[69]

筧は彼の国体学説に基づいてさらに、「君権国を以て世界に聞え居った日本が、開闢以来数千年の歴史を一擲し、一朝にして民衆本位に適せる憲法政治を施いたかの様に思はれるが、決して左様な次第ではない」[70]と主張する。具体的には、日本民衆においては「皇室は敬虞せねばならぬ、国運民命発展せしめねばならぬ」とする思想があってこそ、「毅然として幕府の圧迫に堪へつつ、益々健全に昂上」し、「明治維新の改革も、甚だ容易に行われ、「次で憲法政治なるものが国民の希望となった」[71]と、筧は考える。しかし、清国においては、「国民を駆って、公平無私の思想を極端に排せしめた」[72]だけでなく、「清国の皇室は、頗る国民に威望がない」[73]ので、「清国が軽々に日本の轍に倣ふて、憲法政治を施かうなどとするは、其の根本を顧慮しないで、枝葉の茂るを庶幾するのに斉しい、抑々又た斯の如くにして、憲政を実施し美果を収めんと望むは、宛も三尺の童児をして、千斤の鼎を

枉けしめんとするに異って居らぬ。是れ豈に愚挙の極ではないか」[74]と、筧は考え、「断然清国の政治組織を改革し、一個の連邦国を形成」[75]すべきとした。

ただし張伯烈は「中国を滅ぼすのはまさにこの人（筧）の言葉である」[76]と説き、筧の意見に強く反対した。すなわち、もし中国で連邦制を実行し、選挙で国の元首を決めたら、「清国の朝廷はどのように位置づけられるべきか」[77]が問題となる。また、筧は清国の国民はいまだ立憲国民に相応しくないと主張したが、「どのように政府の体制を一変し、連邦制を通じて元首を推挙すべきか」[78]と、張は疑いを挟んだ。さらに、筧が日中両国の歴史を参考としながら出した、中国の民衆は美徳もなく智識もないという見解に対しては「まさに物事の根本を忘却しており、偏見ばかりだ」[79]と、張は考えた。

法政速成科のもう一人の憲法講師であった清水澄は、1868年に石川県金沢市に生まれ、1894年東京帝国大学法科を卒業後、1898年に学習院教授となる。同年からヨーロッパに国法学と行政学を学び、三年滞在して帰国した後、1905年に法学博士号を取得し、宮内省および東宮御学問所御用掛となり、大正天皇、昭和天皇に憲法学を進講した。その後行政裁判所長官、枢密院顧問官・副議長を経て、敗戦後、1946年に最後の枢密院議長に任ぜられた。

近代中国の憲法制定運動が盛んであった時に、清水は1908年に「支那ノ立憲制度」[80]を発表し、清帝国はもとより統一された大国であるから、連邦制度に無理して変更する必要はない、ただし、日本と比較して、地方は権力が分散しているため、いわゆる地方分権的な立憲制度を立てることが望ましいと主張した。中華民国期に入った1914年に、清水は「中華民国ノ憲法制定ニ就テ」[81]と「支那憲法如何」[82]を発表している。両論文は当時の中華民国大総統袁世凱の人格を分析し、地方分権の問題に焦点を当てたものである。また、前者は中国の歴史に鑑みながら中華民国が連邦制を採るべきことを唱え、後者は大総統の地位・任期・資格・選挙方法・権限・

権力など九つのテーマについて、米・英・仏・中との対比をし、中華民国袁世凱政権の憲法制定に関する考察を行っている。清水のこの二つの論文に述べられた予測は、後の袁世凱の憲法制定の実践を通じて正しいことが証明された。

一方、旧満洲国が帝政に改められた後の1934年に、満洲国当局は1882年の伊藤博文の欧州視察を参考にし、満洲国立法院長趙欣伯氏を憲法調査特使として日本に派遣した。横溝光輝の記述[83]によると、当時の日本行政裁判所長官で、憲法学の権威であった清水澄と法制局長金森徳次郎らが趙欣伯氏一行を接待し指導した。翌年の1935年5月21日から6月16日の間には、日本陸軍大臣兼対満事務局総裁林銑十郎が、巨大な訪問団を率いて満洲に出張し視察を行っているが、清水澄もこれに随行している。その後、日本陸軍の手筈により、清水澄は同年9月25日および26日に旧満洲国の首都新京（今吉林省長春市）で、満洲国皇帝溥儀に憲法に相当する「満洲帝国政府組織法」を二日に亘って進講した。菅谷幸浩は、「皇帝を天皇に置き換えれば、この御進講内容こそ、かつて東宮御学問所で皇太子時代の昭和天皇に御進講したそれと重複していることがわかる」[84]と、清水の進講を分析している。

清水は最後の枢密院議長として終戦後の憲法改正を迎えた。清水の墓碑文[85]には、1948年9月25日、清水は「伊豆熱海ノ波濤ニ身ヲ投ン、遺スニ自決ノ辞ヲ以テス。其趣旨トスル所ハ、日本国及天皇制ノ将来ニツキ憂慮スベキモノアルモ、徹力匡救ノ道ナキヲ以テ、楚ノ名臣屈原ニ倣ヒテ、水死シ、幽界ヨリ我国體ヲ護持シ、天皇制ノ永續ト今上天皇ノ在位トヲ、祈願セントイフニ在リ」と刻まれている。

まさに徳富蘇峰が評したように、彼は「臣道ノ実践、学徒ノ志趣、残ル所ナク、剰ス所ナク。御遂ゲ成リ、是ニ見事ナル」人物であり、また碑文に記されているように「其ノ生涯ハ君国ニ対スル忠誠ノ念ヲ以テ終始シ」ていた。清水澄はその博学と慎重な学問姿勢により、近代中国の憲法制定と憲法学教育に大きな影響を与えた。

表4－9　筧克彦講義の構成（部分）

緒論	第一條	国法学之意義			
	第二條	国法学之範囲			
	第三條	国法学之種類			
第一篇 総論	第一章 国家	第一節	国家之意義	第一款	総説
				第二款	国家成立之要素
				第三款	非国家之人民集合体
				第四款	国家之性質
					以下欠

出典：『法政速成科講義』（第一号、第五号）を基に筆者作成。

（三）　法政速成科の憲法学講義

前述のように、筧の『国法学』講義は、『速成科講義録』には一部のみが収められている。本項では「緒論」の内容を通じて筧の講義の骨格を窺うことにする。

筧の国法学講義は、「普通にいわゆる国法学と違って（中略）憲法学の範囲と全く同じ」[86]であり、明治憲法の統治権論を中心として展開された。同講義は国法学を「国の統治組織と統治作用に関する法学」[87]と定義付け、統治組織と統治作用の範囲をそれぞれ「国家が統治権を行う機関」と「国家と国家機関の統治権行使に関する規範」[88]であるとした。そして国法学の対象とするところは「国家の統治目的とその動機」[89]を研究する政治学とは異なる。筧の緒論には、同講義は「一般国法の基礎」を論じて「日本の国法を中核とする」[90]内容に及ぶ構成であることが記されている。しかし、表4－9に示す通り、総論の第一章以降は中国語に訳されず、従って『速成科講義録』には掲載されなかったためその細かな内容までは把握することはできない。

筧の講義のもう一つの注目すべき点は、統治権と最高主権との区分けに関する解釈である。筧によると、統治権は国家と同時に存立し、即ち統治権があれば国家があり、そこに先後関係はない[91]。言い換えれば、統治権は他の権力から生じたのではなく、統治権が他の権力を生み出しているのである。そのため、統治権は最高にして比較し得ない権力であり、さらに統治権は国家人格に由来

表４－10　清水澄憲法講義の構成

第一編 総論	第一章	国家
	第二章	憲法
第二編 統治権之主体	第一章	統治権之性質
	第二章	統治権主体之意義
	第三章	統治権主体之天皇之性質
	第四章	自然人之天皇
	第五章	皇位継承
第三編 統治権之客体	第一章	総論
	第二章	領土
	第三章	臣民
第四編 憲法上之機関	第一章	総論
	第二章	摂政
	第三章	国務大臣
	第四章	帝国議会
第五編 統治権之作用	第一章	立法
	第二章	預算
	第三章	狭義憲法上之大権
	第四章	司法
	第五章	財務行政

出典：『法政速成科講義』（第四六号）を基に筆者作成。

するため、統治権を国家自主権または「本来主権（Ursprüngliche Herrschergewalt）」と称することができるとした。しかも君主国において、君主が国権の総攬者（Träger der Staatsgewalt）として有する歴史的意味における至高権限（Souveränität im historischen Sinne）は、何も付け加えられない単純な最高主権とは全く異なる。

ところで、清水澄は『憲法』講義で、筧とは異なり、国家は統治権の客体であると唱え、統治権主体・客体論に依拠している。表４－10は清水が法政速成科で行った講義の構成である。

清水は明治憲法第一条を「日本帝国を統治権の客体とし、天皇を統治権の主体」[92]とするものであると解したが、清水によると、いわゆる統治権は、「（一定の土地において）統一的な団体を組立てる権力」[93]であり、すなわち「統轄の権力」としての統治権は「最高にして無上な権力」としての主権とは異なっている。最高権力を表すときには統治権と主権はほとんど同じ意味を表すが、主権は統治権に取って代わることはできない。明治憲法第一条と第四条は、天皇は日本の統治権の主体であることを定めている。「国ノ元首ニシテ」という語は「中央集権を形容する言葉に過ぎないし、国法上にある君主の地位を解釈する言葉ではない」[94]と、清水は主張した。統治権の主体に対して、清水の講義では、土地と臣民からなる国家は統治権の客体であると[95]定めた。しかも清水は三権分立に変更を加え、行政権から「君主自行之作用」[96]を分離するとともに、大権作用を「君主が他機関に委任して行うもの」と「君主が自ら行うもの」[97]に区分し、前者を司法と行政に分け、議会の協賛の要否をもって後者と区別した。そして、もし議会の協賛なく君主が自ら決定できれば、それは狭義の大権作用[98]であるとした。

筧と清水の講義を通じて、統治権を中核とする明治憲法およびその解釈学が近代中国の知識人に伝受された。例えば梁啓超の開明専制論は「筧克彦氏の学説を祖述し、民選議院がまだ成立してない憲政実行の過渡期を指す」[99]理論とされる。また楊度の憲政思想にある責任内閣と国会に関する議論は、清水が速成科で行った講義から影響を受けたものであったことが立証されている。[100]法政速成科で展開された筧や清水の講義は近代中国の体系的な憲法学教育の嚆矢と言っても過言ではないだろう。

第四節　中国語訳日本人憲法学著作を教科書として用いる学校とその機関誌
——北洋法政学堂と『北洋法政学報』

科挙制が1905年に廃止された後、前述の『奏定学堂章程』を中核とする癸卯学制の下、数多くの官立・公立・私立法政学堂が雨後の竹の子のように次々と現れた。その中には、日本人学者の著作を編訳して教科書として使う機関や、日本人学者を招聘し授業を担当させた機関があった。本節では北洋法政学堂を前者の、次節では京師法律学堂を後者のそれぞれ代表として取り上げる。

（一）北洋法政学堂の創設

天津に位置する北洋法政学堂は「中国初の全日制普通高等法政学校」[101]であり、その前身は１９０５年に開かれた直隷法政学堂である。同年10月、当時の直隷総督袁世凱は、日本視察から帰国した閻鳳閣の意見[102]に従って、彼の幕僚である黎淵[103]と稽鏡[104]に日本からの帰国を命じ、日本の司法省法学校のように正則科と速成科を併せ持つ法律関係の教育機関を模倣した北洋法政学堂の創設に着手した。１９０６年７月、清国政府は「北洋法政学堂章程」を公布し、同年12月30日に同学堂が設けられた。１９０７年３月、北洋法政学堂の建設が基本的に終了し、６月から学生募集を開始する。辛亥革命以降、北洋法政学堂は、北洋法政専門学校（１９１１年）、直隷公立法政専門学校（１９１４年）、河北省立法政専門学校（１９２８年）、河北省立法商大学（１９２９年）と名称が変遷し、中華人民共和国建国後は、法商大学の法律系と商業系はそれぞれに北京法政学院（現・中国政法大学）と南開大学に併合された。

北洋法政学堂の学制と設置科目は、日本から強い影響を受けており、速成科と専門科が設けられた。速成科は弁護士を養成する司法科と地方士紳（地方の有力地主と退職官吏）を育成する行政科に分けられ、三年内に大清律例、現行法制、憲法大意、刑法、民法要論など十四科目を修了することが求められた。専門科は法律系と政治系を設け、六年間で多くの授業を修得した上で、日本語ともう一つの外国語能力を身につけることとなっていた。北洋学堂においては、速成科と専門科の別にかかわらず、日本人教員が担当する授業は「一律通訳を設けず」[105]、日本語で授業を行っていた。しかし、法学分野で講義を担当した日本人は、今井嘉幸[106]のみであった。また、日本から帰国した中国人講師による講義は、日本人による教科書に依拠せねばならない状況にあった（次項を参照）。北洋法政学堂で学ぶ学生たちは、日本人学者の著作を中国語に訳し編集した教科書を用いて憲法やその他の法律を学んでいた。これらの教科書は、次項で紹介する『北洋法政学報』に主に掲載された。

（二）憲法学教育における『北洋法政学報』が果たした役割

直隷総督袁世凱が管轄する北洋官報局が主管となって発行していた『北洋法政学報』（以下、『学報』）は、「（我が国において）政治と法律の学問はまだ萌芽の時期にあって、報章（新聞と雑誌の総称）の力を借りずに、障碍を突破し先路を導くことはできない」[107]とする考えに立脚していた。この『学報』は、法政大学の法政速成科にいる清国からの留学生が東京で編纂していた『法政雑誌』と、北洋官報局が編纂していた『北洋学報』が合併し、日本に留学していた呉興譲を主筆に迎えて1906年に刊行されたものである。その後、1910年に『北洋政学旬報』と改名するまで、合計一五六号の『学報』が刊行された。

『学報』が、主として編訳された日本人法学者の著作を採録する理由について、呉興譲は「我が国の法学研究者はただ法律条文を解釈し、その精義を求める暇が無」く、また「法政学堂の定員は限りがあり、普及が期待できなかった」と述べている。これに加え、「日本は変法の初から今日に至るまで、刊行されていた各種の法政雑誌が非常に多く、顕著な効果が見られる」とし、「本学報の編集は（中略）日本語からの訳著を通じて法政両学の芽を吹かせ（中略）もって立憲国を成さん」[108]と、発刊の趣旨を述べた。ここに見る「法政両学の芽を吹かせよう」とする意思から、『学報』に掲載された編訳講義は、同じ北洋一派[109]に属する北洋法政学堂における憲法講義で用いられる重要な参考資料であったと推測できないだろうか。そこでそれらの憲法講義に用いられたと推測される訳著の内、主に『国法学』、『比較憲法学』と『憲法研究書』の三つについて、以下考察を加える。

①『国法学』

この講義録は筧克彦が講述し、呉興譲によって中国語訳され、『学報』第二三冊から第三八冊（第二九、第三五、第三七冊を除く）までに掲載されたものである。その全体的構成は表４－11の通りである。生涯に亘って「国法

表 4 - 11 『北洋法政学報』に掲載された国法学講義の構成

緒論	第一章	国法学之意義
	第二章	国法学之範圍
	第三章	国法学之編別
第一編 総論国家	第一章	国家
	第二章	国法
第二編 国家有形之要素	第一章	元首
	第二章	国土
	第三章	国民
第三編 国家無形之要素	第一章	統治権
	第二章	統治機関
	第三章	統治作用
結論	至善之国法	

出典：『北洋法政学報』（第 23 〜 38 冊）を基に筆者作成。

学」についての自著を残さなかった筧の国法学の全体像を知るために本講義録は極めて重要である。

表が示す筧講義の構成から見えることは、当時日本で展開されていた統治権論を中心とする国法または憲法の講義と大差ないことであろう。具体的に言えば、穂積八束が中央大学邦語法学科で行った憲法講義[110]は「国家（第一編）－統治の主体（第二編）－統治の客体（第三編）－統治機関（第四編）－統治権の作用（第五編）」により構成されており、清水澄が日本大学で講じた「国法学・憲法篇」[111]と名付けられた講義も、「総論（第一編）－統治権の主体（第二編）－統治権の客体（第三編）－憲法上の機関（第四編）－統治権の作用（第五編）」からなっていた（なお、穂積と清水の講義に掲げる統治の客体は領土と臣民である）。このような穂積と清水の講義に反映されていた統治権を中心とする講義の構成は、明らかに筧の講義にも反映されていた。

また、講義の内容において、筧は一般の原理の他に、統治権は国家をなす無形の要素であること、主権は国家をなす要素ではないことを主張した。具体的には、統治権は「国の最高権力」として「国内において行」い、かつその主体は「即為国家之全部（即ち国家全部を為す）」[112]ものとされる。統治権をこのように理解すれば、

表4-12 『北洋法政学報』に掲載された比較憲法学講義の構成

緒論	
第一章	国家及国体
第二章	立憲制度之発達
第三章	三権分立
第四章	成文憲法
第五章	議会之組織
第六章	議会之召集開会閉会及解散
第七章	議会之許可権
第八章	議会之権利義務
第九章	君主及大統領
第十章	国務大臣及内閣

出典：『北洋法政学報』（第59～73冊）を基に筆者作成。

中国国民に見られる「君と民だけあって国家全体の意識がない」[113]弊風を改められる。統治権とは異なり、対外の「最高主権」は「必ず国際法により制限される」[114]ので、最高主権は国家を成り立たせる要素ではない。至善の国法とは何かについては、筧は古今東西の国々の政体が異なり、それぞれの利害も一致していないため無益な議論であると説き、どのような国法を採るべきかは、「その国の国民の程度に鑑みて、合うものが善、合わないものが不善である」と、主張した。そして、もし中国の国情を考えれば、「開明専制は至善の国法」[115]だと、筧は考えていた。

② 『比較憲法学』

同講義録は劉鴻翔により編集されたもので、明治憲法とその解釈学を基調とし、英米の三権分立を比較参照して、憲法の基本構造を解き明かしている。『学報』第五九冊から第七三冊までに掲載されている同講義録の構成は、表4-12の通りである。

この講義は比較憲法に関わる講義なので、章構成は同時期の日本の帝国憲法講義とは異なるものであったが、明治日本によって憲法上明記された「国体」という概念は、同講義において、洋の東西を問わず、立憲諸国の様相を解釈する基準として用いられている。

また、内容面において、同講義録は「（異なる憲法を比較して）その同じものから一般の法理を見てその原則を推測し、その相違から一国の特質を知りその真相を究めることができる」[116]と述べ、比較憲法の目的を明らかにした。同講義によると、国家は「唯一の主権の下に結合された一定の地域に定住している多数の人間から成る団

表4-13 『北洋法政学報』に掲載された憲法研究書の構成

第一編 緒論	第一章	総説
	第二章	国家
	第三章	憲法
	第四章	統治権
	第五章	憲法学之範囲
第二編 国家之組織	総説	
	第一綱	国家自然的基礎
	第一章	臣民
	第二章	領土
	第二綱	国家之機関
	第一章	総説
	第二章	天皇
	第三章	摂政
	第四章	帝国議会
	第五章	国務大臣
	第六章	枢密顧問
	第七章	裁判所
	第八章	会計検察院
第三編 国家之機能	第一章	総説
	第二章	法律
	第三章	命令
	第四章	預算
	第五章	司法権
	第六章	行政権
	第七章	国際條約

出典：『北洋法政学報』（第1～11冊）を基に筆者作成。

体」[117]であり、同時に団体を結合させる権力は「国権と謂い、もしくは統治権と云う」[118]。「今日の立憲制度の根本は皆三権分立を採ろう」にも、「各立憲国において極端な権力分立主義を採る例は少ない」のが現実であるため、君主国において君主が有する大権は「（三権分立下の大統領と違って）単に行政だけでなく、同時に立法、司法各部にも」[119]及ぶものであることが述べられている。また、最後に、国法上にある国務大臣の輔弼についても論じられている。筆者から見ると、同講義は、立憲共和国の憲法理論では特に三権分立論を、君主立憲国では特に日本式の君主大権論と比較しながら、統治権、大権と立法や司法のような分立された諸権力の繋がりを描く試みであると映る。

③『憲法研究書』

この資料は、富岡康郎によって編纂された『学説比較法理圖解憲法研究書』[120]を、呉興譲が中国語訳したものである。その内容は、穂積八束、副島義一の憲法学講義、一木喜徳郎の国法講義、そして、岡実と一木喜徳郎の行政法講義等を数多く引用し紹介したものである。呉興譲の中国語訳は、『学報』第一冊から第十一冊までに掲載された。その構成は表4-13の通りである。同書は、明治憲法学の統治権と主権に対する解釈をそのまま受け継ぎ、統治権と主権をめぐる明治日本の憲法学者が展開した議論を要約して編集した。明治期の憲法学者の著作からの数多くの引用によって構成された同書は、日本憲法学者の学説集と見なしても良いであろう。

第五節　日本人を講師とする憲法学教育機関——京師法律学堂

（一）京師法律学堂の創設と日本人憲法講師の招聘

京師法律学堂は清国末期に活躍した修訂法律大臣瀋家本が提唱し創立した近代中国初の官立法律専門学校である。1905年3月に瀋家本と伍廷芳によって提議され、「大学堂法律学門が列する科目および日本で設けられた法政速成科（もちろん法政大学のものに限らない）」を手本として授業を設け、「新律修訂のために裁判官を養成」[121]することに目的が置かれた。

清国学部（=文部省）の審定を経て、1905年7月から準備過程が始まり、1906年9月に開学し、瀋家本が管理大臣、董康らが提調に任じられた。[122]学堂の修業年数は三年間であり、各年に履修すべき科目は以下の通りである（週授業時間数を、第一学期と第二学期の順で括弧内に記している）。[123]

第一年（第一学期・第二学期）：　大清律例および唐明律（四・三）、現行法制および歴代法制沿革（四・三）、法学通論（六・四）、経済通論（四・四）、国法学（四・四）、ローマ法（二・二）、民法（〇・四）、刑法（六・〇）、外国文（四・四）、体操（〇・二）。

第二年（第一学期・第二学期）：　憲法（三・〇）、刑法（四・三）、民法（四・四）、商法（三・三）、民事訴訟法（四・六）、刑事訴訟法（四・三）、裁判所編制法（二・〇）、国際公法（二・二）、行政法（〇・二）、監獄法（〇・三）、訴訟実習（四・四）、外国文（四・四）、体操（二・二）。

第三年（第一学期・第二学期）：　民法（四・四）、商法（二・四）、大清公司律（二・〇）、大清破産律（〇・二）、民事訴訟法（四・六）、刑事訴訟法（二・〇）、国際私法（三・四）、行政法（二・〇）、財政通論（三・四）、訴訟実習（六・六）、外国文（四・四）、体操（二・二）。

この他に、一年半を学制とする速成科も設けられた。その主な授業は大清律例および唐明律、現行法制および歴代法制沿革、法学通論、憲法大意、刑法、民法要論、商法要論、大清公司律、大清破産律、民事訴訟法、刑事訴訟法、裁判所編制法、国際法、監獄学と訴訟実習である。

そして、当時清国政府顧問の岡田朝太郎、松岡義正、志田鉀太郎、小河滋次郎に加え、海軍主計中尉の岩井尊文を招聘し、諸講義を担当させた。これらの講義の中国語訳は、「京師法律学堂筆記」として熊元翰により編集・整理して刊行された[124]。「京師法律学堂筆記」の各巻から、岡田は法学通論、憲法、行政法、大清刑法総則、大清刑法分則、大清法院編制法、刑事訴訟法を担当し、松岡は民法総則、物権法総論、債権法各論、親族法、相続法、民事訴訟法、破産法の教鞭を執り、志田は商行為法、会社法、手形法、船舶法、国際私法の講義を行い、小河は監獄学と大清監獄律の教員を務め、岩井は国法学と国際法を講じたことがそれぞれ知られる。

1906年に開学してから1911年の閉校に至るまで、京師法律学堂は短命ではあったものの、その「卒業生は千人近くに達し、一時は隆盛を極め」[125]た。そこで表4－14、4－15にある「国法学」を担当した岩井尊文と岡田の憲法講義の講義内容について、次項で紹介しよう。

表4 - 14　岩井尊文『国法学』の構成

緒論		
第一編 国家之根本観念	第一章	国家之法律上意義
	第二章	国家之活動範囲
	第三章	国家之機関
	第四章	統治権之意義
	第五章	国体政体
第二編 統治権之活動範囲	第一章	領土
	第二章	人民
第三編 統治権之機関	第一章	君主
	第二章	君位継承
	第三章	君位継承之順序方法
	第四章	大統領
	第五章	摂政
	第六章	監国
	第七章	国務大臣
	第八章	枢密顧問
	第九章	国会
	第十章	裁判所
	第十一章	行政組織
第四編 統治作用	第一章	立法
	第二章	命令
	第三章	司法
	第四章	行政

出典：岩井尊文口述 熊元翰編集『国法学（上・下）』を基に筆者作成。

（二）京師法律学堂の憲法学講義

1　岩井尊文の講義――『国法学』

岩井尊文は1877年に奈良県に生まれ、1903年に東京帝国大学の独法科を卒業し、同年7月に海軍主計中尉に就いてから、1904年に海軍大尉に昇任し、日露戦争の功績によって旭日雙光章が授与された（大学教員ではなかった岩井がどのような経緯で清国政府に雇用されたのかは不明だが、筆者は彼を指導した後述の岡田朝太郎の推挙があったものと推測しているが、その実証は他日を期したい）。岩井はその後の1909年に再びドイツに赴いて商法と刑法を学び、帰国後に弁護士として日本の法律界で活躍した(126)。

表4－14で示したように、岩井の講義は依然として統治権の客体（範囲）、機関と作用を中心に講義を行っているが、彼がいう統治権は「憲法の規定により生」じ、かつ「統治権の内容は権利に属し、統治権の行使は権力に属す」(127)るものである。よって、所謂国家は、権利の主体であり権力の主体ではない。しかも君主は「統治権を総攬する国の第一次機関」(128)と見なすべきで、岩井は更に、穂積八束が主張した天皇＝統治権主体論に批判を加えた。彼によると、①憲法は君主に制限を加えることを目的としており、

穂積が唱えたように、君主が同時に統治権と大権の主体でありその権限を一つ一つ憲法で列挙する必要がないとする解釈は間違っており、②君主が統治権の主体である以上、その権力は絶対に無制限である。故に、大権事項は必ず君主の親裁を仰ぐことを定める必要がない。しかし、実際に、立法権は必ず議会に帰し、司法権は必ず裁判所に帰するので、君主もまた憲法によって制限され、権限は絶対無限と言うべきではない。さらに、③穂積が述べる憲法上の大権は大権事項を指すが、範囲が狭すぎるという。岩井の主張の主旨は、君主を統治権の主体でも憲法上の大権の主体とも考えず、統治権の機関として位置付ける点にあったと、筆者は考える。

2　岡田朝太郎の講義――『憲法』

「明治刑法学の巨星」[129]として知られている岡田朝太郎は、1868年5月29日に旧大垣藩士岡田平八の長男として美濃国大垣南石切村（現・大垣市）に生まれた。[130]岡田は1882年に東京外国語学校に入ってフランス語を修め、その後大学予備門第一高等中学校を経て、1888年には東京帝国大学の仏法科に入学した。1891年に法学士号を取得した後、大学院に入って刑法を研究する。1893年、東京帝国大学法科大学の講師に就任し、1894年に助教授となり、帝国大学をはじめ多くの大学で刑法を講義した。同年、岡田の代表的著作である『日本刑法論』[131]が上梓されたが、この本はフランス刑法理論の時代に終止符を打ち、日本独自の刑法理論の礎を築いたと言われる。[132]

1897年に岡田は文部省より刑法研究のためフランス、ドイツさらにイタリアに留学を命ぜられ、ドイツの刑法学者リスト（Franz Von List、1851年－1919年）に師事した。1900年に帰国すると、直ちに法科大学の教授、警察監獄学校の教授さらに法典調査委員会委員に任命され、1901年6月には博士号を取得して、旧刑法改正の促進に尽力した。[133]

岡田は１９０６年に、東京控訴院部長松岡義正、商法学者志田鉀太郎、監獄法学者小河滋次郎らとともに、清国政府の法律顧問として（志田は１９０２年に、小河は１９０８年に）相次いで中国に赴き、法典編纂事業への協力を開始した。当時、『大清新刑律』の起草、修訂（改訂）さらに頒布は清国法典編纂の要であった。１９０６年の春、巌谷孫蔵の主導の下で、予備草案の起草は既に完了したが、岡田は予備草案を読んだ上で、「主トシテ我旧刑法ヲ参酌シテ成リ、修改スヘキ個処極メテ多キヲ発見シリキ、因テ寧ロ新ニ全部ヲ起稿スル」のが至当であると判断した[134]。そこで、１９０７年８月上旬に、岡田は全ての条文および理由書を作成したが、六回の修正を経た上で、１９１０年12月25日に、清国政府は上諭の形で軍機大臣の修正案、すなわち『欽定大清刑律』を裁可した[135]。この『刑律』は、後の『中華民国刑法（１９３５年）』の前身である。

この他、１９０７年に京師高等検察長徐季龍は、京師地方以下各級推検官を京師法律学堂に集め、岡田朝太郎をはじめ京師法律学堂のお雇い日本人教員たちによる一カ月に亘る検察制度に関する講義を受講させた。岡田がその講義第一編「刑事法と検察制度」、松岡義正が第二編「民事法と検察制度」、小河滋次郎が第三編「行刑法（刑事判決を執行する法）と検察制度」、志田鉀太郎が第四編「検察制度と対外関係」をそれぞれ担当した。岡田らの講義は鄭言氏の筆述と蔣士宜氏の編纂によって、『検察制度』[136]と名づけられて出版されたが、編集者は「岡田（の講義）は図表を参照しながら、その解釈は、細部に及ぶ分析で示された。極めて精妙である」[137]と、岡田の講義を評価している。なお、岡田は心臓病と敗血症のため[138]１９３６年11月13日、享年六九歳で逝去している。

本節が検討する岡田朝太郎が京師法律学堂で行った憲法講義の構成は、表４‐15の通りである。

表のように、岡田の講義[139]も当時の潮流に従い、主体・客体論、機関論、作用論から統治権の構造を解明した。同講義によると、統治権は「国家を主宰する力」であり、内に対しては臣民を服従させ、外に対しては他国と交際を行う主体と所在が統一されている権力である。日本では明治憲法第四条に「天皇ハ国ノ元首ニシテ統治権ヲ

表 4 - 15　岡田朝太郎『憲法』の構成

緒論	第一章	憲法之定義及其種類
	第二章	日本憲法之改正手続
第一編 統治権	第一章	統治権之性質及主権
	第二章	統治権之主体
	第三章	統治権之客体
第二編 統治機関	第一章	総論
	第二章	立法機関及日本帝国議会
	第三章	司法機関
	第四章	行政機関
第三編 統治権作用之大綱	第一章	総論
	第二章	大権
	第三章	立法
	第四章	預算

出典：岡田朝太郎『法学通論：憲法・行政法』を基に筆者作成。

総攬ス」とあるように、天皇は最高統治権の主体であり、統治権の主体はすなわち統治権の所在である。岡田の考え方は先の岩井とは全く異なっていた。

そして主権について、岡田は「主権に関する学説が異なり、主権すなわち統治権と認識する学者がいるが、国体にも関わらず主権と統治権を区別しなければならないと主張する学者もいる」と、指摘した。岡田の立場から見ると、「両学説を折衷するのは至当」である。つまり、主権は「固有の力」、「全能の力」であり、「分割できない力」である。また、主権が分割できない以上、立法権、司法権、行政権はすべて統治の作用の一方面に過ぎないと、岡田は考えた。

一方、清国政府は既に、正文「君上大権」と付録「臣民権利義務」に分けられた全二三カ条から成る『欽定憲法大綱』を公表していたため、岡田は憲法講義で『大綱』に規定された十四カ条に亘る君上大権（皇帝大権）を逐一解説している。彼の『大綱』に対する評価は、注目すべき点が幾つかある。

最初に、岡田の講義によると、日本の憲法は「五箇条の御誓文を憲法の起源として」、「二十二年の予備期を経てようやく成立」したのであり、「世界の大勢を見て、専制は既に二十世紀に相容れない」との判断に基づいて制定されたものである。もし中国も立憲国家を目指して、「組織、準備などのことは公論に任せるならば、上下一心の大精神を以て（＝一致団結として）」遂げる必要があるとした。

岡田は『大綱』第一条「大清皇帝は、大清帝国を統治し、万世一系にして永久に尊戴される」については、清帝国の統治権を総攬する人は君主であるとする君主国体を明確に宣言しており、国体が既に確定した上で、立法、司法、行政などは、全てこれに根ざしていると、評価している。また、第二条「君上は、神聖尊厳にして、侵犯してはならない」では、国法における君主の地位が宣言されているがこの「侵犯すべからず」というのは、君主が法律上に規定された一切の責任を負わず、法律が君主を支配することができないことを意味する。しかし、岡田は「第一条は君主国体を宣言して、第二条は国法における君上の地位を宣言している。これ二つの条文は君上の権利について論及されなかったゆえに、それを君上大権十四条の最初に置くのは不適当である」[140]と、考えた。

また、第四条、第五条、第十条、第十三条、第十四条については、岡田によれば次のように評価されている。第四条「議院の召集、開閉、停会、延期及び解散の権について。解散時、国民が重ねて新議員を選挙した場合でも、解散をうけた旧員は、即ち斉民に異ならず、もしくい違いがあるならば、その事情を量りこれを法律で処治する」は、明治憲法に規定した天皇の大権に相当すると、評価している。

第五条「設官制禄及び黜陟百司の権について。用人の権、君上これを操り、而して大臣これを輔弼し、議院の関与を得ず」と第十条「司法総攬権について。審判衙門を委任し、欽定法律に従ってこれを行い、詔令の随時更改によらない。司法の権、君上は諸権を操り、審判官は君上の委任により、代って司法を行い、詔令の随時更改によらない。案件関係の重きに至っては、既に経た欽定に準じなければならず、相違を避ける」については、行政官と審判官の任命は、もっと明確に規定すべきであるとした。

第十三条「皇室経費は、君上の制定する常額に応じ、自ら国庫が支え、議院は置議（議論）を得ず」と第十四条「皇室大典は、君上の督率する皇族及び特派大臣の議定に応じ、議院は関与を得ず」については、憲法に規定せずとも顕著な影響はないが、前者が「議院は置議を得ず」と宣言し、後者が「議院は関与を得ず」と宣言するような消極的な規定は、特に規定する必要がないと考えた。

なお、臣民の義務については、岡田が明治憲法の第二一条と第六二条を講述した際に、「臣民は納税と兵役の義務を有」すると陳述し、さらに『大綱』第七条「宣戦、講和、条約締結及び使臣派遣と使臣認受の権。国交の事、君上親裁により、議院の議決に付さず」を引用して、「各国と比較して、中国人民の国家に対する義務より軽い国は多くはない。中国人民は立憲の幸福を享有する前に、自己の生命と財産を犠牲にしなければならない。生命を犠牲するのが兵役であり、財産を犠牲にするのが納税である。将来憲法を施行すれば、中国人民の義務は必ず増えるが、人民が政事の当否を監督し、人民の財産の浪費を避けることができるゆえに、怨言が生じない」と、分析している。

さらに、明治憲法と清国憲法『大綱』を比較したときに、明治憲法に明確に規定されたことが『大綱』には規定されていない場合もあると指摘し、例として明治憲法第二六条「日本臣民ハ法律ニ定メタル場合ヲ除ク外信書ノ秘密ヲ侵サル、コトナシ」を挙げている。「誰でも秘密を有し、秘密は常に信書に在る。法律を以てこれを保障しないと、人民の秘密権をも失う」、「中国では信書の秘密がないものの、この件は人民に重大な利害関係を与えるゆえに、憲法に規定しないことは欠点である」と岡田はいう。

最後に、予算条項については、『大綱』と同時に公布された『議院法』と結びつけて、「毎年の国家の歳入および歳出は、議院の協賛を得なければならない。これを見ると、将来中国の予算案は必ず議院の協賛を経た上で可決することは確実であるが、予算案の提出権が政府あるいは議会に帰属すべきかについては規定がない」と岡田は指摘している。

第六節　中華民国期「日本派」憲法学教育の集大成——朝陽大学

（一）北京法学会から朝陽大学法律系

「中国初の法科高等学校」[141]と言われる朝陽大学は、1912年（中華民国元年）11月23日に設けられた。その前身は、瀋家本が清国末期に創立した「近代中国初の法学者の全国的学会」[142]の北京法学会である。

1910年冬、清国政府修訂法律館と京師法律学堂のメンバーであった汪有齢と江庸らは、既に戊戌変法期に梁啓超が構想していた、法学の研究を目的とした学会の創設を企図した。そして瀋家本の支持を得た上で、同年11月に瀋を会長とする北京法学会が発足する。当時、北京法学会の下で法政専門学校を興す計画があったが、私立大学規程がまだ整備されていなかったので、1911年春に北京法学会の下に設けられた「法制研究所」が法学教育機関としての機能を果たした。そして、1911年5月、北京法学会の機関誌である『法学会雑誌』が創刊された。これは中国における初の近代的な学術「分科」に則した法学雑誌で、岡田朝太郎や小河滋次郎による多くの重要な論文が掲載された。しかし、辛亥革命の勃発に伴い、汪有齢と江庸は南下して、革命に身を投じ、北京法学会は解体される。

さて、中華民国の成立後、汪有齢と江庸は北京法学会の復活と『法学会雑誌』の復刊を図っていた。この頃、民国政府は「大学令」と「私立大学規程」（本章第二節を参照）を頒布した。これを機に、私立朝陽大学が建てられ、法律、政治、経済の三つの学科が設けられた。その後、学科の増減はあったが、朝陽大学の法科課程は常にこの三つの学科を維持した。日本法（大陸法）から深い影響を受けた朝陽大学の法律学系（この「法律学系」は後に、「法

表4-16　朝陽大学大学部法科課程一覧（1933年）

法律学系	必修	党義、憲法、刑法総則、刑法分則、民法総則、民法債編総論、民法債編各論、民法物権、民法親族、民法継承、公司法、票據法、海商法、保険法、破産法、法院組織法、刑事訴訟法、民事訴訟法、平時国際公法、戦時国際公法、労動法、土地法、強制執行法、国際私法、行政法総論、行政法各論、政治学、経済学、社会学、訴訟実務、外国法、第二外国語
	選修	中国法制史、ローマ法、犯罪捜査学、監獄学、法理学、指紋学、刑事政策学、法医学
政治学系	必修	党義、憲法、政治学、行政法総論、行政法各論、平時国際公法、戦時国際公法、経済学原理、社会学、財政学、政治史、外交史、政治思想史、社会政策、市政論、刑法概論、民法概論、特種民事法概論、労動法、土地法、英文政治学選読、第二外国語
	選修	政治哲学、統計学、経済政策、国際私法、現代政治、比較政府、殖民論、不平等條約研究、国際聯盟論、社会主義史、政党論、新聞学、専題研究
経済学系	必修	党義、経済学原理、経済史、工業経済学、農業経済学、国際貿易政策、経營経済学、貨幣論、銀行論、財政学、交通論、保険学、社会政策、統計学、経済思想史、民法概論、特種民事法概論、英文経済学選読、第二外国語
	選修（甲）	国際経済論、殖民論、計理学、経済地理、消費合作社論、マルクス経済学説研究、交易所論、歐戦後各国情形、専題研究、財政史、社会主義史
	選修（乙）	憲法、行政法、政治学、社会学、哲学概論、国際公法、土地法、労動法

出典：馮玉軍ほか編『百年朝陽』（法律出版社、2015年）、39-40頁を基に筆者作成。

律系」と名称を改める）は、英米法から深い影響を受けた東呉大学と並んで[143]、「南東呉、北朝陽」と、称された。1933年版「法科法律学習課程指導」によると、朝陽大学大学部法科が設けていた授業は表4-16の通りである。

その後、中華民国教育部は1938年に「大学院共同必修科目表」を定めたが、朝陽大学の法律学系は、英米の学制を基礎とした同「科目表」に従わず、日本法（大陸法）を中核とする独自の方針を歩んだ。1947年には設置科目が拡充された。表4-17はその第一学期の設置科目である。

表4-16と表4-17に明らかなように、朝陽大学の法科とその後の法律系の科目設置は、基本的に成文法典を基に設けられたものである。同時に、教育において、朝陽大学は「法学理論に重点を置き、法律の解釈を強調」[144]していた。また、朝陽大学のこれらの講義は当時の司法官試験の受験にあたって極めて有用であったので、「他大学の法学院によって密かに転写される対象」[145]となったと言われている。

表4-17　朝陽大学法律系設置科目一覧（一九四七年第一学期）

一年	必修	民法総則、刑法総則、憲法、中国通史、理財学、三民主義、国文、英文、体育
	選修	経済学、政治学、社会学
二年	必修	民法債編総論、国際公法、世界通史、刑法総則、民法総則、公司法、保険法、海商法、民法物権、中国司法組織、普通心理学、票據法、倫理学
	選修	徳文（ドイツ語）、日文（日本語）
三年	必修	民事訴訟法、民法親族編、刑法分則、民法債編各論、羅馬法、土地法、中国法制史、保険法、民法債編総論
	選修	徳文、日文、体育、監獄学、犯罪心理学、刑事特別法
四年	必修	民事訴訟法、民事訴訟実務、行政法、保険法、国際私法、刑事訴訟法、民法債編格倫、強制執行、法理学、英美法、破産法、民法債編総論
	選修	徳文、日文、卒業論文

出典：馮玉軍ほか編『百年朝陽』（法律出版社、2015年）、42頁を基に筆者作成。

1949年1月、北京（当時は北平と言う）は中国共産党により解放されたが、共産党政府の下で、一連の大学の合併と教育の整理が行われた。同年5月、北平市軍事管制委員会が朝陽大学を接収管理したが、その後、当年度卒業予定にあった学生たちを繰り上げ卒業させ、その他の学生たちを朝陽大学の敷地に建てた中国政法大学（現在の中国政法大学とは異なる）に転入させた。これに伴い、朝陽大学は実質上廃校となった。1950年2月、この中国政法大学は、華北大学および華北人民革命大学と合併して、中国人民大学となる。(146)かくして朝陽大学において日本からの深い影響の下に設置されたかつての数多くの科目と講義群は、全面的にソビエト式法学に転向を始めるのであった。

（二）朝陽大学の憲法学講義

朝陽大学の「朝陽法科講義」(147)が代表的な一例であるが、憲法学教育を含む中国の法学教育は、中国人自ら教科書を編纂し自らが教える時代に入った。鐘庚言が著した『憲法講義大綱』、程樹徳・胡長清が書いた『比較憲法』は、「当時の憲法学講義において卓越していただけではなく、現代の憲法学著作と比べても些かも遜色がない」(148)と今日も評価されているように、強い影響力を持っていた。

1　鐘賡言『憲法講義大綱』

浙江省海寧市出身の鐘賡言の生没年は不詳であるが、東京帝国大学卒業後に北京法制局参事官などを歴任している。彼が1923年に出版した『行政法学総論』は、中国初の行政法教科書であり、彼自身も「中国行政法学の開山鼻祖（始祖）」[149]と評されている。彼が著した『憲法講義大綱（六篇）』は1927年に朝陽大学によって出版され、全面的に国体論と統治権論を中核とする明治憲法学を継受した上で、中国の憲法制定の実践と結びつけて論評を加えたもので、その講義の構成は表4－18の通りである。

各国憲法史を中心とする第二編を除いて、鐘の講義は基本的に同時代の日本で行われていた憲法講義の構成を踏襲し、統治権の性質、範囲、作用などを巡って展開し、大陸法学、特に日本法学が中華民国期以降の中国の憲法学講義に与えた深い影響の一例として注目できよう。

鐘の講義において、統治権（Herrschergewalt / Staatsgewalt / Imperium）は国家の意思に相当し、唯一にして不可分である。[150]同時に、①対外関係で他国の権力による制限を受けず、かつ②対内で他の権力による制限を受けないので、鐘は統治権を一国の最高の権力と見なしていた。[151]これに対して、主権（Sovereignty / Souveraineté）は「国権」に源を発するが、その語源はラテン語にあるSuperanusに遡ることができ、英語のSuperiorとほぼ同義と理解できる。故に、Sovereigntyの本旨はSuperiorityと同一であるので、主権ではなく「最高」または「独立」に訳すべきだと、[152]鐘は講義で唱えた。つまり、鐘は、主権はすなわち「最高権」または「最高機関」を意味するものと理解するのである。

また、統治権と主権の関係について、統治権自体は国家の要素であるが、統治権が有する「最高にして独立する性質」は国家の要素ではない、として、あらゆる国家を「最高権力を有する国」と「最高権力を有しない国」に区分けすることができると、同講義で述べている。また、前者を独立国、後者を非独立国と称しても良い。鐘から見れば、国際法においては、二つの種類の国はそれぞれ主権国と非主権国として存在しているのである。[153]こ

表 4 - 18　鐘庚言『憲法講義大綱』の構成

第一編 緒論	第一章	国家之性質
	第二章	国家之結合
	第三章	国家之権力
	第四章	国家之機関
	第五章	国体
	第六章	国家之作用
	第七章	法
	第八章	憲法
第二編 近世重要各国憲法之発生及其変遷之概要	第一章	成文憲法主義之実行
	第二章	美合衆国（アメリカ）憲法之由来及特質
	第三章	法国（フランス）成文憲法発生之沿革及其変遷
	第四章	普魯士（プロイセン）及徳意志（ドイツ）成文憲法之成立
	第五章	日本憲法制定之沿革
	第六章	英国（イギリス）憲法史上之三大成典
	第七章	我国成文憲法発生之沿革
第三編 国権統治之範囲	第一章	領土
	第二章	人民
第四編 国権統治之機関	第一章	国会
	第二章	行政首長
	第三章	国務員
	第四章	法院
	第五章	行政裁判所及許可権争議裁判所
	第六章	審計院
	第七章	枢密院參事院及顧問院
	第八章	社会主義蘇維（ソビエト）埃共和国之組織
第五編 国家統治権之作用	第一章	立法
	第二章	行政
	第三章	会計
	第四章	司法
第六編 人民対於国家之法律関係	第一章	人民之権利
	第二章	人民之義務

出典：李秀清ほか編集『朝陽法科講義（第二巻）』（上海人民出版社、2014 年）を基に筆者作成。

の区分は鐘の講義が掲げた独自の主張である。

以上のように、多少なりとも鐘独自の理解が付け加えられてはいるが、統治権の範囲（すなわち客体）、機関、作用などの編別において、彼の講義は基本的に日本の憲法学講義を模倣したものだったと言えよう。さらに、鐘の講義は第六編を設けて、人民の「統治権に立脚する」[154]公法上の権利と、国家に対する服従から生じた「服従義務」[155]を強調した。当時の中国では、契約論と権力分立論を基本に置く英米式の憲法学も強い影響を及ぼしていたが、日本の衣鉢を受け継いだ日本式の憲法学が、依然として統治権論に根拠を置いて人民が持つ権利を基礎づけていたと言える。

2　程樹徳、胡長清『比較憲法』

『憲法講義大綱』と並ぶもう一つの憲法教科書は、程樹徳により講述、胡長清により注釈された『比較憲法』である。同書は朝陽大学より１９２７年に刊行された。その著者である程樹徳[156]は１８７７年に生まれ、１９０４年に官費で和仏法律学校で学び、１９０８年に帰朝後、福建法政学校教務長、北洋政府参政院参政、国務院法制局参事、北京大学法学院と清華大学政治系など大学の講師や教授を歴任し、１９４４年に逝去した。専攻は国際法、憲法と中国法制史である。胡長清[157]は１９００年に生まれ、十九歳の時に朝陽大学法律系に入学して１９２３年に卒業後、明治大学で刑法を学び、１９２６年に帰国した。翌年から朝陽大学、中央大学、燕京大学などで民法と刑法を講じ、後に立法院民法起草委員会編纂、国民政府内務部次長などを歴任して、１９８８年に逝去した。この二人の手によって著された『比較憲法』は明治憲法学の国体と統治権論を受け継いでいた。その構成は表４－19の通りである。

表が示すように、比較憲法の講義も統治権の性質、作用とその範囲を巡って展開したものである。ただ、筆者

表4-19　程樹徳、胡長清『比較憲法』の構成

第一編 総論	第一章	国家
	第二章	国体
	第三章	憲法
第二編 国家之統治権	第一章	統治権之性質
	第二章	統治之機関
	第三章	国家統治之作用
第三編 領土及人民	第一章	領土
	第二章	人民

出典：李秀清ほか編集『朝陽法科講義（第二巻）』（上海人民出版社、2014年）を基に筆者作成。

は、二つの点に注意を払うべきと考える。

第一は、総論で「国体」の章を明記したことである。近代東アジアの憲法の基本概念としての国体が持つ意味の変遷について、筆者はすでに第一章にて考察を加えた。ただし、日本における憲法学の講義では、国体は独立した章では論じられなかった。同概念が中国に継受された後に、憲法の講学上の事項として徐々に憲法学教科書に登場していったのである。本講義においては、この世には「ただ君主国と民主国しかない」[158]という、国体区分の基準が示されている。

第二は、主権と統治権の異同をめぐって詳細な比較を行ったことである。この点について、『比較憲法』は前述の『憲法講義大綱』と同様、近代日本が「主権を統治権とを混同させた」[159]と唱えている。さらに、『比較憲法』は、主権が持つ三つの意味について整理している。すなわち、①国の最高機関の地位を示す最高権力としての意味、②統治権と混同されるものの「国権」または「統治権」としての意味、さらに、③最高権力として「最高権」または「独立権」の象徴としての意味[160]がそれである。

概して言えば、日本式の憲法教育の総本山と称される朝陽大学は、明治憲法学の中核——統治権論と国体論——を受け継いだものの、次第に理論面で主権と統治権の異同を区分し始め、中国における憲法学の独自理論の創出をもたらしてゆくのである。

第七節　おわりに

本章では、清末の中国において、西洋の学術技芸の流入に伴い、伝統的な学問「分科」に生じた揺らぎの中で、特に日本を通して受容された近代的法律学が、どのように新しい教育上の位置付けが与えられてゆくのかを、個々の教育機関における教授科目の一覧や学制の変遷を背景に置きながら素描してきた。そして、近代期中国がなによりも目指していた立憲国家の手本は、中国における「憲法学教育」の必要性に基づき、明治憲法やその憲法学が提供したものであった。

そこにおける「日本的要素」は、次の三点にまとめられよう。それは第一に、明治憲法の解釈において統治権理論を中核として展開された憲法学的特徴が見られたこと、第二として、特に「速成」を旨とした法学教育の方法を、日本をモデルとして積極的に模倣し、数多くの憲法学教育機関が中国に設置されたこと、そして第三として、当初は日本に留学して日本人憲法学者の下に学んだ中国は、やがてその教育の方法や学問的方法を自らのものとして摂取し、日本式の憲法学講義の枠組みの内側から自前の憲法学講義の方法と内容とを生み出していったことである。

日中両国の憲法学分野を中心とした十九世紀末からの法学交流が、戦後の共産党政権による社会主義法（ソビエト法）への転換によって途絶するまでを記してきたが、両国法の近代化の歴史過程への眼差しが、新たなこれからの相互交流を可能にすることを祈る次第である。

（1）孫邦華『西学東漸与中国近代教育変遷』（中国社会科学出版社、2012年）は、近代中国で広まった西洋学から研究に着手し、西洋の宣教師が持つ中国教育（儒学、科挙、女子教育、学制など）の認識と、カトリック教会によって創られた輔仁大学を主な対象とし、西学東漸時代の教育分野における東西両洋の対立と融合を検討している。呂顧長『清末中日教育文化交流之研究』（商務印書館、2012年）は、個別的な分析を通して、近代中国における日本の教育に関わる考察、留日中国人学生および日本人の近代中国における教育に対する認識と、中国人が持つ国民性の三つの問題を扱っている。また、阿部洋『中国の近代教育と明治日本』は、主に「日本モデル」を採用した近代中国教育改革とそこで日本人が果たした役割を描き、中国の教育近代化過程の日本的要素と日本人の功績を論じている。汪婉『清末中国対日教育視察の研究』（汲古書院、1998年）は、清末中国が行った日本の教育に対する考察を段階的に分類し、中央と地方における近代学制の確立過程における日本の影響を分析している。この他に、清末中国で活躍していた日本人教員については、汪向栄『日本教習』（三聯書店、1988年）が彼らの位置付けと果たした役割を検討し、松本亀次郎と東文学社を例としながら個別的に分析している。また、辛亥革命以降の教育については、汪楚雄『啓新与拓域』（山東教育出版社、2010年）が、日中戦争までの中華民国時代に盛んに行われた新教育運動の背景、過程、性質などを研究して、教育論戦における欧米教育思想の役割を明らかにし、董宝良が編集した『中国近現代高等教育史』（華中科技大学出版社、2007年）は、1862年の京師同文館の設立から1999年末までの中国高等教育の変遷史を描出し、教育史の立場からその要因を分析している。

（2）すぐ後の本文に現れる「北洋法政学堂」や「京師法律学堂」における「学堂」とは、すでに648年に刊行された『晋書』に見ることができ、その意味は「風教之所聚（風習と礼教が集まるところ）」とされた。これ以降清国末期に到るまで、「学堂」は教育を行う施設を指していた。しかし中華民国期に入ってこれを改め、一律に「学校」と称することとなった。清国末期には、日本で使用されていた「学校」という言葉も流入し始め、日本を手本とする清国末期の文献においては、「学堂」と「学校」の表記が混在していた。本章では、議論上の便のため、引用文を除いて、清国末期までの教育機関を論じる時には「学堂」を、また明治維新以降の日本と中華民国期以降の中国の教育機関を指す時には「学校」を、それぞれ用いることとする。

（3）班固『漢書（巻二三・志第三）』、467頁。

（4）馬瑞臨『文献通考（巻一六二・刑考一）』故宮博物院図書館編『摛藻堂四庫全書薈要』（故宮博物院図書館、1933年）、26頁。

（5）湯能松他『探索的軌跡：中国法学教育発展史略』（法律出版社、1995年）、6頁。

（6）中国においては、「法律教育」は伝統中国における法に関わる教育を示すが、「法学教育」は主に西洋の学術分野を受け入れた近代以降使われる用語である。現代中国においても「法律教育」が使われているが、その意味は「法学教育」とほぼ同じである。
(7) 前掲・湯能松他『探索的軌跡：中国法学教育発展史略』、20頁。
(8) 前掲・湯能松他『探索的軌跡：中国法学教育発展史略』、96頁。
(9) 国子学は古代中国における最高学府と教育を管理する最高機関である。晋武帝咸寧二年（276年）に初めて置かれ、清光緒三一年（1905年）に「学部（＝文部省）」の設立をもって廃止された。時代によって「国子寺」や「国子監」なども称されていた。孔喆著・岩谷貴久子訳『図説国子監』（科学出版社、2019年）を参照。
(10) 前掲・湯能松他『探索的軌跡：中国法学教育発展史略』、96頁。
(11) 経・史・子・集からなる四部の分科は、隋王朝以降の歴代王朝が採用してきた学科を分類する方法である。『隋志』で基礎が定められ、清の乾隆帝時代の『四庫全書総目』で完成された。これについては、左玉河『従四部之学到七科之学』（上海書店出版社、2004年）、39－98頁を参照されたい。この他、現在の中国の各図書館の蔵書分類は主に1990年代に改訂された「中国図書館分類法」に基づいているが、多くの古典籍は同分類法になじまないため、四部の分類方法は現在においても使われている。
(12) 「分科」とは中国語において、異なる学問、または業務の分野を分けることとされる（中国社会科学院語言研究所編纂『現代漢語辞典（第七版）』商務印書館、2016年）。近代期の中国では、西洋の学術分野をまずは既存の伝統的な学術体系に基づく「分科」概念の下に捉えた。近代的な法律学の受容において、その新しい学問的性質は、やがて中国において新しい「分科」概念の下での体系的位置づけを求めることとなった。
(13) 万国公法の翻訳に関わる歴史について、川島真「中国における万国公法の受容と適用：「朝貢と条約」をめぐる研究動向と問題提起」『東アジア近代史』（第二号、1999年）、8－26頁と、孫建軍「万国公法の翻訳に関わった中国人」鈴木貞美ほか編『近代東亜諸概念的成立』（国際日本文化研究センター、2012年）などを参照。
(14) 張路螢「試析丁韙良与京師同文館的創辦」『黒龍江教育学院学報』（第二八巻第五期、2009年）、91－92頁。
(15) 前掲・董宝良『中国近現代高等教育史』、17頁。
(16) 前掲・湯能松他『探索的軌跡：中国法学教育発展史略』、117頁。
(17) 前掲・左玉河『従四部之学到七科之学』（上海書店出版社、2004年）、117頁。
(18) 梁啓超「論中国宜講求法律之学」『湘報』（第五号、1898年3月11日）。
(19) 潘学祖『考察東瀛農工記』（光緒二九年＝1903年）、17頁。

(20) 前掲・汪婉『清末中国対日教育視察の研究』、82頁。
(21) 前掲・阿部洋『中国の近代教育と明治日本』、31頁。
(22) 前掲・阿部洋『中国の近代教育と明治日本』、33頁。
(23) 前掲・湯能松他『探索的軌跡：中国法学教育発展史略』、126頁。
(24) 朱有瓛編『中国近代学制史料（第二輯・上冊）』（華東師範大学出版社、1987年）、770-823頁。
(25) 前掲・朱有瓛編『中国近代学制史料（第二輯・上冊）』（華東師範大学出版社、1987年）、778頁。
(26) 前掲・朱有瓛編『中国近代学制史料（第二輯・下冊）』（華東師範大学出版社、1987年）、469頁。尤もここで言う「速成司法学校」は、司法省法学校か、あるいは明治中期に至る間に創設された数多くの私立法律学校を指すのかは不明である。
(27) 前掲・朱有瓛編『中国近代学制史料（第二輯・下冊）』、470頁。
(28) 前掲・左玉河『従四部之学到七科之学』、190頁。
(29) 張之洞『奏定学堂章程・大学堂章程附通儒院章程』（湖北学務処、1903年）。
(30) 前掲・左玉河『従四部之学到七科之学』、199頁。
(31) 「刑名の学」は場合によって「刑名」と略す。戦国期の申不害と商鞅の主張を代表とする法家の学説の別称であった。伝統中国では、「刑名の学」は「法学」または「律学」と同じ意味を表していた。
(32) 実藤恵秀『中国人日本留学史稿』（日華学会、1939年）、67頁。
(33) 李華興『民国教育史』（上海教育出版社、1991年）、373-374頁。
(34) 王暁秋『近代中日文化交流史』（中華書局、1992年）、258-359頁。
(35) 崔学森『清廷制憲与明治日本』、59頁。
(36) 以下本章で挙げる特に私立大学の名称は、1918年の大学令以降に認可された学校名を、特に断りのない限り、統一して用いることにする。
(37) 南里知樹『中国政府雇用の日本人：日本人顧問の人名表と解説』（龍渓書舎、1976年）、2頁。
(38) この「教習」とは、清国末期の各学堂で教鞭を執っていた教員たちを指す。本章では、以後、史料的な文脈では「教習」を用いるが、議論においてはより一般的な言葉としての「教員」を用いることにする。
(39) 1910年の調査によると、在中国の外国人教員は合わせて三五六名だが、その内、三一一名は日本人。詳細は中島半次郎『日清間の教育関係』（中島半次郎、1910年）を参照。
(40) 日本人法律教員を招聘した経緯について、熊達雲「清末中国における日本人法律教員及び法律顧問招聘の経緯について」

『研究年報社会科学研究』（第三三号、２０１３年）は、京師法律学堂と修訂法律館を例として検討した。

(41) 馮玉軍『百年朝陽』（法律出版社、２０１５年）、55頁。

(42) 譚汝謙編『中国訳日本書総合目録』（香港中文大学出版社、１９８０年）、30頁。

(43) 前掲・譚汝謙編『中国訳日本書総合目録』、30頁。

(44) 前掲・譚汝謙編『中国訳日本書総合目録』、31頁。

(45) 例えばウィルソンが書いた『政治汎論』は、高田早苗が訳した日本語版を通して中国人に読まれた。

(46)「法官必読法学名著」『法政雑誌』（第一巻第一期、１９１１年）。

(47)「欽命二品頂戴江南分巡蘇松太兵備道袁布告」湯寿潜『憲法古義』（点石斎書局、１９０４年）、付録。

(48) 必読課本の編纂経緯については、沈国威ほか「西学東漸現象の言語文化的研究」松浦章編『東アジアにおける文化情報の発信と受容』（雄松堂、２０１０年）を参照。

(49) 海後宗臣『日本近代学校史』（成美堂書店、１９３６年）、6頁。

(50) 大久保利謙『明治維新と教育』（吉川弘文館、１９８７年）、３２５-３２７頁。

(51) 明治十年、東京開成学校と東京医学校は合併して、東京大学となった。水樹楊『東大法学部』（新潮社、２００６年）、16頁。

(52) 司法省法学校の速成科の詳細について、手塚豊『明治法学教育史の研究』（慶應通信、１９８８年）、１０９-１５４頁を参照。

(53) 前掲・手塚豊『明治法学教育史の研究』、１０８頁。

(54) 翟海濤『法政人与清末法制変革』（華東師範大学博士学位論文、２０１２年）、29頁。

(55) 山中永之佑『新日本近代法論』（法律文化社、２００２年）、１６７頁。

(56) 岩谷十郎「宮城浩蔵の刑法講義」村上一博編『日本近代法学の揺籃と明治法律学校』（日本経済評論社、２００７年）、73頁。

(57)「代言人規則」は１８７６年に公布されたが、１８８０年に修正が加えられ、民法、刑法、訴訟手続きと審判規則など四科目の試験に合格することが代言人（弁護士）の資格要件となり、難易度が大幅に上がった。

(58) 法政大学百年史編纂委員会編集『法政大学百年史』（法政大学、１９８０年）、95-97頁。

(59) 学校名を公式的に「法政大学」に改名したのは大正八年（１９１９年）のことである。

(60) 林炳章『癸卯東遊日記』王宝平編『晩清中国人日本考察記集成・教育考察記』（杭州大学出版社、１９９９年）、５６９頁。

(61) 前掲・林炳章『癸卯東遊日記』、５６９頁。

(62) 東京宏文学院は１８９６年に日本政府が清国政府の依頼を受けて嘉納治五郎を院長として建てた塾である。１９０２年に中国留学生専門の予備校へと発展し、1909年をもって閉校した。陳天華、楊度、楊昌済、陳寅恪、李四光、林伯渠など近代中国を時めく学者と政治家たちは、同学院で教育を受けた経歴を持っていた。大江平和「宏文学院与中国留学生生活」（中国社会科学院学位論文、2002年）を参照。

(63) 詳しい経緯は「祝法政速成科之成立」『新民叢報』（第四六－四八合訂）に掲載されている。

(64) 曹汝霖『一生之回憶』（中国大百科全書出版社、2009年）、26頁。

(65) 法政大学史資料編集委員会『法政大学史料集（第十一集）』（法政大学、1988年）、263頁。

(66) 前掲・翟海濤『法政人与清末法制変革』、66頁。

(67) 『講義録』によると、「筧博士は公務繁重故に講義を校閲する暇なし、よって清水博士の憲法講義を出版する」とある（法政大学『法政速成科講義録（第四一号）』（有斐閣、1908年）、149頁）。また、「北洋法政学報」には筧の講義録の全文の中国語訳が掲載されており、これについては次章で詳述する。

(68) 高見勝利「講座担任者から見た憲法学説の諸相：日本憲法学史序説」『北大法学論集』（五二巻三期、2001年）、821頁。

(69) 土肥羊次郎編『大家論叢清国立憲問題』（清韓問題研究会、1908年）、102頁。

(70) 前掲・土肥羊次郎編『大家論叢清国立憲問題』、103頁。

(71) 前掲・土肥羊次郎編『大家論叢清国立憲問題』、105頁。

(72) 前掲・土肥羊次郎編『大家論叢清国立憲問題』、105－106頁。

(73) 前掲・土肥羊次郎編『大家論叢清国立憲問題』、107頁。

(74) 前掲・土肥羊次郎編『大家論叢清国立憲問題』、108頁。

(75) 前掲・土肥羊次郎編『大家論叢清国立憲問題』、108頁。

(76) 張伯烈『仮定中国憲法草案』（独叢別墅、1910年）、132頁。

(77) 前掲・張伯烈『仮定中国憲法草案』、132頁。

(78) 前掲・張伯烈『仮定中国憲法草案』、132頁。

(79) 前掲・張伯烈『仮定中国憲法草案』、133頁。

(80) 清水澄「支那ノ立憲制度」『慶應義塾学報』（1908年1月）。

(81) 清水澄博士論文資料刊行会編『清水澄博士論文資料集』（原書房、1983年）、77－130頁。原文は『法学新報』（第一三巻第七－一〇号）に掲載。

(82) 前掲・清水澄博士論文資料刊行会編『清水澄博士論文資料集』、131－136頁。原文は『国家及国家学』（第一巻第九号）に掲載。

(83) 横溝光輝『戦前の首相官邸』（経済往来社、1984年）、146頁。

(84) 菅谷幸浩「清水澄の憲法学と昭和戦前期の宮中」『年報政治学』（第六〇巻第一号、2009年）、175頁。

(85) 清水澄の逝去後、彼の遺骨は新宿青山霊園に埋葬された。碑文は下記の通りである。

正二位勲一等法学博士清水澄墓誌

清水澄ハ、明治元年八月十二日加州金沢ニ生レ、昭和二十二年九月二十五日八十歳ヲ以テ薨ズ。其生涯ハ公職ヲ以テ終始シ、内務省学習院行政裁判所及枢密院ヲ通ジ、在職五十有三年ニ及ベリ。而シテ官ハ行政裁判所長官、枢密院枢密顧問官、枢密院副議長ヲ経テ、枢密院議長ニ至リ。帝国藝術院ヲ兼ネタリ。位ハ正二位ニ進ミ勲一等旭日大綬章ヲ授ケラル。正ニ人臣ヲ極ムル。之庶幾シ然シトモ、其本領トセル所ハ、栄織ニ在ラスシテ一学者タルニ在リ。其ノ世ニ重ンヤラレタル所以ハ、手腕力量ニ在ラズシテ人格学識ニ在リタリ。明治三十一年欧州ニ遊ンテ国法学及行政学ヲ専攻シ留ルコト三年帰朝スルヤ。其代表的著作タレ憲法篇ヲ公ニシテ識者ノ認ムル所トナリ。明治三十八年法学博士ノ学位ヲ授与ラレ、特ニ憲法学ヲ以テ世ニ著ハルルニ至ル。仍爾後、本職以外東京帝国大学及各大学ニ講ズコト多年。又高等文官試験委員ヲ嘱セラルルコト三十餘年。更ニ大正十五年帝国学士院列セラレタリ。然レトモ其ノ本懐トシ光栄トシタルハ、至尊ニ対スル進講ノ任ニシテ大正四年以降大正天皇ニ、大正九年以降今上天皇ニ、常時進講スルコト十餘年ニ及ヒ。帝王ノ師トシテ深ク自ラ謹ナリ。蓋シ、其ノ生涯ハ君国ニ対スル忠誠ノ念ヲ以テ終始シ、抱ク所私心ナカリシハ人ノ認ムル所ナリ。新憲法実施ノ年ノ秋月夜伊豆熱海ノ波濤ニ身ヲ投ン、遺スニ自決ノ辞ヲ以テス。其趣旨トスル所ハ、日本国及天皇制ノ将来ニツキ憂慮スベキモノアルモ、徹力匡救ノ道ナキヲ以テ、楚ノ名臣屈原ニ倣ヒテ、水死シ、幽界ヨリ我国體ヲ護持シ、天皇制ノ永續ト今上天皇ノ在位トヲ、祈願セントイフニ在リ。以テ其志ヲ知ルニ足レリ。其私生活ニ於イテハ、身ヲ持ツスルコト嚴ニシテ自ラ愉楽ヲ求トムルコト。寡カリシカ明治三十一年大審院長貴族院議院三好退蔵長女辰子ト婚シテ、三男子ヲ擧ゲ、其生ヲ終フルマデ五十年伉儷相携フルヲ得タルハ生涯ノ幸タリ。先人去ッテ既ニ四ケ月、温顔今尚髣髴トシテ眼前ニ在ルガ如シ。

昭和二十三年一月二十五日　嗣子清水虎雄誌

(86) 法政大学『法政速成科講義録（第二号）』（有斐閣、1905年5月25日）、国法学、8－9頁。

(87) 法政大学『法政速成科講義録（第一号）』（有斐閣、1905年2月5日）、国法学、1頁。

(88) 前掲・法政大学『法政速成科講義録（第一号）』、国法学、7頁。

(89) 前掲・法政大学『法政速成科講義録（第一号）』、国法学、8頁。

(90) 前掲・法政大学『法政速成科講義録（第二号）』、9-10頁。
(91) 前掲・法政大学『法政速成科講義録（第二号）』、16-17頁。
(92) 法政大学『法政速成科講義録（第四一号）』（有斐閣、1907年3月19日）、憲法、5頁。
(93) 法政大学『法政速成科講義録（第四三号）』（有斐閣、1907年4月26日）、憲法、45頁。
(94) 前掲・法政大学『法政速成科講義録（第四三号）』、50頁。
(95) 前掲・法政大学『法政速成科講義録（第四三号）』、82頁。
(96) 原文には、「君主之 Regierumgspt」とあるが、このドイツ語は、Regierungsakt の誤りかと思われる。
(97) 法政大学『法政速成科講義録（第四五号）』（有斐閣、1907年6月24日）、憲法、257頁。
(98) 法政大学『法政速成科講義録（第四六号）』（有斐閣、1907年7月30日）、憲法、275頁。
(99) 丁文江ほか編『梁啓超年譜長編』（上海人民出版社、1983年）、366頁。
(100) 陳健「留学教育与二〇世紀中国知識分子的憲政体制構想」（南開大学博士論文、2013年）、87-122頁を参照されたい。
(101) 劉国有ほか「北洋法政学堂創辦的歴史考弁」『天津法学』（第二期、2012年）、107頁。
(102) 蘭紹江「中国近代法学教育的先導」『天津市政法管理幹部学院報』（第一期、2005年）、31頁。
(103) 黎淵は1905年6月に中央大学を卒業し、法学士の学位を取得した。
(104) 稽鏡は1905年に早稲田大学で政治学士を取得した。彼は高田早苗の『憲法要義』を中国語に翻訳したように、憲法と国家学に造詣が深かった。
(105) 蘭紹江「中国近代法学教育的先導」『天津市政法管理幹部学院報』（第一期、2005年）、31頁。
(106) 今井嘉幸は1897年に生まれ、東京帝大独法科を卒業後に大学院に入って国際法を専攻した。東京地裁判事や弁護士などを経験した。1908年に清国の招聘で判事在任のまま北洋法政学堂で司法制度の授業を担当していた。辛亥革命勃発後、相次いで『建国策』と『建国後策』を著し、中華民国の建国の方針について袁世凱に意見を述べた。1917年に衆議院議員に当選したが戦後に追放された。1951年に逝去した。今井嘉幸著松岡文平解説『今井嘉幸自叙伝：五十年の夢』（神戸学術出版、1977年）を参照。
(107) 「督憲札文」『北洋法政学報』（第一期、1906年）、1頁。
(108) 呉興譲「法政学報序」『北洋法政学報』（第一冊、1906年）、1-4頁。
(109) 清国末期と中華民国初期における袁世凱を頭とする北洋派は、清国末期に軍事権を握っていた実力者（＝北洋軍閥）から生まれ変わった政治勢力である。袁世凱がなくなった後、北洋の軍閥たちは内部の争いに陥り、1920年代末をもって終焉を告げた。呉虬『北洋派之起源及其崩潰』（中華書局、2007年）を参照されたい。

(110) 法学博士穂積八束講述『憲法』（中央大学発行、1907年）。

(111) 清水澄『国法学第一篇：憲法篇』（日本大学、1909年）。

(112) 筧克彦講述、呉興譲訳「国法学」『北洋法政学報』（第三四冊、1907年）、104頁。

(113) 筧克彦講述、呉興譲訳「国法学」『北洋法政学報』（第三四冊、1907年）、106－107頁。

(114) 筧克彦講述、呉興譲訳「国法学」『北洋法政学報』（第三四冊、1907年）、108頁。

(115) 筧克彦講述、呉興譲訳「国法学」『北洋法政学報』（第三八冊、1907年）、145－146頁。

(116) 劉鴻翔「比較憲法学」『北洋法政学報』（第五五冊、1908年）、1頁。

(117) 前掲・劉鴻翔「比較憲法学」『北洋法政学報』（第五五冊）、4頁。

(118) 前掲・劉鴻翔「比較憲法学」『北洋法政学報』（第五五冊）、5頁。

(119) 劉鴻翔「比較憲法学」『北洋法政学報』（第六二冊、1908年）、34頁。

(120) 富岡康郎『学説比較法理圖解憲法研究書』（法曹閣書院、1903年）。

(121) 瀋家本・伍廷芳「学務大臣覆専設法律学堂並各省課吏館添設仕学速成科摺」商務印書館編訳所『大清光緒新法令（第十三冊）』（商務印書館、1910年）。

(122) 提調は清国末期の新設機関に常に設けられた官職である。その地位は、同機関の諸事務を処理する高級官吏に相当する。

(123) 「修律大臣訂法律学堂章程」『東方雑誌』（第三巻第一〇期、1906年）、249－276頁。

(124) 近年、同講義録は「京師法律学堂筆記シリーズ」として何勤華らが編集した「清末民国法律資料叢刊」に収められた。何勤華ほか編集『「清末民国法律資料叢刊」輯要』（上海人民出版社、2015年）を参照されたい。

(125) 徐世虹編『瀋家本全集』（中国政法大学出版社、2010年）、997頁。

(126) 西英昭「清末民国時期法制関係日本人顧問に関する基本情報」『法史学研究会会報』（第十二期、2007年）、114－130頁。

(127) 岩井尊文述、熊元翰編『国法学（上）』（上海人民出版社、2013年）、35－36頁。

(128) 岩井尊文述、熊元翰編『国法学（下）』（上海人民出版社、2013年）、3頁。

(129) 小林好信「岡田朝太郎の刑法理論」吉川経夫他編『刑法理論史の総合的研究』（日本評論社、1994年）、178頁。

(130) 『大日本博士録（第一巻・法学及び薬学の部）』（発展社、1921年）、48頁。

(131)岡田朝太郎『日本刑法論』(有斐閣、1894年)。
(132)佐瀬昌三「岡田朝太郎博士の憶い出」『法律論叢』(第十六巻第一号)、102頁。
(133)日本力行会出版部編『現今日本名家列伝』(日本力行会出版部、1903年)、194頁。
(134)岡田朝太郎「清国ノ刑法草案ニ付テ」『法学志林』(第十二巻第二号)、120頁。
(135)岡田朝太郎「清国改正刑律草案(総則)」『法学協会雑誌』(第二九巻第三号)。
(136)蔣士宜編纂『検察制度』(中国図書公司、1911年)。
(137)前掲・蔣士宜編纂『検察制度』、編纂例義、2頁。
(138)「訃報　刑法学の権威岡田(朝)法博」『読売新聞』(1936年11月14日)。
(139)「京師法律学堂筆記シリーズ」には、岡田の口述した『法学通論』と『法学通論:憲法・行政法』が存在している。本節では、後者に収録された憲法講義を研究対象として取り扱う。
(140)岡田朝太郎『法学通論　憲法』(上海人民出版社、2013年)、71頁。
(141)前掲・馮玉軍『百年朝陽』、15頁。
(142)李貴連『瀋家本伝』(法律出版社、2000年)、379頁。
(143)東呉大学は中国で設立された大学だが、その登録手続きは1901年6月にアメリカのテネシー州で行われた。また、東呉大学の前身は、中西書院や博習書院など教会により経営される書院であった。この発展過程については、王国平編集『東呉大学史料選輯』(蘇州大学出版社、2010年)を参照。なお、憲法を含む全ての法学分野に関わる東呉大学の講義は、その断片的な資料は散逸しており、未だその全貌の再現は難しい段階にあるが、同大学の法学院で憲法の教鞭を執っていた教員たちが中華民国の憲法をめぐって展開した議論は、上官丕亮ほか編集『東呉法学先賢文記録:憲法学・行政法学巻』(中国政法大学出版社、2015年)に収録されている。そこに、東呉大学における憲法学講義の一端を看取できる。
(144)曾憲義編『中国伝統法律文化研究(第六巻)』(中国人民大学出版社、2010年)、369頁。
(145)前掲・曾憲義編『中国伝統法律文化研究(第六巻)』、369頁。
(146)朝陽大学が一九四九年に経験した変遷について、馮玉軍『百年朝陽』(法律出版社、2015年)、31-32頁を参照。
(147)朝陽大学法科講義の編纂と刊行の経緯について、李秀清「品読朝陽」李秀清ほか編集『朝陽法科講義(第一巻)』(上海人民出版社、2013年)、8-11頁を参照。
(148)蘇亦工「整理弁言」李秀清ほか編集『朝陽法科講義(第二巻)』(上海人民出版社、2014年)、2頁。また、鐘庚言たちの講義は近年、李秀清らの整理を経て、『朝陽法科講義』を題で前記「清末民国法律史料叢刊」の一大部分として上海人民出版社により刊行された。
(149) 前掲・馮玉軍『百年朝陽』、625頁。
(150) 鍾賡言『憲法講義大綱六篇合訂』李秀清編集『朝陽法科講義(第二巻)』(上海人民出版社、2014年)、27頁。
(151) 前掲・鍾賡言『憲法講義大綱六篇合訂』、28頁。
(152) 前掲・鍾賡言『憲法講義大綱六篇合訂』、29頁。
(153) 前掲・鍾賡言『憲法講義大綱六篇合訂』、33頁。
(154) 前掲・鍾賡言『憲法講義大綱六篇合訂』、292頁。
(155) 前掲・鍾賡言『憲法講義大綱六篇合訂』、298頁。
(156) 前掲・馮玉軍『百年朝陽』、288-290頁。
(157) 前掲・馮玉軍『百年朝陽』、340-352頁。
(158) 程樹徳、胡長清『比較憲法』李秀清編集『朝陽法科講義(第二巻)』(上海人民出版社、2014年)、310頁。
(159) 前掲・程樹徳、胡長清『比較憲法』、352頁。
(160) 前掲・程樹徳、胡長清『比較憲法』、353頁。

終章

工業生産力を背景とする西洋列強のアジア進出に直面して、近代日中両国は、伝統的思想と文化に基づき、思想面と制度面でそれぞれの対応を打ち出した。

明治政府の発足から西南戦争の終わりに至るまでの間に、統一国家としての日本が次第に形成されていったが、旧幕府に取って変わった明治政権は、「万世一系」の天皇統治を中心とする中央集権的経済構造と政治的組織を確立し、天皇を国民精神を統合するための装置とした。

この時期、儒学を代表とする漢文の典籍は未だ大きな影響力を有していたが、近代西洋文明を全面的に継受する過程において、漢文の典籍に基づき新しい概念を創ることが行われ、憲法レベルでは、「主権」と「政体」は英語の Sovereignty と Government の翻訳から生まれている。これに対して近代的「国体」は、尊王攘夷運動期の水戸学の主張に端を発し、天皇を尊崇する「名分」で日本の国体に解釈を加えた。その後、明治十五年の主権論争により天皇の地位が揺らいだことに鑑みて、井上毅と伊藤博文は『大日本帝国憲法（明治憲法）』を起草する過程で、ドイツ語 Staatsgewalt の訳語である「国権」に基づき、はじめて「統治権」という概念を作り出したが、明治憲法ではただ天皇が統治権を総攬することを規定し、主権の所在は定まらなかった。

明治憲法が公布された後、憲法条文の解釈を究める憲法学が誕生する。明治憲法学では、主権、統治権、国体、政体の四つの概念について、多様な解釈が生まれたが、明治政府に採用され、近代中国にも重大な影響を与えたのは、穂積八束の学説であった。穂積の理論によると、主権は国を統治する力で、その本質は唯一で最高、しかも無限で独立である。統治権は、統治のために存在する権力である。また、国体は、国家にある主権存立の状態であり、君主国体と民主国体に分けられるが、政体は統治権行動の様式であり、立憲政体と専制政体に分けることができる。

日清戦争での日本の勝利は、清国の朝野を震撼させた。清国知識人たちの学習対象は、科学技術から制度へ転じ、欧米から日本へと変わり、法律、教育などの面で全面的に日本を模倣し始めた。日露戦争後、実質的に帝国主義の植民地となった清国政府は、日本の勝利は「立憲の専制に対する勝利」と認識し、立憲政体という近代国家の制度に関心を寄せ始めた。

１９０５年12月、載澤、戴鴻慈、徐世昌、端方、紹英など五名の「政治考察大臣」はそれぞれ日本と欧米に赴いて各国の政治を視察した。載澤一行は日本に滞在していた時に、穂積八束の憲法講座を聞き、そして伊藤博文と憲法に関する問答を行った。これらを通じて、載澤らは、統治権を中心とする「大権政治」について初歩的認識を身に付けていく。同じく憲法学者として知られている有賀長雄が清国視察団を代筆して起草した『欧米政治要義』は、視察団が清国政府に提出した唯一の報告書である。視察が終わった後、清国政府は１９０６年９月1日に『予備立憲上諭』を頒布し、「大権統於朝廷、庶政公諸輿論（大権が朝廷に統一され、庶政を輿論に委任すること）」を宣言した上で、官制改革などを行って、憲法を公布し、憲政実施の障害を取り除くべく一連の改革を開始した。

官制改革で失敗を喫した後、清国政府は１９０７年９月に再び達寿、于式枚、汪大燮を「憲政考察大臣」として、日本、ドイツ、イギリスに赴かせ立憲政治を視察させる。有賀長雄が行った六〇回に亘る憲政講義の前半三〇回を聴講して先に帰国した達寿に代わり、引き続き日本に滞在した李家駒は、残りの三〇回を聴講した。達寿は帰国後、日本での視察をまとめた上で、「政体は立憲とすべき、憲法は欽定とすべし」とする主張を上奏した。清国政府は、１９０８年８月27日に、明治憲法を真似て作られた、「君上大権」と「臣民権利義務」からなる『欽定憲法大綱』を公布し、「大清皇帝が大清帝国を統治し、万世一系、永久に奉戴されるべき」ことを定めるのである。

こうした背景から、近代中国で一連の憲法学の著作が著されていく。これらの著作は、明治憲法および憲法学にある主権と統治権に対する理解を中心にそれぞれ議論を展開する。湯寿潜は1901年にすでに『憲法古義』を執筆し、伝統中国の政治制度の中から近代憲法政治の要素を探し、古代中国にはすでに憲法があったという主張を論証しようとした。また、東京帝国大学に留学した王鴻年は1902年に、穂積八束の憲法講義を整理した上で、欧米諸国の憲法と比較しながら、『憲法法理要義』を書いた。王鴻年は基本的に穂積八束の統治主客体論をそのまま受容し、君主を統治主体とし、臣民と領土を統治客体としたが、主権は歴史に基づく国体にあると主張した。

1910年に、日本の法政大学に留学した保廷樑は、『大清憲法論』を著し、明治憲法学を批判的に受容した上で、はじめて「国権憲法学」を創り出す。保廷樑によると、国権は、対内最高権としての統治権と対外最高権としての主権から構成されるが、その主体は君主であり、その基礎は臣民と領土であると唱え、穂積の統治主客体論を否定した。

一方、この時期の中国憲法学は、成文法の解釈を機軸として形成された明治憲法学と異なり、私人憲法草案の起草過程に萌芽を有した。1908年に民間知識人が清国政府に進呈した『清政府擬定憲法草稿』と張伯烈が1909年に起草した『仮定中国憲法草案』はその代表である。前者は基本的に穂積派の憲法解釈学を受容し、皇帝が国の主体として統治権を総攬することと統治客体が臣民と領土からなることを堅持したが、後者は、対内最高権としての統治権と対外最高権としての主権はともに皇帝の大権を構成し、立法、司法、行政諸権はともに統治権作用の形式であることを述べた。

1911年3月20日、清国政府はついに、載澤と溥倫を憲法纂擬大臣に、李家駒と汪栄宝と陳邦瑞を憲法協纂大臣に任命し、『欽定憲法大綱』に則して『大清帝国憲法草案』を起草させ始める。同草案は7月9日から9月20日までの間に起草され、大清国皇帝が統治権を総攬することを中心に、統治作用の形式を立法、司法、行政に分けたが、1911年5月8日の皇族内閣の成立に伴い、清国政府は民間の立憲派の支持を失い、10月10日の辛亥革命の勃発を促すことになった。革命勃発後、憲法制定権は、準国会たる資政院に移転されたが、同院によりイギリス式立憲君主制をモデルとする『憲法重大信条十九条』が起草され、11月3日に全国に公布され、日本式の統治権論を中心とする『大清帝国憲法草案』はこれをもって廃案となった。

1912年1月1日、中華民国南京臨時政府が成立する。清国が危急存亡の際に内閣総理大臣として清国政府のすべての政務を担った袁世凱は、革命派の「中華民国初の大総統」の条件を受け入れ、清国皇帝を退位させた。同年2月12日に公布した『退位詔書』において、清国政府は「統治権を全国に帰し、国体を共和立憲国体とする」ことを宣言し、大清帝国の幕は閉じた。その後、袁世凱はすぐ中華民国の初代大総統に選出された。

袁世凱の憲法顧問であった有賀長雄は、古代中国ではすでに「敬天愛民」の「天命観」と「敬順天命」の「革命観」を有し、王朝の交代はすべてこのような民衆の利益を最優先にする「天命」の継承から発してきたと述べ、この天命の継承を国の最高権力の移転とみなすべきだと、主張した。有賀によると、もとより漢民族地域の十八の省だけを奪い取ろうとした中華民国が、清国の全ての領土を受け継ぐことができる理由は、清国皇帝が退位した時に、清国の最高統治権を中華民国に譲ったことにある。従って、革命に賛成しなかった地域も正当に中華民国の領土となった。そのため、有賀は、中華民国の原点は辛亥革命ではなく清国皇帝の退位にあり、清国と中華民国の間に「統治権の移転」が存在することを主張し、中国の政権交代における「統治権移転論」を唱えた。

有賀の「統治権移転論」の影響を受けて、袁世凱政権は1914年5月1日に『中華民国約法』を公布した際、『清国皇室優待条件』を憲法附則の形で定める。これによって、中華民国は法理的に清国政府の統治権を受け継いだこととなった。

民国初期の政治上の混乱と議会の無力化に鑑みて、袁世凱は帝位に就く道を選んだが、その準備過程で、馬吉符は『憲法管見』という憲法草案を起草する。臣民全体が主権を有する同草案は、皇帝の上に国民議会を置き、行政と司法を司る皇帝と立法を行う議会がともに統治権を有することを定めた。しかし、激しい反対の声があがり、袁世凱の帝位は僅か八三日間維持されたに過ぎなかった。1916年6月6日に袁世凱が逝去すると、中華民国は軍閥乱立の時代に入り、憲法も政治闘争の道具となり、その価値と地位を失った。

孫文は、袁世凱が帝位に就いた後に東京で発足した中華革命党を、1919年に中国国民党に改組した。1924年に、中国国民党が第一回代表大会を開催し、1921年7月に発足した中国共産党との協力を決め、北伐を開始した。1927年に国民党が革命を裏切り多くの共産党員を殺したが、南京国民政府の成立と東北地方を領有する張学良の帰順に伴い、国民党は1928年に中国をほぼ統一する。国民政府発足後、国民党は速やかに1925年に亡くなった孫文が唱えた三民主義と五権憲法、さらに「軍政－訓政－憲政」の路線に則して憲法の制定に着手し始めた。1936年に『中華民国憲法草案』が完成したが、日中戦争の勃発で可決されず、戦争が終わった後の1946年に『中華民国憲法』はついに可決され、1947年元旦に公布して12月に施行されることとなった。

この1947年憲法は、「主権が全人民に属する」ことを規定し、民主国体を定めたが、第一条で中華民国は「三民主義共和国」である旨を記し、国民党の政治信条を憲法に入れた。筆者は、この本質は国民党が中国を統治することの正当性を公示すること、すなわち儒教が唱えた「名分論」を実践に移すことであると考える。1947年憲法で統治権の所在は規定されなかったが、憲法にある三民主義の条文を通して、国民党は自らを中華民国最高統治権の所有者と見なすのである。

1947年憲法が公布された後、中国にも憲法の条文を究める憲法解釈学が登場する。羅志淵が同年に著した『中国憲法釈論』はその代表である。ただし、解放戦争で国民党の軍隊が総崩れとなったため、『中華民国憲法』は中国大陸ではほぼ施行されず、その憲法解釈学も短命に終わった。これをもって、近代中国の日本からの憲法・憲法学の継受は終止符が打たれた。

近代中国憲法史を研究する場合に、もう一つの注意を払うべき視点は憲法学教育である。１９０５年の科挙制度の廃止に伴い、近代日本を模した学制と分科が中国で広まり、憲法学教育も法学という分科の下に置かれた。最初期の憲法学教育では、日本人学者の著作が用いられ、彼らを招聘して憲法学の授業を担当させた事例も少なくない。しかし、中華民国期に入り、中国人憲法学者が次第に登場し、自らの教科書を編纂し始める。近代中国の憲法学教育の展開においては、明治憲法および憲法学に由来する国体論、政体論、主権論、統治権論が支配的地位を占めていた。中華民国期においても、日本派の「総本山」と呼ばれる朝陽大学の憲法学教育では、明治憲法学の影響は大きかった。

本研究は、国体、政体、主権、統治権の四つの基本概念の生成とその変遷から着手し、清国末期から中華民国期に至るまでの近代中国において、憲法の制定、憲法学の変遷、憲法学教育の展開などの面で果たした明治憲法および憲法学の継受と超克を詳細に論じてきた。また、大清帝国憲法の中核的な構造、近代中国の法学教育における憲法学教育の様相を明らかにして、はじめて体系的に近代中国憲法学の全体像を描き出し、学術界ではまだ解決されていない数多くの問題について一定の見解を示した。

本研究を通して、筆者は、憲法と憲法学が果たす役割は政治統治の安定性によって決まり、また政治統治の安定性は社会の経済構造によって決まると考え、憲法の制定は、自国の歴史の変遷と政治の伝統から出発し、決して他国の理論、経験を単純に継受すべきではないと考えている。また、憲法学についても、それは憲法を解釈する機能を有すると同時に、憲法の制定と改正を導く役割も果たしていると考えている。それ故に、取捨選択せずに全面的に外国の憲法学を継受すべきではなく、憲法学の構築とその教育の展開においては、各国それぞれの憲法理論を説くことはもちろん、自国の歴史典籍と社会経済などの関係分野にも注目し、自国独自の憲法学説の構築に注力することが肝要なのである。

あとがき

「東アジアの歴史的伝統はどのように近代西洋の制度や文化と結びついて、それを超克するのか。」

これは2017年1月30日に、米寿を迎えた故・祖父の張玉陽が誕生日の席で私に尋ねた質問であり、私に遺した最後の課題でもある。

祖父は1930年に撫順で生まれた。当時の東北地方は張学良政権の支配下にあり、翌年、瀋陽で九・一八事変（満洲事変）が勃発したことに伴い、祖父は旧満洲国で青少年時代を過ごした。1948年に高校を卒業後、中国共産党による撫順市の解放を迎え、村政府の書記官と公安委員などの職を歴任し、1951年に撫順市政府文教局の試験に合格して、教員として撫順市朴屯小学校に派遣された。以来、祖父は演武街第一小学校、撫順市第二八中学校で教員、教導主任、補導幹事などの職を担当していたが、1989年に喉頭癌の手術を受けた後、1991年9月に退職した。祖父は四十年に亘って中国の社会主義教育事業に奉仕していた。

私が祖父宅に越してきたのは1999年だった。中国の社会と経済が激動していた当時、撫順市委幼稚園を卒園し撫順市法庫小学校に入った。小学校に入学後、祖父は私の毎日の三度の食事を作ってくれただけではなく、休日、また夏休み、冬休みに、教科書の内容と東アジアの思想哲学に関わる知識を私に講じてくれた。祖父がラジオ番組で単田芳（1934年－2018年、講談界で最も著名な一人であり、国家級非物質文化遺産の継承人である）の講談を聞きながら朝食を用意する風景、日中にテーブルで丁寧に知識を教えてくれた光景は、小学生としての私の最も忘れ難い記憶であり、私自身の成長の礎を定めたことである。

光陰矢の如し。それから十数年が経った2012年は、私の成長にとって重要な節目となった。この年の9月、私は正式に日本語を学び始め、崔学森先生（現・大連外国語大学教授）が主宰する東方思想読書会に参加し、日本との交流を始めた。当時、退職後に横浜市戸塚区に住んでいた中村政芳先生は、遼寧師範大学で中国語学習の短期プログラムに参加されており、私は崔先生の依頼で中村先生のお供をしていた。その甲斐もあり、私の日本語能力は飛躍的に進歩し、三カ月で日本語能力試験（JLPT）一級にも合格することができた。崔先生の他にも、遼寧師範大学で教鞭を執る、楊秀香先生、杜桂娥先生、劉晨曄先生、周育国先生、張迎春先生、欒亞麗先生、閔融融先生、蘭明先生といった徳望高い先生方には、私の理論的基盤を築く上で多大なご指導を賜ったことは付記しておきたい。翌2013年、中村先生から日本留学のご提案をいただき、祖父の説得もあり日本留学が実現した。2015年3月、私は東京に到着し、中村先生や友人の犬塚智史氏のお出迎えをいただきながら、創価大学友光寮に入居して本格的な日本語の学習を開始した。

そして、2015年7月には、本書の礎となる「穂積八束の憲法思想が近代中国に与えた影響」と題する研究計画書を作成した。ここで慶應義塾大学法学部の岩谷十郎先生のご指導を受けることとなったことは言及しておかなければならない。慶應義塾大学大学院法学研究科に進学した私は、岩谷先生のご指導の下、法実証主義を基盤に近代日本法と近代中国法の研究を進めることができた。すべての先生のお名前をここであげることは叶わないが、法学研究科における学びの中で、出口雄一先生、大西広先生、薮本将典先生、國分良成先生、國分典子先生、金孝全先生、髙田久実先生からも多大なご指導を受けることができた。また、岩谷研究室の加藤学陽氏、白石大輝氏、中国の東北大学に通っている劉盼盼氏、ロシアの地で学問を研鑽している于曉林氏から多大なご支援をいただいたことにも感謝を述べたい。特に出口先生には、本書の参考文献を整理するにあたり、格別のご指導もいただいた。あらためて心より感謝を申し上げたい。

祖父母は、2018年、2019年に相次いで逝去したが、彼らの支えと影響は私の研究と生活に深く根付いている。祖父、張玉陽が逝去した五年後、私が整理して執筆した『張玉陽先生遺訓』が、張玉陽先生記念研究会により刊行された。祖父が遺した課題に答えるには、さらに時間が掛かるが、『遺訓』でしたためたように、「誉訓は巇なく、君子は物傾をならず」「蚊蝱一晞、褒貶を加えることなし」（毀誉に左右されず、君子は物質的欲望に傾くことなし、世間の評価は蚊と蝱の一過の如く、褒貶に動揺されない）[1]という精神で、二一世紀における東アジア文明の復興という使命に挑むつもりである。

最後になってしまったが、私の研究に大きなご支援をくださっている慶應義塾大学、高山国際教育財団、本書の出版刊行助成をお認めいただいた慶應義塾大学学術出版基金、慶應義塾大学出版会の岡田智武氏、そして多大なご指導を賜った岩谷十郎先生に深く感謝を申し上げる次第である。

私にとって、博士の学位取得と本書の刊行は、万里の長征の第一歩を踏み出したにすぎない。毛沢東は１９５６年に「遅れた農業国である中国を先進的工業化された中国に変えるには、われわれの前に置かれた仕事は並々ならぬものであり、われわれの経験は非常に不足している。だから、よく学ばなければならない」[2]と指示したが、九年後の１９６５年、彼は中国革命の原点である江西省の井岡山に戻り、「水調歌頭・重上井岡山」[3]という詞作を揮毫した。その最後の言葉は、「世上無難事、只要肯登攀（世に難きことなし、よじ登らんとさえせば）」[4]である。

著　者

（1）呉迪『張玉陽先生遺訓』（張玉陽先生記念研究会、２０２３年）、１１１頁。その出典は、「荀子・非十二子篇」と「淮南子・俶真訓」である。前者では、「人が誉めたりとて、其れに誘はれて有頂天になることなく、人が誹りたりとて、其れを恐れて悲観することなく、ただ正しき道により沿らて行き、端然として己を正しく、外物に傾け倒されず、夫れ是れを誠の君子と謂ふなり」という一節があり（桂湖村講「荀子」『漢籍国字解全書（第二十二巻　荀子上）』（早稲田大学出版部、１９１１年）、２４９頁）、後者では、「毀と誉との我に於けるは、蚊蝱の一たび飛ぶ如きなり」と「是の故に世を挙げて我を誉むるも我を勧むるに足らず、天下の人は我を誹るも我を沮むに足らず」という一節がある（菊池晩香講「淮南子」『漢籍国字解全書（第四十三巻　淮南子上）』（早稲田大学出版部、１９１７年）、65頁と83頁）。

（2）中国人民解放軍総政治部編『毛主席語録』（外文出版社、１９６６年）、４１９頁。

（3）「水調歌頭」は、詞の韻律を定める「詞牌」で、「重上井岡山（再び井岡山に登る）」は詞のタイトルである。

（4）「毛沢東の詩を読む」『人民中国インターネット版』（２０２１年７月１日）。

初出一覧

本書は、まえがきでも触れたとおり、博士論文を元に書籍化したものであるが、下記の論文を初出とし、それぞれ内容に大幅な加筆・修正を加え再構成している。

「近代中国憲政と清水澄」『法学政治学論究』第 112 号（2017 年）339 頁以下

「近代中国の法制整備と岡田朝太郎」『法学政治学論究』第 114 号（2017 年）159 頁以下

「近代中国の憲法制定と明治憲法」『法学政治学論究』第 122 号（2019 年）171 頁以下

「近代日中両国における憲法の基本概念の定着と連鎖」『法学政治学論究』第 125 号（2020 年）141 頁以下

「近代中国の憲法学教育における日本的要素」『法学政治学論究』第 127 号（2020 年）67 頁以下

「近代中国憲法学の誕生と明治憲法学」『慶應義塾大学大学院法学研究科論文集』第 60 号（2020 年）1 頁以下

中村元哉編『憲政から見た現代中国』（東京大学出版会、2018 年）。

大木一夫編『ガイドブック日本語史調査法』（ひつじ書房、2019 年）。

オット・フォン・ギールケ著、庄子良男訳『歴史法学論文集（全二巻）』（信山社、2019 年）。

大島和夫『日本の法学とマルクス主義：21 世紀の社会編成理論の構築をめざして』（法律文化社、2019 年）。

嘉戸一将『主権論史』（岩波書店、2019 年）。

金子肇『近代中国の国会と憲政：議会専制の系譜』（有志舎、2019 年）。

小林敏男『国体はどのように語られてきたか』（勉誠出版、2019 年）。

昆野伸幸『近代日本の国体論：皇国史観再考』（ぺりかん社、2019 年）。

武田晴人『日本経済史』（有斐閣、2019 年）。

陳力衛『近代知の翻訳と伝播：漢語を媒介に』（三省堂、2019 年）。

西田彰一『躍動する「国体」：筧克彦の思想と活動』（ミネルヴァ書房、2020 年）。

西村清貴『法思想史入門』（成文堂、2020 年）。

今野元『上杉慎吉』（ミネルヴァ書房、2023 年）。

ミヒャエル・シュトライス著、福岡安都子訳『ドイツ公法史入門』（勁草書房、2023 年）。

熊達雲『清末中国の法制近代化と日本人顧問』（明石書店、2023 年）。

伊藤孝夫『佐々木惣一』（ミネルヴァ書房、2024 年）。

林尚之『里見岸雄の思想：国体・憲法・メシアニズム』（晃洋書房、2024 年）。

石塚迅・中村元哉・山本真編著『憲政と近現代中国：国家、社会、個人』（現代人文社、2010年）。

沈国威『近代東アジアにおける文体の変遷』（白帝社、2010年）。

松浦章編『東アジアにおける文化情報の発信と受容』（熊松堂、2010年）。

松竹伸幸『マルクスはどんな憲法を目指したのか』（大月書店、2010年）。

宮田和子『英華辞典の総合的研究：一九世紀を中心として』（白帝社、2010年）。

李漢燮編『近代漢語研究文献目録』（東京堂出版、2010年）。

泉三郎『伊藤博文の青年時代：欧米体験から何を学んだか』（祥伝社、2011年）。

瀧井一博編『伊藤博文演説集』（講談社、2011年）。

住友陽文『皇国日本のデモクラシー 個人創造の思想史』（有志社、2011年）。

井上克人編『朱子学と近世・近代東アジア』（台大出版中心、2012年）。

岩谷十郎『明治日本の法解釈と法律家』（慶應義塾大学出版会、2012年）。

小倉紀蔵『入門朱子学と陽明学』（筑摩書房、2012年）。

小倉紀蔵『朱子学化する日本近代』（藤原書店、2012年）。

長井利浩『井上毅とヘルマン・ロェスラー：近代日本の国家建設への貢献』（文芸社、2012年）。

三和良一『概説日本経済史（近現代）』（東京大学出版会、2012年）。

曽田三郎『中華民国の誕生と大正初期の日本人』（思文閣、2013年）。

瀧井一博『明治国家をつくった人びと』（講談社、2013年）。

瀧井一博『伊藤博文：知の政治家』（中央公論新社、2013年）。

岩谷十郎・片山直也・北居功編『法典とは何か』（慶應義塾大学出版会、2014年）。

門松秀樹『明治維新と幕臣』（中公新書、2014年）。

河野有理編『近代日本政治思想史：荻生徂徠から網野善彦まで』（ナカニシヤ出版、2014年）。

堅田剛『明治憲法の起草過程：グナイストからロェスラーへ』（御茶の水書房、2014年）。

高橋和之編『日中における西欧立憲主義の継受と変容』（岩波書店、2014年）。

平田哲男『近代天皇制権力の創出』（大月書店、2014年）。

色川大吉編『五日市憲法草案とその起草者たち』（日本経済評論社、2015年）。

沖森卓也、阿久津智編『ことばの借用』（朝倉書店、2015年）。

清水正之『日本思想全史』（ちくま新書、2015年）。

孫建軍『近代日本語の起源』（早稲田大学出版部、2015年）。

竹中憲一編『近代語彙集』（皓星社、2015年）。

長井利浩『明治憲法の土台はドイツ人のロェスラーが創った：ヘルマン・ロェスラーの『日本帝国憲法草案独文』の現代語訳を通して』（文芸社、2015年）。

岡本隆司『中国の誕生：東アジアの近代外交と国家形成』（名古屋大学出版会、2016年）。

森村進編『法思想の水脈』（法律文化社、2016年）。

荒邦啓介『明治憲法における「国務」と「統帥」：統帥権の憲法史的研究』（成文堂、2017年）。

西村清貴『近代ドイツの法と国制』（成文堂、2017年）。

沈国威『近代日中語彙交流史：新漢語の生成と受容』（笠間書院、2017年）。

松本三之介『利己と他者の狭間で』（以文社、2017年）。

山崎雅弘『天皇機関説事件』（集英社、2017年）。

小林和幸編『明治史講義』（筑摩書房、2018年）。

武田知弘『大日本帝国をつくった男：初代内閣総理大臣・伊藤博文の功と罪』（KKベストセラーズ、2018年）。

今井道児『「文化」の光景：概念とその思想の小史』（同学社、1996 年）。

長尾龍一『日本憲法思想史』（講談社、1996 年）。

長尾龍一『思想としての日本憲法史』（信山社、1997 年）。

宮沢俊義『天皇機関説事件：史料は語る』（有斐閣、1997 年）。

汪婉『清末中国対日教育視察の研究』（汲古書院、1998 年）。

大江志乃夫『明治国家の成立：天皇制成立史研究』（ミネルヴァ書房、1998 年）。

川口由彦『日本近代法制史』（新世社、1998 年）。

藤原保信・白石正樹・渋谷浩編『政治思想史講義』（早稲田大学出版部、1998 年）。

伊藤之雄『立憲国家の確立と伊藤博文：内政と外交 1889–1898』（吉川弘文館、1999 年）。

石村修『明治憲法その獨逸との隔たり』（専修大学出版局、1999 年）。

瀧井一博『ドイツ国家学と明治国制：シュタイン国家学の軌跡』（ミネルヴァ書房、1999 年）。

大津栄一郎『日本語誕生論』（きんのくわがた社、2000 年）。

田中克彦『言語からみた民族と国家』（岩波書店、2001 年）。

阿部洋『中国の近代教育と明治日本』（龍溪書舎、2002 年）。

鈴木暎一『国学思想の史的研究』（吉川弘文館、2002 年）。

沼田哲編『明治天皇と政治家群像：近代国家形成の推進者たち』（吉川弘文館、2002 年）。

吉野誠『明治維新と征韓論：吉田松陰から西郷隆盛へ』（明石書店、2002 年）。

瀧井一博『文明史のなかの明治憲法：この国のかたちと西洋体験』（講談社、2003 年）。

朱京偉『近代日中新語の創出と交流：人文科学と自然科学の専門用語を中心に』（白帝社、2003 年）。

伊藤之雄・川田稔編『二〇世紀日本の天皇と君主制：国際比較の視点から 1867–1947』（吉川弘文館、2004 年）。

海野福寿『伊藤博文と韓国併合』（青木書店、2004 年）。

渡辺俊一『井上毅と福沢諭吉』（日本図書センター、2004 年）。

家永三郎編『新編　明治前期の憲法構想』（福村出版、2005 年）。

大石眞『日本憲法史』（有斐閣、2005 年）。

斎藤毅『明治のことば：文明開化と日本語』（講談社、2005 年）。

沼田哲『元田永孚と明治国家：明治保守主義と儒教的理想主義』（吉川弘文館、2005 年）。

斎藤智朗『井上毅と宗教：明治国家形成と世俗主義』（弘文堂、2006 年）。

牧原憲夫『民権と憲法』（岩波新書、2006 年）。

水樹楊『東大法学部』（新潮社、2006 年）。

佐藤享『現代に生きる幕末・明治初期漢語辞典』（明治書院、2007 年）。

沈国威『一九世紀中国語の諸像』（雄松堂出版、2007 年）。

村上一博編『日本近代法学の揺籃と明治法律学校』（日本経済評論社、2007 年）。

望田幸男編『近代日本とドイツ：比較の関係と歴史学』（ミネルヴァ書房、2007 年）。

國學院大學日本文化研究所編『井上毅傳（史料編補遺第二）』（國學院大學、2008 年）。

沈国威編『漢字文化圏諸言語の近代語彙の形成：創出と共有』（関西大学出版部、2008 年）。

伊藤之雄・李盛煥編『伊藤博文と韓国統治：初代韓国統監をめぐる百年目の検証』（ミネルヴァ書房、2009 年）。

加藤周一編『世界百科大事典（全三四巻）』（平凡社、2009 年）。

曽田三郎『明治憲政と近代中国』（思文閣、2009 年）。

源川真希『近衛新体制の思想と政治 自由主義克服の時代』（有志社、2009 年）。

天野和夫・片岡昇・長谷川正安・藤田勇・渡辺洋三編『マルクス主義法学講座（全八巻）』（日本評論社、1976 年 –1980 年）。

菊池謙二郎編『藤田幽谷関係史料』（東京大学出版会、1977 年）。

ゴーロ・マン著、上原和夫訳『近代ドイツ史（1・2）』（みすず書房、1977 年）。

丹羽邦男『明治維新と土地変革』（御茶の水書房、1978 年）。

長谷川正安『憲法学説史』（三省堂、1978 年）。

家永三郎教授東京教育大学退官記念論集刊行委員会編『近代日本の国家と思想』（三省堂、1979 年）。

國學院大學日本文化研究所編『井上毅傳外篇：近代日本法制史料集（全二〇巻）』（國學院大學、1979 年 –1999 年）。

佐藤喜代治『日本の漢語：その源流と変遷』（角川書店、1979 年）。

笹倉秀夫『近代ドイツの国家と法学』（東京大学出版会、1979 年）。

家永三郎『日本憲法学の源流：合川正道の思想と著作』（法政大学出版局、1980 年）。

小林孝輔『ドイツ憲法史』（学陽書房、1980 年）。

佐藤亨『近世語彙の歴史的研究』（桜楓社、1980 年）。

F・ハルトゥング著、成瀬治・坂井栄八郎訳『ドイツ国制史：15 世紀から現代まで』（岩波書店、1980 年）。

法政大学百年史編纂委員会編集『法政大学百年史』（法政大学、1980 年）。

鈴木修次『日本漢語と中国』（中央公論社、1981 年）。

田村貞雄『地租改正と資本主義論争』（吉川弘文館、1981 年）。

長尾龍一『日本法思想史研究』（創文社、1981 年）。

長谷川正安『憲法講話』（法律文化社、1981 年）。

長尾龍一『日本国家思想史研究』（創文社、1982 年）。

坂井雄吉『井上毅と明治国家』（東京大学出版会、1983 年）。

清水澄博士論文資料刊行会編『清水澄博士論文・資料集』（原書房、1983 年）。

長谷川正安『憲法とマルクス主義法学』（日本評論社、1985 年）。

W・エーベル著、西川洋一訳『ドイツ立法史』（東京大学出版会、1985 年）。

大久保利謙『明治維新と教育』（吉川弘文館、1987 年）。

辻義教『評伝井上毅』（弘生書林、1988 年）。

山田辰雄『近代中国人物研究』（慶應義塾大学地域研究センター、1988 年）。

加藤周一『翻訳の思想』（岩波書店、1991 年）。

坂本一登『伊藤博文と明治国家：宮中の制度化と立憲制の導入』（吉川弘文館、1991 年）。

小林孝輔『ドイツ憲法小史』（学陽書房、1992 年）。

日本近代法制史研究会編『日本近代法 120 講』（法律文化社、1992 年）。

吉田金一『ロシアと中国の東部国境をめぐる諸問題：ネルチンスク条約の研究』（環翠堂、1992 年）

阿部洋『中国近代学校史研究』（福村出版、1993 年）。

長谷川正安『日本憲法学の系譜』（勁草書房、1993 年）。

吉川経夫・内藤謙・中山研一・小田中聰樹・三井誠編『刑法理論史の総合的研究』（日本評論社、1994 年）。

國學院大學日本文化研究所編『井上毅傳（史料編補遺第一）』（國學院大學、1994 年）。

手塚豊『明治史研究雑纂』（慶應通信、1994 年）。

三好徹『史伝伊藤博文（上・下）』（徳間書店、1995 年）。

岡田朝太郎『法学通論』（中外印刷工業株式会社、1919 年）。

美濃部達吉『日本憲法』（有斐閣、1922 年）。

池岡直孝『国体観念の研究』（同文舘、1923 年）。

尾佐竹猛『維新前後における立憲思想』（文化生活研究会、1925 年）。

美濃部達吉『逐条憲法精義（全）』（有斐閣、1927 年）。

船口萬寿『国体思想変遷史』（国体科学社、1930 年）。

渡部萬蔵『現行法律語の史的考察』（萬里閣書房、1930 年）。

鈴木安蔵『日本憲政成立史』（学芸社、1933 年）。

鈴木安蔵『憲法の歴史的研究』（大畑書店、1933 年）。

伊藤博文編『憲法資料（上・中・下）』（憲法資料刊行会、1934 年）。

穂積八束『修正増補憲法提要』（有斐閣、1935 年）。

海後宗臣『日本近代学校史』（成美堂書店、1936 年）。

明治政治史研究会編纂『憲法解釈資料：大日本帝国憲法発布当時の一般憲法思想を窺ふべき逐条憲法解釈文献』（ナウカ社、1936 年）。

金子堅太郎『憲法制定と欧米人の評論』（日本青年館、1937 年）。

尾佐竹猛『日本憲法制定史要』（育生社、1938 年）。

尾佐竹猛『日本憲政史大綱（上・下）』（日本評論社、1939 年）。

実藤恵秀『中国人日本留学史稿』（日華学会、1939 年）。

穂積重威編『穂積八束博士論文集』（有斐閣、1943 年）。

長谷川正安『マルクシズム法学』（日本評論社、1950 年）。

倉野憲司、武田祐吉校注『古事記・祝詞』（岩波書店、1958 年）。

稲田正次『明治憲法成立史（上・下）』（有斐閣、1960 年 –1962 年）。

稲田正次編『明治国家形成過程の研究』（御茶の水書房、1966 年）。

井上毅傳記編集委員会編『井上毅傳（史料編第一）』（國學院大學図書館刊、1966 年）。

井上毅傳記編集委員会編『井上毅傳（史料編第二）』（國學院大學図書館刊、1968 年）。

斎藤静『日本語に及ぼしたオランダ語の影響』（東北学院大学、1967 年）。

榎原猛『君主制の比較憲法学的研究』（有信堂、1968 年）。

内田糺『明治期學制改革の研究：井上毅文相期を中心として』（中央公論事業出版、1968 年）。

原口清『日本近代国家の形成』（岩波書店、1968 年）。

浅井清『明治立憲史におけるイギリス国会制度の影響』（有信堂、1969 年）。

井上毅傳記編集委員会編『井上毅傳（史料編第三）』（國學院大學図書館刊、1969 年）。

稲田正次『教育勅語成立過程の研究』（講談社、1971 年）。

井上毅傳記編集委員会編『井上毅傳（史料編第四）』（國學院大學図書館刊、1971 年）。

清水伸『明治憲法制定史（上・中・下）』（原書房、1971 年 –1981 年）。
R. H. マイニア著、佐藤幸治・長尾龍一・田中成明訳『西洋法思想の継受：穂積八束の思想史的考察』（東京大学出版会、1971 年）。
舒新成著、阿部洋譯『中国教育近代化論』（明治図書出版、1972 年）。

長谷川正安、藤田勇編『文献研究マルクス主義法学　戦前』（日本評論社、1972 年）。

片山清一編『資料・教育勅語：渙発時および関連諸資料』（高陵社書店、1974 年）。

井上毅傳記編集委員会編『井上毅傳（史料編第五）』（國學院大學図書館刊、1975 年）。

鈴木安蔵『日本憲法学史研究』（勁草書房、1975 年）。

西村裕一「天皇機関説事件」『論究ジュリスト』（第 17 号、2016 年）、11–17 頁。

南雲千香子「明治期法学者の法律用語観：民法典の翻訳を巡って」『日本語学論集』（第 13 号、2017 年）、85–104 頁。

西村裕一「明治憲法学説史の一断面」辻村みよ子・長谷部恭男・石川健治・愛敬浩二編『国家と法の主要問題』（日本評論社、2018 年）、23–36 頁。

西村裕一「近代日本憲法思想史序説：内なる天皇制の観点から」『論究ジュリスト』（第 26 号、2018 年）、173–185 頁。

西村裕一「わが国の立憲主義の歴史的考察：「立憲」概念の変遷をめぐって」『公法研究』（第 80 号、2018 年）、126–137 頁。

加戸一将「明治憲法体制創造の論理と立憲主義」『アステイオン』（第 90 号、2019 年）、96–109 頁。

苅部直「日本が国家になったとき：水戸学から主権論へ」『アステイオン』（第 90 号、2019 年）、55–66 頁。

富永健「明治憲法における主権と統治権」『皇學館大學日本学論叢』（第 9 号、2019 年）、119–139 頁。

西村裕一「日本における主権論：戦前からの視角」『年報政治学』（第 1 号、2019 年）、117–136 頁。

森元拓「憲法改正と美濃部達吉」『山梨大学教育学部紀要』（第 30 巻、2020 年）、71–80 頁。

大和友紀雄「明治期の佐々木惣一：「法律学的研究」における西洋と日本」『文学研究論集』（第 52 巻、2020 年）、177–198 頁。

宍戸常寿・石川健治「憲法学の 75 年」『論究ジュリスト』（第 36 号、2021 年）、4–23 頁。

西村裕一「日本憲法学説史：戦前編」山元一編『講座立憲主義と憲法学Ⅰ：憲法の基礎理論』（信山社、2022 年）、29–57 頁。

大和友紀雄「佐々木惣一と里見岸雄：憲法と国体を巡る対話」『法史学研究会会報』（第 27 号、2023 年）、103–111 頁。

彌永信美「概念史、認識論的歴史、日本の近代化：世界の近代化と前近代世界の概念体系（1）」『思想』（第 6 号、2024 年）、97–117 頁。

西村裕一「日本人の憲法意識：近代日本に憲法はあるか」『エトランデュテ』（第 5 巻、2024 年）、257–290 頁。

（二） 著書

有賀長雄『日本古代法釈義』（博文館、1881 年）。

有賀長雄『国家学』（牧野書房、1889 年）。

スタイン講義、有賀長雄通訳筆記『須多因氏講義筆記』（宮内省蔵版、1889 年）。

有賀長雄『帝国憲法講義』（講法会、1890 年）。

有賀長雄『大臣責任論：国法学之一部』（明法堂、1894 年）。

有賀長雄『行政学講義』（明治法律学校講法会、1895 年）。

伊藤博文『帝国憲法皇室典範義解』（国家学会、1897 年）。

上杉愼吉『帝国憲法』（清水書店、1905 年）。

有賀長雄『国法学』（早稲田大学出版部、1906 年）。

法典質疑会編『法典質疑問答（第七編）』（有斐閣書房、1906 年）。

大槻文彦『箕作麟祥君傳』（丸善、1907 年）。

土肥羊次郎編『大家論叢清国立憲問題』（清韓問題研究会、1908 年）。

副島義一『日本帝国憲法論』（早稲田大学出版部、1909 年）。

有賀長雄述『日本憲政講義』（国立国会図書館憲政資料室所蔵）。

上杉慎吉『国体憲法及憲政』（有斐閣、1916 年）。

崔学森『清廷制憲与明治日本』（中国社会科学出版社、2020 年）。

二　日本語文献

（一）　論文

岡田朝太郎「清国ノ刑法草案ニ付テ」『法学志林』（第 12 巻第 2 号、1910 年）、117–123 頁。

岡田朝太郎「清国改正刑律草案（総則）」『法学協会雑誌』（第 29 巻第 3 号、1910 年）、31–36 頁。

坂西利八郎「有賀博士と袁世凱」『外交時報』（第 686 号、1933 年）、109–115 頁。

佐瀬昌三「岡田朝太郎博士の憶い出」『法律論叢』（第 16 巻第 1 号、1937 年）、102–106 頁。

鈴木安蔵「穂積八束の憲法学説」『静岡大学人文学部研究報告・社会科学』（第 14 号、1966 年 3 月）、1–27 頁。

桜井光堂「日本古代における統治権の表示と国境の画定」『駒沢大学法学論集』（第 6 号、1969 年）、46–106 頁。

石尾芳久・武田敏明「R.H. ミネアル著「日本の伝統と西洋法」: 天皇、国家、法に関する穂積八束の思想」『関西大学法学論集』（第 21 巻第 1 号、1971 年 5 月）、76–91 頁。

中川剛「天皇制と統治権」『政経論叢』（第 26 巻第 4 号、1976 年）、1–32 頁。

藤谷豊松「主権と統治権」『国士舘法学』（第 14 号、1982 年）、73–109 頁。

川島真「中国における万国公法の受容と適用 :「朝貢と条約」をめぐる研究動向と問題提起」『東アジア近代史』（第 2 号、1999 年）、35–55 頁。

松下佐知子「清末民国初期の日本人法律顧問 : 有賀長雄と副島義一の憲法構想と政治行動を中心に」『史学雑誌』（第 110 巻第 9 号、2001 年）、1699–1723 頁。

高野繁男「『哲学字彙』の和製漢語 : その語基の生成法・造語法」『人文学研究所報』（第 37 号、2004 年）、87–108 頁。

西英昭「清末民国時期法制関係日本人顧問に関する基礎情報」『法史学研究会会報』（第 12 号、2007 年）、114–130 頁。

石川健治「権力とグラフィクス」長谷部恭男・中島徹編『憲法の理論を求めて : 奥平憲法学の継承と展開』（日本評論社、2009 年）、251–309 頁。

周圓「丁韙良の生涯と『万国公法』漢訳の史的背景」『一橋法学』（第 9 巻第 3 号、2010 年）、257–294 頁。

南雲千香子「箕作麟祥訳『仏蘭西法律書・訴訟法』の漢語訳語 : 法律用語の訳出傾向」『人文』（第 10 号、2011 年）、69–84 頁。

周圓「丁韙良『万国公法』の翻訳手法 : 漢訳『万国公法』一巻を素材として」『一橋法学』（第 10 巻第 2 号、2011 年）、223–364 頁。

石川健治「統治のヒストーリク」奥平康弘・樋口陽一編『危機の憲法学』（弘文堂、2013 年）、15–58 頁。

坂井大輔「穂積八束の公法学（一）」『一橋法学』（第 12 巻第 1 号、2013 年）、231–265 頁。

坂井大輔「穂積八束の公法学（二・完）」『一橋法学』（第 12 巻第 2 号、2013 年）、93–165 頁。

小野博司「東アジア近代法史のための小論」『神戸法学年報』（第 29 号、2015 年）、3–25 頁。

小林敏男「天皇の統治権を考える」『日本文学研究』（第 54 号、2015 年）、1–21 頁。

西村裕一「穂積八束を読む美濃部達吉 : 教育勅語と国体論」岡田信弘・笹田栄司・長谷部恭男編『憲法の基底と憲法論 : 思想・制度・運用（高見勝利先生古稀記念）』（信山社、2015 年）、217–236 頁。

馮天瑜『新語探源』（中華書局、2004年）。

夏新華・胡旭晟・劉鄂・甘正気・万利容・劉姍姍整理『近代中国憲政歴程：史料薈萃』（中国政法大学出版社、2004年）。

許嘉璐編『二十四史全訳（全八八巻）』（漢語大辞典出版社、2004年）。

左玉河『従四部之学到七科之学』（上海書店出版社、2004年）。

趙宝雲『西方五国憲法通論』（中国人民公安大学出版社、2005年）。

張海鵬編『中国近代通史（全十巻）』（江蘇人民出版社、2006年）。

夏新華ほか『近代中国憲法与憲政研究』（中国法制出版社、2007年）。

董宝良編『中国近現代高等教育史』（華中科技大学出版社、2007年）。

唐士其『西方政治思想史』（北京大学出版社、2008年）。

中国第一歴史檔案館編『光緒朝上諭檔（全三四巻）』（広西師範大学出版社、2008年）。

中国第一歴史檔案館編『宣統朝上諭檔（全三巻）』（広西師範大学出版社、2008年）。

鐘叔河編『走向世界叢書（全十巻）』（嶽麓書社、2008年）。

何勤華『法律名詞的起源』（北京大学出版社、2009年）。

侯宜傑『二十世紀初中国政治改革風潮：清末立憲運動史』（中国人民大学出版社、2009年）。

謝維揚・房鑫亮編『王国維全集（全二〇巻）』（浙江教育出版社、2009年）。

汪楚雄『啓新与拓域』（山東教育出版社、2010年）。

徐爽『旧王朝與新制度：清末立憲改革紀事』（法律出版社、2010年）。

曽憲義編『中国伝統法律文化研究（全十巻）』（中国人民大学出版社、2010年）。

柴松霞『出洋考察與清末立憲』（法律出版社、2011年）。

崔軍民『萌芽期現代法律新詞研究』（中国社会科学出版社、2011年）。

高放『清末立憲史』（華文出版社、2012年）。

韓大元『中国憲法学説史研究（全二巻）』（中国人民大学出版社、2012年）。

呂顧長『清末中日教育文化交流之研究』（商務印書館、2012年）。

孫邦華『西学東漸与中国近代教育変遷』（中国社会科学出版社、2012年）。

翟海濤『法政人与清末法制変革研究――以法政速成科為中心』（華東師範大学博士学位論文、2012年）。

遅雲飛『清末預備立憲研究』（中国社会科学出版社、2013年）。

葛兆光『中国思想史（全三巻）』（復旦大学出版社、2014年）。

史洪智編『日本法学博士与近代中国資料輯要』（上海人民出版社、2014年）。

馮玉軍編『百年朝陽』（法律出版社、2015年）。

喬治・薩拝因著、鄧正来訳『政治学説史（第四版）』（上海人民出版社、2015年）。

楊焯『丁訳「万国公法」研究』（法律出版社、2015年）。

鄭艷『清末における日中法律用語の交流と借用』（北京外国語大学博士論文、2015年）。

高全喜編『現代立国法政文献編訳叢書（全六巻）』（清華大学出版社、2016年）。

李超『民初法律顧問有賀長雄及其製憲理論』（華東政法大学2016年度博士論文）。

徐光春編『馬克思主義大辞典』（崇文書局、2017年）。

李細珠『地方督撫与清末新政：晩清権力格局再研究』（社会科学文献出版社、2018年）。

李細珠『新政、立憲与革命』（北京師範大学出版社、2018年）。

蘇力『大国憲制：歴史中国的制度構成』（北京大学出版社、2018年）。

熊達雲『洋律徂東：中国近代法制的構建与日籍顧問』（社会科学文献出版社、2019年）。

故宮博物院明清檔案部編『清末籌備立憲檔案史料（上・下）』（中華書局、1979年）。
張晉藩『中国憲法史略』（北京出版社、1979年）。
譚汝謙編『中国訳日本書綜合目録』（香港中文大学出版社、1980年）。
侯外廬・邱漢生・張豈之編『宋明理学史（上・下）』（人民出版社、1984年–1987年）。
費正清編『剣橋中国晩清史（上・下）』（中国社会科学出版社、1985年）。
張玉法『民国初年的政党』（中央研究院近代史研究所、1985年）。
劉晴波編『楊度集』（湖南人民出版社、1986年）。
熊月之『中国近代民主思想史』（上海人民出版社、1986年）。
陳宝音『中国憲法概論』（北京大学出版社、1987年）。
中共中央文献研究室編『建国以来毛澤東文稿（全十三巻）』（中央文献出版社、1987年–1998年）。
朱有瓛編『中国近代学制史料（全七巻）』（華東師範大学出版社、1987年）。
李松林・斉福麟・許小軍・張桂蘭編『中国国民党大事記』（解放軍出版社、1988年）。
汪向栄『日本教習』（三聯書店、1988年）。
湯志軍『近代経学与政治』（中華書局、1989年）。
肖效欽主編『中国国民党史』（安徽人民出版社、1989年）。
宋仁『梁啓超政治法律思想研究』（学苑出版社、1990年）。
董方奎『梁啓超与立憲政治』（華中師範大学出版社、1991年）。
李華興『民国教育史』（上海教育出版社、1991年）。
王奇生『中国留学生的歴史軌跡』（湖北教育出版社、1992年）。
王暁秋『近代中日文化交流史』（中華書局、1992年）。
趙軍『折断了的槓桿：清末新政与明治維新比較研究』（湖南出版社、1992年）。
中共中央文献研究室編『毛澤東文集（全八巻）』（人民出版社、1993年）。
羅家倫・黄季陸主編、秦孝儀・李雲漢増訂『国父年譜（上・下）』（中国国民党中央委員会、1994年）。
熊月之『西学東漸与晩清社会』（上海人民出版社、1994年）。
湯能松・張蘊華・王清云・閻亞林『探索的軌跡：中国法学教育発展史略』（法律出版社、1995年）。
王克非『中日近代対西方政治哲学思想的摂取』（中国社会科学出版社、1996年）。
黄実鑑『東西洋考毎月統計伝』（中華書局、1997年）。
馬西尼著、黄河清訳『現代漢語詞匯的形成：十九世紀漢語外来詞的研究』（漢語大辞典出版社、1997年）。
王暁秋・尚小明編『戊戌維新与清末新政』（北京大学出版社、1998年）。
王宝平編『晩清中国人日本考察記集成・教育考察記』（杭州大学出版社、1999年）。
李貴連『瀋家本伝』（法律出版社、2000年）。
王建『中国近代的法律教育』（中国政法大学出版社、2001年）。
王健『溝通両個世界的法律意義』（中国政法大学出版社、2001年）。
李剣農『中国近百年政治史』（復旦大学出版社、2002年）。
尚小明『留日学生与清末新政』（江西教育出版社、2002年）。
張之洞『勧学篇』（上海書店出版社、2002年）。
許崇徳『中華人民共和国憲法史』（福建人民出版社、2003年）。
王人博『近代中国的憲政思潮』（法律出版社、2003年）。
楊立強『清末民初資産階級与社会変動』（上海人民出版社、2003年）。
鄭匡民『梁啓超啓蒙思想的東学背景』（上海書店出版社、2003年）。

葉斌「絶対権力的虚置」『史林』（第 6 期、2010 年）、107–118, 190 頁。
高全喜「政治憲法学視野中的清帝遜位詔書」『環球法律評論』（第 33 巻第 5 号、2011 年）、26–36 頁。
劉練軍「湯寿潜立憲思想之当代省思」『法学』（第 5 期、2011 年）、51–60 頁。
劉国有・劉桂芳・徐瑞嫻「北洋法政学堂創辦的歴史考弁」『天津法学』（第 2 期、2012 年）、107–112 頁。
孫宏雲「清末預備立憲中的外方因素：有賀長雄一脈」『歴史研究』（第 5 期、2013 年）、99–115, 191 頁。
林来梵「国体憲法学：亜洲憲法学的先駆形態」『中外法学』（第 26 巻第 5 号、2014 年）、1125–1141 頁。
李雲波「一九一五年国体討論中的学理問題研析」『泰山学院学報』（第 37 巻第 5 期、2015 年）、100–105 頁。
宋宏「共和還是君主：重思民国時期関於国体問題的論争（1915–1917）」『学術月刊』（第 47 巻第 4 号、2015 年）、13–17, 24 頁。
喩中「所謂国体：憲法時刻与梁啓超的共和再造」『法学家』（第 4 期、2015 年）、158–175, 180 頁。
崔学森「共和国中的君憲方案」『或問』（第 32 期、2017 年）、25–33 頁。
李超「憲法顧問有賀長雄赴任前的中国淵源」『新余学院学報』（第 22 巻第 3 期、2017 年）、119–122 頁。
鄧華瑩「清季革命論戦中的国体政体争議」『社会科学戦線』（第 11 期、2018 年）、119–127 頁。
李大龍「中国辺疆的内涵及其特徴」『中国辺疆史地研究』（第 3 期、2018 年）、1–21, 212 頁。
滕徳永「遜清皇室與優待條件的入憲」『北京社会科学』（第 4 期、2018 年）、14–22 頁。
崔学森「中国第一歴史檔案館蔵「大清帝国憲法法典」考論」『歴史檔案』（第 2 期、2019 年）、104–111 頁。

（二） 著書

湯寿潜『憲法古義』（点石斎書局、1901 年）。
王鴻年『憲法法理要義』（王惕斎、1902 年）。
保廷樑『大清憲法論』（上海江左書林、1910 年）。
張伯烈『仮定中国憲法草案』（独叢別墅、1910 年）。
馬吉符『憲法管見』（同益印書局、1915 年）。
国憲起草委員会事務処編『草憲便覧』（国憲起草委員会、1925 年）。
孫文『建国大綱』（大東書局、1929 年）。
故宮博物院図書館編『摛藻堂四庫全書薈要』（故宮博物院図書館、1933 年）。
孫増修著、呉芷芳校『中国憲法問題』（商務印書館、1936 年）。
満洲帝国国務院編『大清宣統政紀』（満洲帝国国務院、1937 年）。
羅志淵『中国憲法釈論』（政衡月刊社、1947 年）。
毛澤東『毛澤東選集（全四巻）』（人民出版社、1966 年）。
孫会文『梁啓超的民権与君権思想』（国立台湾大学文史叢刊、1966 年）。
羅志淵『中国憲法史』（台湾商務印書館、1967 年）。
羅志淵『憲法論叢』（台湾商務印書館、1969 年）。
張玉法『清季的立憲団体』（中央研究院近代史研究所、1971 年）。
呉宗慈『中華民国憲法史』（台聯國風出版、1973 年）。
羅志淵先生記念集編集委員会編集『羅志淵先生記念集』（台北、1975 年）。
張玉法『清季的革命団体』（中央研究院近代史研究所、1975 年）。
毛澤東『毛澤東選集（第五巻）』（人民出版社、1976 年）。
張枬・王忍之編『辛亥革命前十年間時論選集（全三巻）』（三聯書店、1977 年）。

参考文献（刊行年順）

一　中国語文献

（一）　論文

秋桐「約法与統治権」『独立週報』（第 1 巻第 1 期、1912 年）、5–7 頁。

佚名「統治権余論」『独立週報』（第 1 巻第 4 期、1912 年）、2 頁。

白堅武「論庸言報張東孫説統治権之誤点」『言治』（第 2 巻第 3 期、1913 年）、67–72 頁。

陳耿夫「国権統治権主権三者之区別」『民誼』（第 9 期、1913 年）、1–19 頁。

莫御「中国新法制与有賀長雄」『言治』（第 1 号、1913 年）、9–16 頁。

副島義一「連載・駁有賀氏説」『順天時報』（1914 年 1–2 月）。

天雲「総攬統治権」『雅言（上海）』（第 1 巻第 8 期、1914 年）、3–6 頁。

有賀長雄「有賀長雄帰国後之民国談」『時事新報（上海）』（1914 年 5 月 1 日）。

呉載盛「主権与統治権之区別」『新中国』（第 2 巻第 2 期、1920 年）、71–76 頁。

林記東「関於三民主義共和国」『独立評論（北京）』（第 47 号、1933 年 4 月 13 日）。

陳如玄「対於憲法初稿分編評議」『時代公論（南京）』（第 65–66 號、1933 年 6 月 30 日）。

呉頌皋「読了所謂民族之擁護与民族之培養以後」『時代公論（南京）』（第 65–66 號、1933 年 6 月 30 日）。

陸振玉「対於中華民国憲法草案之我見」『東方雜誌（上海）』（第 31 巻 8 号、1934 年 4 月 16 日）。

孫科「中国憲法的幾個問題」『民報（民国二三年国慶増刊）』（1934 年 10 月 10 日）。

允恭「読了憲法草案以後」『東方雜誌（上海）』（第 31 巻 8 号、1934 年 4 月 16 日）。

隆基「我們要什麽様的憲政」『自由評論（北京）』（第 1 期、1935 年 11 月 22 日）。

呉昆吾「対於憲法草案初稿之意見」『自由評論（北京）』（第 24 期、1936 年 5 月 25 日）。

尹思魯「三民主義共和国」『自由評論（北京）』（第 24 期、1936 年 5 月 26 日）。

諸青來「憲法草案初稿質疑」『大公報（天津）』（1934 年 3 月 31 日）。

陳鈞「論清末湖北的保路闘争」『湖北大学学報』（第 5 期、1986 年）、76–83 頁。

胡繩武「民元南京参議院風波」『近代史研究』（第 5 期、1989 年）、93–107 頁。

林南「也談清末的所謂假立憲」『齊齊哈爾師範学院学報（哲学社会科学版）』（第 3 期、1995 年）、99–101 頁。

趙大為「有賀長雄及其共和憲法持久策」『近代史研究』（第 2 期、1996 年）、274–278 頁。

俞江「両種清末憲法草案稿本的発現及其初歩研究」『歴史研究』（第 6 期、1999 年）、89–102 頁。

蘭紹江「中国近代法学教育的先導」『天津市政法管理幹部学院報』（第 1 期、2005 年）、31–32 頁。

都樾「湯寿潜佚著憲法古義考証」『江蘇教育学院学報』（第 2 期、2007 年）、60–63 頁。

邵勇「従危言看湯寿潜早期憲政思想」『浙江工業大学学報（哲学社会科学版）』（第 6 巻第 1 期、2007 年）、57–61 頁。

尚小明「両種清末憲法草案稿本質疑」『歴史研究』（第 2 期、2007 年）、164–169, 192–193 頁。

張学継「日本法学家有賀長雄与五大臣考察報告」『歴史檔案』（第 4 期、2008 年）、112–113 頁。

張景峰「毛沢東新民主主義国体思想探討」『江蘇広播電視大学学報』（第 20 巻第 6 期、2009 年）、91–94, 104 頁。

張路螢「試析丁韙良与京師同文館的創辦」『黒龍江教育学院学報』（第 28 巻第 5 期、2009 年）、91–92 頁。

唐宝鍔（とうほうがく）……99

な・は行

西周……24, 34
馬吉符（ばきちふ）……9, 13, 188, 274
ハルナック（Karl Gustav Adolf Harnack）……229
ピゴット（Francis Taylor Piggott）……117
藤田幽谷……32
溥倫（ふりん）……106, 273
ブルンチュリ（Johann Kaspar Bluntschli）……90, 156
ボダン（Jean Bodin）……36, 158, 169
ホッブズ（Thomas Hobbes）……37, 158
穂積陳重……24
穂積八束……4, 13, 42, 85, 92, 97, 159, 271
保廷樑（ほていりょう）……9, 13, 162, 273

ま行

松岡義正……222, 243, 246
美濃部達吉……45
毛沢東（もうたくとう）……60
本居宣長……32, 92
箕作麟祥……24, 227
モリソン（Robert Morrison）……27
モンテスキュー（Charles-Louis de Montesquieu）……37, 39, 158, 161, 166

や・ら行

楊度（ようど）……9, 58, 118, 119, 187, 236
羅志淵（らくしえん）……9, 13, 194
ラーバント（Paul Laband）……90
李家駒（りかく）……103, 104, 106, 273
リスト（Franz Von List）……245
劉鴻翔（りゅうこうしょう）……240
梁啓超（りょうけいちょう）……6, 9, 29, 59, 100, 216, 217, 236, 250
林則徐（りんそくじょ）……27
ロエスレル（Karl Friedrich Hermann Roesler）……39, 40
ロック（John Locke）……37

人名索引

あ行

会沢正志斎……32
有賀長雄……13, 47, 85, 94, 99, 103, 113, 115
アレニー（Giulios Aleni）……27
イェリネック（Georg Jellinek）……90
伊藤博文……4, 40, 42, 98, 158
井上毅……38, 41, 158
岩井尊文……244
ヴァッテル（Emmerich de Vattel）……27
上杉慎吉……44
梅謙次郎……227
袁世凱（えんせいがい）……103, 113, 274
汪栄宝（おうえいほう）……106, 174, 273
王鴻年（おうこうねん）……9, 13, 157, 273
王国維（おうこくい）……29
岡田朝太郎……48, 245
小河滋次郎……222, 243, 246, 250

か行

筧克彦……229, 238
加藤弘之……24, 32, 34
木下周一……38, 39
ギールケ（Otto von Gierke）……90, 229
グッドナウ（Frank Johnson Goodnow）……117
グッラフ（Karl Friedrich August Gutzlaff）……27
黒田麴廬……34
ゲルバー（Carl Friedrich von Gerber）……90
厳復（げんぷく）……29, 109
呉興譲（ごこうじょう）……238, 241
胡長清（こちょうせい）……255

さ行

載澤（ざいたく）……97, 101, 106, 272, 273
載灃（ざいほう）……107
サヴィニー（Friedrich Carl von Savigny）……90
志田鉀太郎……222, 243, 246
清水澄……229, 232
鐘庚言（しょうこうげん）……253
瀋家本（しんかほん）……242, 250
シュタイン（Lorenz von Stein）……4, 95
シュルツ（Hermann Schulze）……38, 39
西太后（せいたいこう）……6, 100
副島義一……49, 65, 117, 170, 241
孫科（そんか）……123, 125, 126

た行

達寿（たつじゅ）……103-105, 272
端方（たんほう）……99, 101, 272
張之洞（ちょうしどう）……217, 219
張伯烈（ちょうはくれつ）……9, 13, 179, 232, 273
張百熙（ちょうひゃくき）……217, 219
津田真道……24
丁韙良（ていいりょう）……36, 215
程樹徳（ていじゅとく）……255
ディルタイ（Wilhelm Christian Ludwig Dilthey）……231
湯寿潜（とうじゅせん）……9, 13, 149, 272

ま・や行

ら行

た行

な行

は行

事項索引

あ行

か行

さ行

呉　迪（Wu Di）（ごてき）

1993年生まれ。法学博士（慶應義塾大学）。

慶應義塾大学大学院法学研究科助教。

遼寧師範大学政治行政学部卒業、創価大学別科特別履修課程修了、慶應義塾大学大学院法学研究科公法学専攻博士課程修了。

著書に、『「雇佣労働与資本」河上肇譯本考』（共著、遼寧人民出版社、2023年）、『「哲学的貧困」浅野晃譯本考』（共著、遼寧人民出版社、2023年）、『中国近代法制史料［全10巻］』（共編、中華書局、2023年）、『張玉陽先生遺訓』（張玉陽先生記念研究会、2023年）ほか。

近代東アジア憲法の歴史的交響
——理論の継受と規範の形成

2024年10月30日　初版第1刷発行

著　者————呉　迪
発行者————大野友寛
発行所————慶應義塾大学出版会株式会社
〒108-8346　東京都港区三田2-19-30
ＴＥＬ〔編集部〕03-3451-0931
〔営業部〕03-3451-3584〈ご注文〉
〔　〃　〕03-3451-6926
ＦＡＸ〔営業部〕03-3451-3122
振替 00190-8-155497
https://www.keio-up.co.jp/
装　丁————鈴木衛
組　版————株式会社ステラ
印刷・製本——中央精版印刷株式会社
カバー印刷——株式会社太平印刷社

Printed in Japan ISBN 978-4-7664-2993-0